财经类专业"十四五"规划新形态教材

校企合作开发教材

1+X职业技能等级证书配套系列教材

会计信息系统应用——财务篇
（用友U8V10.1版）

潘中建　张必妹　陈　成◎主　编

陆柯静　季雨禾　濮飞燕　丁　宁　王　露　汪　群◎副主编

立信会计出版社

图书在版编目(CIP)数据

会计信息系统应用. 财务篇：用友 U8V10.1 版 / 潘中建，张必妹，陈成主编. --上海：立信会计出版社，2025.5. -- ISBN 978-7-5429-7784-7

Ⅰ. F232

中国国家版本馆 CIP 数据核字第 2024X9466A 号

策划编辑　　王斯龙　汤　晏
责任编辑　　汤　晏
美术编辑　　吴博闻

会计信息系统应用——财务篇(用友 U8V10.1 版)
KUAIJI XINXI XITONG YINGYONG

出版发行	立信会计出版社
地　　址	上海市中山西路 2230 号　邮政编码　200235
电　　话	(021)64411389　传　真　(021)64411325
网　　址	www.lixinaph.com　电子邮箱　lixinaph2019@126.com
网上书店	http://lixin.jd.com　http://lxkjcbs.tmall.com
经　　销	各地新华书店
印　　刷	浙江临安曙光印务有限公司
开　　本	787 毫米×1092 毫米　1/16
印　　张	16.25
字　　数	396 千字
版　　次	2025 年 5 月第 1 版
印　　次	2025 年 5 月第 1 次
书　　号	ISBN 978-7-5429-7784-7/F
定　　价	49.00 元

如有印订差错，请与本社联系调换

前　言

根据《财政部关于全面推进我国会计信息化工作的指导意见》《企业会计信息化工作规范》《关于在院校实施"学历证书＋若干职业技能等级证书"制度试点方案》及《会计信息化发展规划(2021—2025年)》的要求,我们结合高等职业教育会计及相关专业标准中"会计信息系统应用"课程的教学要求编写了本教材。

本教材基于用友U8V10.1版平台(以下简称用友U8),以南通力宝美运动服饰有限公司2024年1月份的经济业务为背景,按照业务描述、操作指导等环节设计教学内容,全面系统地介绍了总账管理、应收款管理、应付款管理、固定资产管理、薪资管理、总账管理、报表管理等子系统的处理方法和操作过程,以提高读者的业务分析及软件操作能力。本教材可作为高等职业院校财经类相关专业的会计信息化教学用书,也可作为社会从业人员的辅导用书。

与同类教材相比,本教材具有以下特点。

1. 课证融通

本教材将业财一体信息化职业技能等级证书标准融入课程标准,以职业技能等级标准为依据设计教材框架和内容,将新知识、新业务、新流程以案例形式引入教学,将证书知识点和技能点融入课程教学内容,实现课证融通。

2. 业财融合

本教材以财务职业岗位为主导、紧贴财务岗位需求重构课程体系,以工作过程为导向,选取实际企业典型财务岗位工作任务系统化设计教学项目。本教材详细地介绍了南通力宝美运动服饰有限公司系统实施会计信息化及期末处理等工作内容,实现了财务系统与业务系统的一体化应用。

3. 资源丰富

本教材配有校企合作共同开发的电子资源,主要包括教案、电子课件、备份账套等教学资源,并将业务的操作视频以二维码的形式嵌入书中,学生可以扫描教材中的二维码进行观看学习。

4. 思政融入

本教材强化"德技兼修,知行合一"的育人理念,以塑造高素质技术技能型会计信息化人才为目标,每个项目均融入典型思政案例,培养学生的专业精神、职业精神和工匠精神。

本教材由潘中建负责总体设计及业务编写,由潘中建、张必妹、陈成担任主编,陆柯静、季雨禾、濮飞燕、丁宁、王露、汪群担任副主编。本教材具体编写分工如下：张必妹、季雨禾负责项目一至项目三的编写,潘中建、陆柯静负责项目四至项目七的编写,陈成、王露、濮飞燕负责项目八至项目十的编写。另外,丁宁、汪群也参与了部分案例资料的整理工作。

由于编者的水平和经验有限,本教材可能存在疏漏与不妥之处,敬请广大读者批评指正,以期本教材日臻完善。

编　者

2025 年 6 月

目　　录

项目一　会计信息系统概述 ··· 1
　任务一　会计信息系统认知 ··· 1
　任务二　会计信息系统体系结构 ··· 6
　任务三　会计信息系统构建 ·· 10

项目二　企业建账 ··· 13
　任务一　企业背景资料 ·· 13
　任务二　系统管理 ·· 15
　任务三　创建账套 ·· 19
　任务四　权限设置 ·· 25
　任务五　账套输出与引入 ·· 28

项目三　基础信息设置 ··· 31
　任务一　机构人员设置 ·· 31
　任务二　客商信息设置 ·· 35
　任务三　存货信息设置 ·· 38
　任务四　财务信息设置 ·· 42
　任务五　收付结算信息设置 ·· 47
　任务六　单据设置 ·· 50

项目四　总账管理系统 ··· 53
　任务一　总账管理系统认知 ·· 53
　任务二　总账管理系统初始设置 ·· 54
　任务三　总账管理系统日常业务处理 ·· 62
　任务四　出纳管理 ·· 84

项目五　应收款管理系统 ··· 93
　任务一　应收款管理系统认知 ·· 93
　任务二　应收款管理系统初始设置 ·· 94
　任务三　应收款管理系统日常业务处理 ······································· 101

任务四　应收款系统期末处理 …………………………………………………… 122

项目六　应付款管理系统 …………………………………………………………… 126
　　任务一　应付款管理系统认知 …………………………………………………… 126
　　任务二　应付款管理系统初始设置 ……………………………………………… 127
　　任务三　应付款管理系统日常业务处理 ………………………………………… 132
　　任务四　应付款系统期末处理 …………………………………………………… 146

项目七　固定资产管理系统 ………………………………………………………… 149
　　任务一　固定资产管理系统认知 ………………………………………………… 149
　　任务二　固定资产管理系统初始设置 …………………………………………… 150
　　任务三　固定资产管理日常业务处理 …………………………………………… 164
　　任务四　固定资产期末处理及账表管理 ………………………………………… 172

项目八　薪资管理系统 ……………………………………………………………… 176
　　任务一　薪资管理系统认知 ……………………………………………………… 176
　　任务二　薪资管理系统初始设置 ………………………………………………… 177
　　任务三　薪资管理日常业务处理 ………………………………………………… 187
　　任务四　薪资管理系统期末处理及账表管理 …………………………………… 195

项目九　总账管理系统期末业务处理 ……………………………………………… 198
　　任务一　期末结转 ………………………………………………………………… 198
　　任务二　总账管理系统期末对账与结账 ………………………………………… 211
　　任务三　总账账簿管理 …………………………………………………………… 213

项目十　报表管理系统 ……………………………………………………………… 216
　　任务一　报表模板管理 …………………………………………………………… 216
　　任务二　报表设计管理 …………………………………………………………… 220

附录　综合模拟实训 ………………………………………………………………… 229

参考文献 ……………………………………………………………………………… 252

项目一 会计信息系统概述

知识目标

1. 了解会计信息系统的相关概念。
2. 掌握会计信息系统的体系结构。

技能目标

1. 能够正确选择商品化会计软件,并搭建会计信息系统运行环境。
2. 能够熟练部署企业会计信息系统,并进行简单的系统维护。

素养目标

1. 培养学生会计信息化的思维。
2. 培养学生解决实际问题的能力。

任务一 会计信息系统认知

一、会计信息系统相关概念

1. 会计电算化

狭义的会计电算化是指以电子计算机和人工智能技术为核心,结合现代信息技术手段,实现会计数据处理的自动化、智能化和高效化。这一过程中,电子计算机不仅替代了传统的手工记账、算账和报账等基础工作,还通过人工智能的加持,实现了对会计信息的深度分析、预测和决策支持。具体而言,狭义的会计电算化包括智能数据处理、智能决策支持、自动化审计与合规等方面。

广义的会计电算化是指与会计工作智能化相关的所有方面,包括会计软件的开发与应用、会计人才培养与转型、会计行业的创新与变革、法规与伦理建设、宏观规划与制度建设等。

2. 会计信息化

会计信息化是将现代信息技术全面融入会计工作的过程，这些技术包括计算机、网络通信、大数据、云计算、人工智能等。现代信息技术的综合应用，使得会计信息的获取、处理、传输和应用等各个环节都实现了数字化、自动化、网络化和智能化。会计信息化与传统的会计工作相融合，在业务核算、财务处理等方面发挥作用，它还包含更多的内容，如会计基本理论信息化、会计实务信息化、会计教育的信息化、会计管理信息化等。

会计信息化有助于企业提升竞争力。通过实时、精准的财务信息，企业能够更好地了解自身经营状况和市场环境，制定更加科学合理的经营策略和管理决策。同时，会计信息化还可以提高企业的运营效率和管理水平，降低运营成本，增强企业的市场适应能力和抗风险能力。同时，会计信息化是国民经济信息化的重要组成部分。会计信息化的发展可以促进整个经济社会的信息化进程，提高经济运行效率和质量。会计信息化在优化资源配置、促进产业升级、推动经济创新等方面发挥重要作用，为经济社会的持续健康发展提供有力支持。

随着人工智能技术的不断发展，会计信息化正逐步向智能化迈进。AI技术被广泛应用于会计数据处理、财务分析、审计与合规性检查等领域，实现了对传统会计工作模式的深刻变革。智能化会计信息系统能够自动处理大量数据，提供实时、精准的财务信息，为企业的经营管理、控制决策和经济运行提供有力支持。

会计信息化的深入发展带来一些问题。首先是信息安全问题，随着网络环境的日益复杂，会计信息的安全性和隐私保护成为重要议题；其次是技术更新速度快的问题，会计人员需要不断学习和掌握新技术、新知识以适应信息化的发展需求；最后是会计信息化标准不统一、法律法规滞后等问题。

同时，会计信息化也为企业和会计人员带来了广阔的发展机遇。通过不断学习和掌握新技术、新知识，会计人员可以不断提升自身的竞争力和适应能力。随着大数据、云计算、人工智能等技术的不断发展和应用范围的扩大，会计信息化将为企业带来更多的创新机会和发展空间。

3. 会计信息系统

会计信息系统是利用信息技术采集会计数据，进行存储和处理，完成会计核算任务，提供会计信息的系统。它属于管理信息系统中的财务管理子系统，该系统以计算机为主要工具，对各种会计数据进行采集、存储、处理、传输和输出，以完成会计核算任务，并提供会计管理、分析与决策相关的会计信息。其核心在于将原始的会计数据转化为有价值的会计信息，以满足企业内外部用户的信息需求。

会计信息系统主要包括会计核算和管理会计两大部分。前者以账务核算为核心进行账务处理，并且设计工资核算、固定资产核算、成本核算、销售核算等专项核算内容，这是会计信息系统的基础部分，确保了会计信息的准确性和完整性；后者有财务情况分析、预测和决策分析、资金管理分析、内部经济核算管理分析等内容，通过对会计信息的深入分析和挖掘，会计信息系统为企业管理层提供决策支持，助力企业实现战略目标。

会计信息系统具备以下功能及特点：

（1）数据采集与处理。会计信息系统能够自动从各种业务系统、外部数据源等获取财务相关数据，并进行数据清洗和预处理，确保数据的准确性和一致性。

（2）数据存储与管理。将处理后的数据进行存储和管理，保证数据的完整性和安全性。通过采用先进的数据库技术，会计信息系统能够高效地存储和管理海量数据。

（3）数据传输与共享。将财务信息传递给不同的用户，包括管理者、投资者、政府监管机构等。通过内部网络和外部接口，会计信息系统实现了信息的快速传输和共享。

（4）报表生成与输出。根据会计准则和企业内部规章制度，生成各种财务报表和分析报告，如资产负债表、利润表、现金流量表等。这些报表以直观的形式展示了企业的财务状况和经营成果。

（5）决策支持。基于数据分析结果，提供财务预测、风险控制等决策支持。通过运用数据挖掘、机器学习等先进技术，会计信息系统能够为企业提供更深层次的决策支持。

随着信息技术的飞速发展，会计信息系统已经实现了高度的信息化和数字化。它利用计算机技术进行信息的采集、存储、处理和传递，显著提高了信息的准确性、及时性和高效性。一方面，现代会计信息系统趋向于集成化，即将各个业务环节的信息整合起来，形成一个完整的系统。同时，智能化技术的应用使得会计信息系统能够自动进行数据分析、预测和决策支持。另一方面，云计算技术的普及使得会计信息系统可以迁移到云平台，从而降低成本、提高可扩展性和安全性。大数据技术的应用使得企业可以对海量财务数据进行深度分析，发现潜在的市场趋势和商业机会。

4. ERP 系统

ERP 系统是企业资源计划的简称，是指建立在信息技术基础上，集信息技术与先进管理思想于一身，以系统化的管理思想，为企业员工及决策层提供决策手段的管理平台。它是从 MRP（物料需求计划）发展而来的新一代集成化管理信息系统，它扩展了 MRP 的功能，其核心思想是供应链管理。ERP 是针对物资资源管理（物流）、人力资源管理（人流）、财务资源管理（财流）、信息资源管理（信息流）集成一体化的企业管理，实现信息的共享和流通，形成一个有效的协同工作机制。ERP 系统通过数据整合以及过程优化，帮助企业实现资源的最佳配置和利用，提高企业的管理水平和竞争力。ERP 系统具有以下特点：

（1）全局性。ERP 系统能够全面、深入地管理企业的各项业务，从供应链的前端到后端，包括供应商管理、采购管理、生产管理、销售管理和财务管理等，形成一个完整的闭环管理系统。这种全局性有助于企业实现资源的优化配置和高效利用。

（2）灵活性。ERP 系统具有高度的灵活性，可以根据企业的实际需要进行定制和拓展。一方面，ERP 系统采用模块化设计，企业可以根据自身需求选择相应的功能模块进行集成；另一方面，ERP 系统也支持二次开发和集成，以满足企业特殊的管理需求。

（3）标准化。ERP 系统基于行业标准和企业管理最佳实践进行设计和实现，采用通用的标准化业务流程和规范。这种标准化有助于提高企业的管理效率和质量，同时也使得不同企业之间可以通过同样的系统实现业务管理和信息共享。

（4）实时性。ERP 系统能够实时收集、分析和反馈企业的运营数据，使企业管理者能够随时掌握企业的运营状况。这种实时性有助于企业及时发现问题、快速做出决策和调整。

（5）决策支持。ERP 系统通过准确的数据分析和报告制作，为企业管理者提供决策支持。ERP 系统能够自动生成各种财务报表、销售报表、库存报表等，帮助管理者了解企业运营状况、分析市场趋势和制订战略计划。

在当前数字化、信息化、智能化的时代背景下，越来越多的 ERP 系统开始采用云计算技术,实现 SaaS(软件即服务)化部署。这使得企业可以更加灵活地选择和使用 ERP 系统,无须投入大量的硬件设备和维护成本。随着大数据和人工智能技术的发展,ERP 系统通过深度学习和数据挖掘等手段,对企业的运营数据进行更加精准的分析和预测。这有助于企业发现潜在的市场机会和风险点,制定更加科学的决策方案。

5. 会计软件

会计软件是指利用计算机、通信网络等先进技术对会计信息进行全方位处理的软件。它实现了会计信息的生产、收集、处理、加工、存储、运输、检索和利用等环节的全面优化,极大地提高了会计工作的效率和准确性。会计软件可细分为多种类型,如会计信息系统软件、会计管理软件、会计决策软件等,根据会计信息共享程度的不同,也可分为单用户会计软件和网络与多用户会计软件。

随着现代信息技术的发展,会计软件正逐渐转向云端部署,利用云计算的弹性扩展、高可用性和低成本等优势,提供灵活、便捷的服务。用户可以通过互联网随时随地地访问和使用会计软件,无须担心本地软件的安装和维护问题。另外,大数据技术的应用使得会计软件能够处理和分析海量的财务数据,为企业提供更深入、更全面的财务分析报告,支持企业的决策和战略规划。人工智能技术的发展也为会计信息系统的推进持续助力,如自动化数据处理、智能审计、风险预测等。AI 技术能够显著提高会计工作的准确性和效率,减少人为错误。另外,区块链技术也为会计软件提供了去中心化、不可篡改的财务数据存储和交换方案。通过区块链技术,财务数据可以实现多方验证和共享,提高数据的安全性和透明度。

未来会计软件将继续引入新技术,如物联网、自然语言处理等,以提供更加智能化、个性化的服务。这些新技术将进一步提高会计工作的效率和准确性。

二、会计信息系统的发展历程

会计信息系统的发展与计算机硬件、系统软件、应用软件和专业人才培养息息相关。根据会计信息系统的结构、功能与技术的变化过程,大体上我国会计信息系统的发展可分为以下五个阶段。

(1) 模拟手工记账的探索起步阶段。20 世纪 80 年代我国会计电算化工作起步,1986 年 7 月,上海市财政局制定了《关于在本市国营工业企业中推广会计电算化应用工作的若干规定(试行草案)》,提出了会计电算化软件应具有的特征及功能:合法性、适应性、正确性、完整性、真实性和及时性、强制性、保密功能、恢复功能。

1988 年中国会计学会在吉林省吉林市举行了首届会计电算化学术讨论会,就会计电算化的通用化和规范化问题进行讨论。同年 12 月,我国第一家专业从事商品化会计软件开发和推广应用的高科技企业"用友电子财务技术有限公司"成立。

1989 年 12 月和 1990 年 7 月财政部分别颁布了《会计核算软件管理的几项规定(试行)》和《会计核算软件评审问题的补充规定(试行)》,初步确立了我国会计电算化管理的框架。

(2) 与其他业务结合的推广发展阶段。20 世纪 90 年代,商品化财务软件包开始蓬勃发展,顺利完成了从单项会计核算业务电算化到全面电算化的升级发展,形成了一套完整的会计核算软件系统。

1996 年 4 月,在中国会计学会召开的会计电算化研讨会上,会计软件应当由"核算"型向"管理"型转变的论断被首次提出。管理型软件克服了核算型软件各功能模块结构松散、未能解决数据的重复录入以及不能保证数据的一致性等问题,并扩充了财务管理和物流管理功能,一般包括系统管理、总账、资金管理、薪资管理、固定资产、应收账款管理、应付账款管理、采购管理、销售管理、库存管理、存货核算、报表编制、财务分析等模块。

1996年6月10日,财政部发布了《会计电算化工作规范》(以下简称《规范》)。《规范》对如何配备电子计算机和会计软件、如何替代手工记账、如何建立会计电算化内部管理制度方面提出了所应遵循的要求。《规范》为会计软件在实际工作中推广应用提出了切实可行的措施。

(3) 引入会计专业判断的渗透融合阶段。2006年我国对企业会计准则进行重大变革,建立了与国际会计准则趋同的企业会计准则体系。会计准则体系中引入了会计专业判断的要求,这对会计电算化工作提出了更高的要求。

引入会计专业判断的渗透融合阶段是会计信息化发展的初中级阶段,目的是在会计电算化系统提供信息的基础上,结合其他数据和信息,将《企业会计准则》《会计基础工作规范》中对各种确认、计量、记录等的要求渗透融合进企业的会计电算化系统和管理信息系统。这一时期,会计电算化逐步完成由单机版应用向局域网应用的转变。

(4) 与ERP系统整合阶段。2005年以后,随着信息技术的飞速发展和企业信息化需求的日益增长,会计信息系统与ERP系统紧密整合,将企业的三大流(物流、资金流、信息流)进行全面一体化管理。一般的ERP软件提供最重要的供应链管理、客户关系管理、销售自动化、电子商务四个扩展功能,由简单转变为多层次、多结构。

(5) 智能化会计信息系统阶段。2015年以来,人工智能、大数据、云计算、物联网等技术飞速发展,这些先进技术为会计信息系统的智能化提供了强大的技术支持。这些技术不仅能够处理海量的会计数据,还能够通过算法自动进行数据分析、预测和决策,从而极大地提高了会计工作的高效性和准确性。

目前,许多企业已经开始应用智能化会计信息系统来优化财务管理流程和提高工作效率。例如,一些企业利用RPA(机器人流程自动化)技术来自动处理大量的财务单据和报表;一些企业则利用智能分析功能来预测未来的财务状况和经营成果,为企业的战略决策提供支持。这些应用实例不仅提高了企业的财务管理水平,还为企业带来了显著的经济效益和社会效益。

随着技术的不断进步和应用场景的不断拓展,智能化会计信息系统将会更加完善和成熟。未来,智能化会计信息系统将更加注重与人工智能、大数据等技术的深度融合,实现更加智能化的数据处理和分析功能。

三、会计信息系统与手工会计核算的比较

1. 会计信息系统与手工会计核算的联系

(1) 目标一致。无论是会计信息系统还是手工会计系统,最终目标仍然是提供会计信息,参与经营决策,提高经济效益。

(2) 遵守会计法规及财经制度。会计信息系统的应用,不能置财经法规于不顾,必须严格遵守财经法规。

(3) 遵循基本的会计理论与会计方法。会计理论是会计学科的结晶,会计方法是会计工作的总结。会计信息系统会引起理论与方法的变革,建立会计信息系统应当遵循基本的会计理论与方法,否则将导致系统研制的失败。

(4) 会计数据处理流程基本相同。无论是采用信息系统还是手工方式,会计数据处理的基本流程都包括收集原始凭证、编制记账凭证、登记账簿、编制会计报表等环节。

2. 会计信息系统与手工会计核算的区别

(1) 会计核算工具不同。手工会计系统使用的工具是算盘、电子计算器。会计信息系统采用计算机、会计软件和数据库等现代信息技术工具进行会计核算,实现了会计信息的电子化、自动化处理。

(2) 会计信息载体不同。手工会计核算中会计信息以纸质形式存储在凭证、账簿和报表中。而会计信息系统中会计信息以电子数据的形式存储在计算机硬盘、云存储等介质中,便于数据的快速查询、分析和共享。

(3) 记账规则和账务处理程序不同。相比于手工会计核算需要人工逐条录入和处理会计信息,账务处理流程相对烦琐且易出错而言,会计信息系统通过预设的会计软件和自动化程序,实现会计信息的自动录入、分类、汇总和报表生成,大大提高了账务处理的高效性和准确性。

(4) 内部控制手段不同。手工会计核算依赖人工审核、复核和签字等内部控制手段来确保会计信息的准确性和完整性。而会计信息系统通过权限设置、数据加密、审计追踪等现代信息技术手段来加强内部控制,提高会计信息的安全性和可靠性。

(5) 会计报表生成的具体方式不同。手工会计核算需要人工编制和打印会计报表,耗时费力且易出错。而会计信息系统可以自动生成各种会计报表和财务分析指标,大大减轻了会计人员的工作负担,提高了会计报表的编制效率和准确性。

(6) 数据处理的效率和准确性不同。会计信息系统中数据处理效率高,能够自动进行数据校验和错误提示,大大提高了数据的准确性和可靠性。手工会计核算中数据处理效率低,且易受人为因素影响导致错误。

(7) 信息共享和实时性。手工核算下,信息共享困难,难以实现实时更新和查询。会计信息系统通过网络技术实现数据的实时共享和远程访问,便于企业内外部人员随时查看和分析财务信息。

任务二　会计信息系统体系结构

一、会计信息系统的构成要素

会计信息系统作为管理信息系统的一个子系统,构成要素包括硬件、软件、数据文件、人员、会计信息系统的运行规程。

1. 硬件

硬件是系统中所有固定装置的总称,它为会计信息系统提供基本的运行环境,支持软件的安装和运行,确保系统能够稳定、高效地处理会计信息,是系统工作的物质基础。计算机硬件一般包括数据输入设备、数据处理设备、数据存储设备和数据输出设备,另外还包括通信设备和机房等。

2. 软件

功能完备的会计软件是会计信息系统的核心部分。会计软件能够利用计算机技术对会计信息进行采集、存储、处理,并生成各种会计报表和财务分析指标,为企业的管理决策提供支持。

3. 数据文件

数据文件是存储会计信息的电子载体,包括原始凭证、记账凭证、账簿、会计报表等各种会计数据。会计信息系统处理的对象就是数据文件,通过对其进行分析和处理,可以生成各种有用的会计信息。

4. 人员

企业要建立会计信息系统,必须根据企业自身的特点和要求,综合考虑购建计算机硬件、软件,并培训相应的会计信息化人员。这些人员负责录入和处理会计数据,利用会计信息系统进行会计核算和财务分析,为企业的管理决策提供数据支持。同时,这些人员还需要负责系统的日常维护和管理,确保系统的安全和稳定。

5. 会计信息系统的运行规程

会计信息系统的运行规程是指保证会计信息系统运转的文档和规定。规程主要有两大类,一类是法律法规;另一类是保证系统运转的各项规定,如会计信息系统使用说明书、数据准备说明书、机房管理制度和会计内部控制制度。运行规程能够规范会计信息系统人员的操作行为,确保会计信息的准确性和可靠性。同时,它还能够提高系统运行的效率和安全性,降低系统出错的风险。

二、会计信息系统的功能结构

会计信息系统具有核算、管理和决策三种功能。相应地,会计信息系统划分为三个子系统:会计核算子系统、会计管理子系统、会计决策子系统。各子系统相对独立,但又彼此联系,形成一个有机的整体,子系统也可称为功能模块。

1. 会计核算子系统

会计核算子系统的主要任务是进行会计核算,反映企业生产经营活动情况,处理具体经济业务,从事会计核算工作。该子系统一般分为账务处理、薪资管理、固定资产管理、应收款管理、应付款管理、采购管理、销售管理、库存管理、存货核算、报表编制等模块。

2. 会计管理子系统

会计管理子系统的主要任务是进行会计管理,监督企业经营活动。该子系统一般分为资金管理、成本管理和利润管理等模块。

3. 会计决策子系统

会计决策子系统的主要任务是进行会计决策,根据财经法规和财务管理的要求,组织企业财务活动和处理财务关系。该子系统通过对财务和业务数据的汇总和分析,为企业管理层提供决策支持。该子系统一般分为量本利分析、投资决策、质量评估等模块。

三、会计信息系统各功能模块

1. 账务处理模块

账务处理模块是以凭证为数据处理起点,通过凭证输入和处理,完成记账、银行对账、结账、账簿查询及打印输出等工作。目前许多商品化的账务处理模块还包括往来款管理、部门核算、项目核算和管理及现金银行管理等一些辅助核算的功能。

2. 固定资产管理模块

固定资产管理模块主要是以固定资产卡片和固定资产明细账为基础,实现固定资产的会计核算、折旧计提和分配、设备管理等功能,同时提供了固定资产按类别、使用情况、所属部门和价值结构等进行分析、统计和各种条件下的查询、打印功能,以及该模块与其他模块的数据接口管理。

3. 薪资管理模块

薪资管理模块是进行工资核算和管理的模块,该模块以人力资源管理部门提供的员工工资的基本数据为依据,完成员工工资数据的收集、工资核算、工资发放、工资费用的汇总和分摊、个人所得税计算和按照部门、项目、个人时间等条件进行工资分析、查询和打印输出,以及该模块与其他模块的数据接口管理。

4. 应收、应付款管理模块

应收、应付管理模块以发票、费用单据、其他应收单据、应付单据等原始单据为依据,记录销售、采购业务所形成的往来款项,处理应收、应付款项的收回、支付和转账,进行账龄分析和坏账估计及冲销,并对往来业务中的票据、合同进行管理,同时提供统计分析、打印和查询输出功能,以及与采购管理、销售管理、账务处理等模块进行数据传递的功能。

5. 报表管理模块

报表管理模块与其他模块相连,可以根据会计核算的数据,生成各种内部报表、外部报表、汇总报表,并根据报表数据分析报表,以及生成各种分析图等。在网络环境下,很多报表管理模块同时提供了远程报表的汇总、数据传输、检索查询和分析处理等功能。

6. 存货核算模块

存货核算模块以供应链模块产生的入库单、出库单、采购发票等核算单据为依据,核算存货的出入库和库存金额、余额,确认采购成本,分配采购费用,确认销售收入、成本和费用,并将核算完成的数据,按照需要分别传递到成本管理模块、应付管理模块和账务处理模块。

7. 供应链核算模块

供应链核算模块主要包括采购、销售、存货核算、库存管理、售前分析、合同管理等子模块。其中,采购子模块主要对采购计划、采购订单、采购到货、采购入库进行核算和管理。销售子模块主要以企业销售业务为主线,对销售报价、销售订单、销售发货、销售开票等进行核算与管理。存货核算子模块主要是核算企业存货的出入库及结余成本,为企业进行存货核算和管理提供基础数据。库存管理子模块主要是对存货出入库、盘盈盘亏情况进行核算与管理。

上述各模块既相互联系又相互独立,有着各自的目标和任务,它们共同构成了会计软件,实现了会计软件的总目标。

四、会计信息系统各子系统的联系

一个完整的企业会计信息系统可分解成3个子系统,各子系统相互作用、相互依赖的关系主要表现为控制联系和数据传递联系两种。控制联系就是一个子系统的状态输出对另一个子系统的状态、行为产生影响。数据传递联系是指一个子系统的数据输出作为另一个子系统的数据输入,供其加工处理,实现数据共享。会计信息系统各子系统间的关系主要表现为数据传递关系。

在会计核算软件系统中各子系统间数据传递的方式可分为以下三种。

1. 集中传递式

集中传递式是指各子系统之间的数据传递关系,可以通过建立一个专门的自动转账系统来实现。该自动转账系统具有数据接收、转账模式定义、费用汇总模式定义、根据转账模式从子系统中提取数据并生成汇总转账数据、数据发送到各子系统以及转账数据的查询与打印等功能。

2. 账务处理中心式

账务处理中心式是指各业务子系统先对原始凭证汇总、处理后,编制出记账凭证直接传递给账务处理子系统,账务处理子系统对涉及成本、费用的凭证进行汇总后,传递给成本子系统的数据传递方式。

3. 直接传递式

直接传递式是指各业务模块先对原始凭证汇总、处理后,编制出记账凭证传递给账务处理子系统进行账务处理,同时,薪资、固定资产、存货等业务模块以及账务处理模块要将各种直接、间接的费用按一定的标准汇总后传递给供应链核算模块进行核算。

由上述三种传递方式可以看出,会计核算软件系统内各子系统的相互联系主要表现为数据的传递关系。各子系统之间接收和传递数据的形式也可分为如下三种:

(1) 单向接收型,即该子系统只接收来自其他子系统的数据,而不向外传递数据。

(2) 单向发送型,即该子系统只向其他子系统传递数据,而不接收数据。

(3) 双向联系型,即该子系统既向其他子系统发送数据,又接收来自其他子系统的数据。

五、会计信息系统各模块的数据传递

会计软件是由各功能模块共同组成的有机整体,为实现相应功能,相关模块之间相互依赖,互通数据。

(1) 存货核算模块生成存货入库、存货估价入账、存货出库、盘亏或毁损、存货销售收入、存货期初余额调整等业务的记账凭证,并传递到账务处理模块,以便用户审核登记存货账簿。

(2) 应付管理模块完成采购单据处理、供应商往来处理、票据新增、付款、退票处理等业务后,生成相应的记账凭证并传递到账务处理模块,以便用户审核登记赊购往来及其相关账簿。

(3) 应收管理模块完成销售单据处理、客户往来处理、票据处理及坏账处理等业务后,生成相应的记账凭证并传递到账务处理模块,以便用户审核登记赊销往来及其相关账簿。

(4) 固定资产管理模块生成固定资产增加、减少、盘盈、盘亏、固定资产变动、固定资产评估和折旧分配等业务的记账凭证,并传递到账务处理模块,以便用户审核登记相关的资产账簿。

(5) 工资管理模块进行工资核算,生成分配工资费用、应交个人所得税等业务的记账凭证,并传递到账务处理模块,以便用户审核登记应付职工薪酬及相关成本费用账簿;工资管理模块为成本管理模块提供人工费资料。

（6）存货核算模块为成本管理模块提供材料出库核算的结果；存货核算模块将应计入外购入库成本的运费、装卸费等采购费用和应计入委托加工入库成本的加工费传递到应付管理模块。

（7）报表管理和财务分析模块可以从各模块取数编制相关财务报表，进行财务分析；生成各种预算申请单，再传递给账务处理模块。

任务三　会计信息系统构建

一、会计软件

会计软件是专门用于会计核算和管理工作的软件，是会计信息系统不可或缺的软件环境。企业应当根据自身信息化建设基础、技术力量和业务需求，综合考虑会计软件的功能、安全性、稳定性、响应速度以及可扩展性，选择适宜的会计软件。

本教材选择了用友 U8 作为实训平台。

1. 功能概述

用友 U8 以"精细管理 敏捷经营"为设计理念，定位于中国企业管理软件的中端应用市场，可以满足不同的竞争环境下，不同的制造、商务模式下，以及不同的运营模式下的企业经营；以全面会计核算和企业级财务管理为基础，实现购销存业务处理、会计核算和财务监控的一体化管理，提供从企业日常运营、人力资源管理到办公事务处理等全方位的企业管理解决方案。

用友 U8 涵盖财务会计、供应链管理、生产制造、管理会计、人力资源、协同办公、客户关系管理、产品全生命周期管理、分销管理、零售管理、电子商务、商业智能、移动商务等应用领域，拥有 800 余个可视化的业务流程矩阵，支持组建数千个工作流程，助力企业应势而动，随复杂的市场需求应变。

2. 总体结构

用友 U8 提供了企业信息化全面解决方案，它对应了高等教育的多个专业方向，如企业管理、物流管理、信息管理、会计、人力资源管理等。对于教学而言，如果全面开展上述所有内容的教学无疑面临着学时不足的瓶颈。因此，在综合考虑教学对象、教学内容、教学学时的基础上，我们选择了其中的财务管理和企业内部供应链管理两部分中的常用模块搭建了本系列教材的体系，以支撑企业财务业务的一体化管理。本教材为财务篇，选择了总账管理、UFO 报表、固定资产、应收款管理、应付款管理、薪资管理等主要模块。已出版的另一本教材为供应链篇，选择了采购管理、销售管理、库存管理、存货核算等主要模块。

二、建立系统运行管理制度

会计信息系统不仅改变了会计核算工具、调整会计岗位设置和提高会计人员素质，而且对财务管理的流程、内容和质量提出了更高的要求。为有效组织和管理会计信息化系统，需要建立一系列相关制度。

1. 会计信息操作管理制度

（1）职责明确。明确各岗位职责，确保会计信息的录入、审核、处理、报告等各个环节责任到人。设立专门的会计信息系统管理员，负责系统的日常运行、维护和安全管理工作。

（2）操作规范。制定详细的操作规程，包括凭证录入、审核、记账、账簿查询、报表编制等流程。确保所有会计人员按照规程操作，减少人为错误和舞弊风险。

（3）权限管理。实施严格的权限控制，不同岗位的人员只能访问与其职责相关的系统功能和数据。并定期对权限进行审查和调整，确保权限分配的合理性和安全性。

（4）数据备份与恢复。定期备份会计数据，确保数据的安全性和可恢复性。制定数据恢复预案，以便在数据丢失或损坏时能够迅速恢复。

2. 计算机硬件、软件和数据管理制度

（1）选择稳定可靠的硬件设备，确保系统的稳定运行。定期对硬件设备进行检查和维护，及时发现并解决问题。

（2）定期对软件进行更新和升级，以修复系统漏洞和提高系统性能。严格控制软件的安装和卸载，防止恶意软件和病毒的侵入。

（3）会计数据和会计核算软件安全保密的措施。实施数据加密、访问控制等安全措施，确保数据的安全性和保密性。定期对系统进行安全检查和漏洞扫描，及时发现并修复安全隐患。

3. 会计档案管理制度

（1）满足会计档案的存储环境要求，如温度、湿度、防火、防盗、防潮、防尘等条件，确保档案的安全和完整。采用数字化手段对纸质档案进行备份，建立电子档案库，并规定电子档案的管理要求和存储方式，明确档案定期维护的内容和频率。

（2）明确借阅权限、借阅流程、借阅期限等要求，防止档案被随意借阅或滥用。规定借阅档案需进行登记和审批，记录借阅人的姓名、借阅时间、借阅档案的名称和数量等信息，并经过相关负责人审批后方可借阅。强调档案的保密性和安全性，借阅人在借阅期间应妥善保管档案，不得涂改、拆散或丢失，并确保档案不被泄露给未经授权的人员或机构。

（3）明确档案销毁的条件和程序，如档案已达到规定的保管期限、已失去保存价值或已满足销毁条件等。在销毁前应对档案进行鉴定和审查，确保销毁的档案符合销毁条件，避免误销或漏销重要档案。销毁档案时应有专人负责监销，并记录销毁的档案名称、数量、销毁时间等信息，以备查考。

（4）明确档案管理人员的岗位职责和工作要求，包括档案的收集、整理、保管、借阅、销毁等各个环节的职责。定期对档案管理人员进行教育和培训，提高其档案管理水平和业务能力，确保档案管理制度的有效执行。

三、会计信息系统的试运行与转换

会计信息系统试运行又称为人机并行，是手工和计算机并行以便共同完成会计核算工作和管理工作的过渡阶段，是会计信息系统正式使用前的测试阶段。会计信息系统的顺利实施一般需要经过系统试运行、申请甩账和系统正式运行三个阶段，只有会计信息系统试运行与手工处理得到一致的会计数据，并经过甩账审批单位批复后，才能正式进行会计信息系统的实施。

1. 计算机代替手工记账的基本要求

采用计算机替代手工记账的方式简称甩账。其主要任务是完成数据整理、初始化、计算机和手工并行、甩账验收等工作。会计核算单位软件替代手工记账有一个大前提和三个基本条件。

大前提是计算机和手工会计核算应该并行3个月以上,一般不超过6个月。计算机与手工记账的数据相互一致,软件运行安全可靠,打印输出的证账表格式必须正确,签名盖章必须齐全。

三个基本条件如下:

(1) 配有完备适用的会计信息系统,配有专用或主要用于会计核算工作的软硬件系统。

(2) 配有与会计信息化工作需要相适应的专职人员。其中,上机人员已具备会计信息化初级以上专业知识和操作技能,取得财政部门核发的有关培训合格证书。

(3) 建立严格健全的内部管理制度,包括岗位责任制、档案保管制度、会计资料管理制度和计算机系统的管理维护制度等。

2. 做好试运行前各项准备工作

(1) 确定试运行的起始时间。会计信息系统试运行的时间一般在3个月到6个月之间。因会计业务在接近年底时较为全面,数据量较大,最好选择第四季度作为试运行的起始时间,既可测试软件日常处理数据的最大容量,也可以测试软件跨年度处理数据的功能,同时可以减少软件正式运行时初始化设置的工作量。

(2) 做好试运行前会计核算的各项资料准备。会计信息系统试运行前要做好会计核算的各项资料准备工作:确定会计核算方法(如存货计价方法、固定资产折旧方法、产品成本核算办法等)、统一账证表的格式、整理手工会计业务数据(重新核对各类凭证和账簿、整理各类账户余额及发生额、清理往来账户、清理银行账户、编制银行存款余额调节表、整理员工工资的基本信息、工资计算方法)、建立会计科目体系、制定编码规则等。

(3) 明确试运行的主要工作。会计信息系统试运行阶段的主要任务是实现计算机核算结果与手工记账结果的一致,建立相应的会计信息化制度,同时向有关部门申请批准计算机代替手工记账。这一阶段的主要任务是:建立核算单位的核算账套;使用会计信息系统完成日常会计核算单位工作,并检查和调整各种核算方法及会计科目体系的科学性、完整性及各种方案、制度的可行性、完善程度;手工并行完成会计核算业务并核对等。

(4) 试运行过程中应注意的主要问题。会计信息系统试运行过程中主要关注:各功能模块测试检查的重点,如总账处理模块着重检查输入过程以及结账数据的正确性;试运行结果与手工核算的一致性;适时转移试运行时间;及时做好试运行数据的备份工作。

用友 U8V10.1 系统运行环境

思政园地

科学脊梁·钱学森——
忠诚奋斗一生,从国家
需求中做研究

项目二 企业建账

知识目标

1. 理解系统管理的作用。
2. 掌握企业建账的实施流程。

技能目标

1. 能够进行用户的新增及权限设置。
2. 能够建立账套,并能备份、引入。

素养目标

1. 培养学生良好的会计职业道德。
2. 培养学生的风险防范意识。

任务一 企业背景资料

一、企业基本情况

南通力宝美运动服饰有限公司是专门从事运动服、T恤及冲锋衣的采购及销售的商业型企业,公司法人代表陈力宝。

公司地址:南通市崇川区三香路668号。
电话及传真:0513-85358899。
邮编:226011。
邮箱:CLBPC@126.com。
税号:91320623400105378A。
开户银行:交通银行南通南大街支行。

账号:326008608018170080886。

二、操作员及权限分工

操作员及权限分工如表2-1所示。

表2-1　　　　　　　　　　　　操作员及权限分工

操作员编号	操作员姓名	部门	职务	具体工作内容
A01	刘慧清	总经办	总经理	100账套主管权限
W01	陈丽梅	财务部	财务主管	记账凭证的审核、查询、对账、总账结账、编制UFO报表
W02	李晓园	财务部	会计	总账(填制、查询凭证、账表、期末处理、记账)、应收款和应付款管理(不含收付款单填制、选择收款和选择付款权限)、固定资产、薪资管理
W03	王明涛	财务部	出纳	收付款单填制、选择收款和选择付款权限、票据管理、出纳签字、出纳管理

三、操作要求

(1) 科目设置要求:"应付账款"科目下设"暂估应付账款""一般应付账款"两个二级科目,其中"一般应付账款"科目设置为受控于应付款系统,"暂估应付账款"科目设置为不受控于应付款系统。"预收账款"科目设置为受控于应收款系统。

(2) 辅助核算要求:

日记账:库存现金、银行存款。

银行账:银行存款。

客户往来:应收票据、应收账款、预收账款。

供应商往来:应付票据、应付账款、预付账款。

个人往来:其他应收款。

数量核算:库存商品。

(3) 会计凭证的基本规定:录入或生成"记账凭证"均由指定的会计人员操作,含有"库存现金"和"银行存款"科目的记账凭证均须出纳签字。对已记账凭证的修改,只采用红字冲销法。为保证财务与业务数据的一致性,能在业务系统生成的记账凭证不得在总账系统直接录入。根据原始单据生成记账凭证时,除特殊规定外不采用合并制单。

(4) 货币资金业务的处理:公司采用的结算方式包括现金、支票、银行汇票、商业汇票、电汇等。收、付款业务由财务部门根据有关凭证进行处理。在系统中没有对应结算方式的,结算方式为"其他"。

(5) 薪酬业务的处理:由公司承担并缴纳的养老保险、医疗保险、失业保险、工伤保险、住房公积金分别按20%、10.8%、1%、1%、10%的比例计算;职工个人承担的养老保险、医疗保险、失业保险、住房公积金分别按8%、2%、0.2%、10%的比例计算。按工资总额的2%计提工会经费,按工资总额的8%计提职工教育经费,职工福利费按实际发生数列支,不按比例计提。按照国家有关规定,公司代扣代缴个人所得税,其费用扣除标准为5 000元;工资分摊制单合并科目相同、辅助项相同的分录。

(6) 固定资产业务的处理：公司固定资产包括房屋及建筑物、办公设备和运输工具，均为在用状态；采用平均年限法（一）按月计提折旧；同期多次增加固定资产时，采用合并制单。

(7) 存货业务的处理：公司存货主要是运动服、T恤及冲锋衣，按存货分类进行存放。各类存货按照实际成本核算，采用永续盘存制；发出存货成本采用"先进先出法"按仓库进行核算。

(8) 税费的处理：公司为增值税一般纳税人，增值税税率为13%，按月缴纳，按当期应交增值税7%计算城市维护建设税（简称城建税）、3%计算教育费附加和2%计算地方教育附加；企业所得税采用资产负债表债务法，企业所得税的计税依据为应纳税所得额，税率为25%，按月预计，按季预缴，全年汇算清缴。交纳税费按银行开具的原始凭证编制记账凭证。

(9) 财产清查的处理：公司每年年末对存货及固定资产进行清查，根据盘点结果编制"盘点表"，并与账面数据进行比较，由相关管理员审核后进行处理。

(10) 坏账损失的处理：除应收账款外，其他的应收款项不计提坏账准备。每年年末，按应收账款余额百分比法计提坏账准备，提取比例为0.5%。

(11) 损益类账户的结转：每月末将各损益类账户余额转入"本年利润"账户，结转时按收入和支出分别生成记账凭证。

任务二　系统管理

一、登录系统管理

系统管理是用友U8系统运行的基础，是管理整个系统的模块。在系统管理界面中，我们可以为企业搭建日常业务的运行平台。系统管理模块的主要功能包括以下几个方面：

(1) 账套管理：账套是指一组相互关联的数据，每一个企业（或每一个独立核算部门）的数据在系统内部都体现为一个账套。对账套的统一管理，包括建立、修改、引入和输出（恢复备份和备份）。

(2) 年度账管理：在用友U8中，每个账套里都存放有企业不同年度的数据，称为年度账。年度账管理包括年度账的建立、引入、输出和结转上年数据，清空年度数据等。

(3) 用户及权限的集中管理：为了保证系统数据的安全与保密，系统管理提供了用户及其功能权限的集中管理功能。通过对系统操作分工和权限的管理，一方面可以避免与业务无关的人员进入系统，另一方面可以按照企业需求对各个用户进行管理授权，以保证各负其责。用户及权限的集中管理主要包括定义角色、设定系统用户及设置用户功能权限。

(4) 系统运行安全的统一管理：系统管理员要对系统运行安全负责，在系统管理中，可以对整个系统的运行过程进行监控、清除系统运行过程中的异常任务、设置系统自己对整个系统的运行过程进行监控、清除系统运行过程中的备份计划等。

【业务 2-1】 以"admin"的身份登录系统管理。

操作步骤

（1）点击【开始】|【所有程序】，进入【用友 U8V10.1】系统，执行【系统服务】|【系统管理】命令，打开【系统管理】窗口。

（2）执行【系统】|【注册】命令，打开【登录】窗口，在【登录】窗口中录入服务器，此处为默认；录入操作员"admin"，密码为空；选择系统默认账套"default"，单击【登录】按钮，如图 2-1 所示。

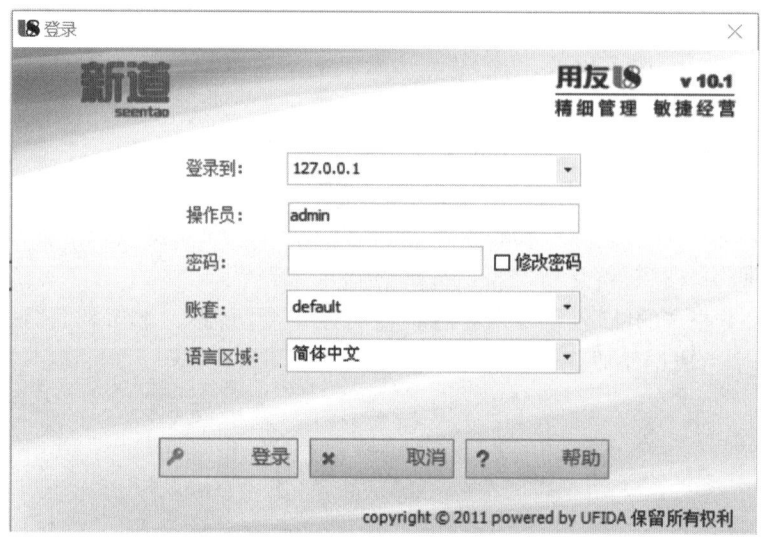

图 2-1 【登录】窗口

（3）以系统管理员身份进入系统管理，如图 2-2 所示。

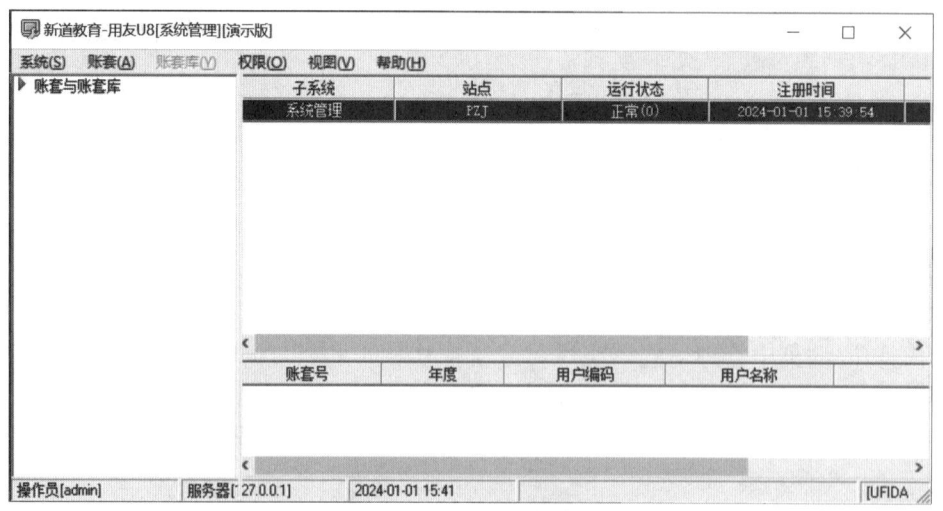

图 2-2 【系统管理】窗口

提示：

- 用友U8默认的系统管理员为"admin"，不区分大小写字母，初始密码为空，为保证系统运行的安全性，在企业实际应用中要及时设置密码。
- 设置或更改系统管理员密码的方法是：在系统管理【登录】窗口中输入操作员密码后，选中【修改密码】复选框；单击【确定】按钮，打开【设置操作员密码】窗口；在【新密码】文本框中输入系统管理员的新密码。
- 用友U8只允许两种角色登录系统管理，一是系统管理员，二是账套主管。如果是初次使用本系统，第一次必须以系统管理员"admin"的身份注册系统管理，建立账套和指定相应的账套主管之后，才能以账套主管的身份注册系统管理。

二、增加操作员

在用友U8中，有两个与操作员相关的概念：角色与用户。角色是指在企业管理中拥有某一类职能的组织，这个角色组织可以是实际的部门，也可以是由拥有同一类职能的人构成的虚拟组织；用户是指有权登录系统，对应用系统进行操作的人员，即通常所说的"操作员"。每次登录用友U8，都要进行用户身份的合法性检查。

【业务2-2】 以系统管理员"admin"的身份登录系统管理，增加表2-1中的用户信息。

操作步骤

（1）以系统管理员"admin"身份登录【系统管理】，执行【权限】|【用户】命令，打开【用户管理】窗口，如图2-3所示。

图2-3 【用户管理】窗口

（2）点击【增加】按钮，打开【操作员详细情况】窗口，录入编号"A01"、姓名"刘慧清"、所属部门"总经办"，并在所属角色列表中勾选【DATA-MANAGER 账套主管】，如图2-4所示。

（3）点击【增加】按钮，按表2-1的资料依次设置其他用户。设置完毕后点击【取消】按钮，退出系统操作界面，如图2-5所示。

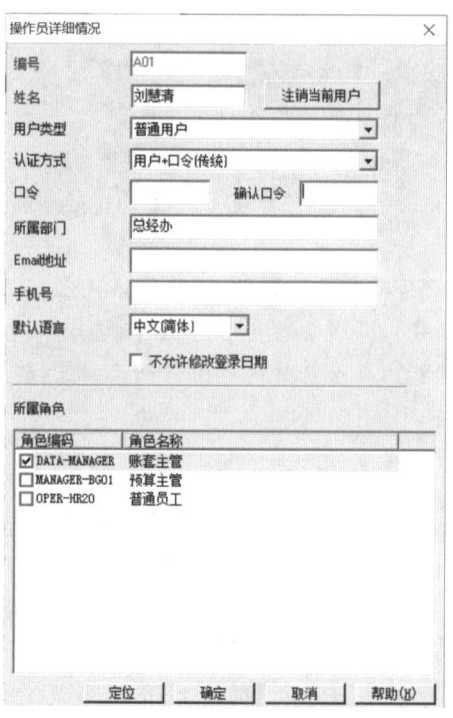

图 2-4 【操作员详细情况】窗口

图 2-5 操作员设置完成

> **提示：**
>
> ⊙ 在增加用户时可以直接指定用户所属角色。如果在增加用户时就指定了相应的角色，则该用户自动拥有该角色的所有权限。
>
> ⊙ 所设置的用户一旦被启用，便不能删除。如果用户调离企业，企业可以修改用户功能，即"注销当前用户"。

任务三 创建账套

在使用系统之前,要新建本单位的账套,也就是建立新的会计核算主体,以确认核算的对象和范围。在建立账套时,需要设立核算单位的基本信息和基础参数。系统提供建立全新空白账套和参照已有账套建账两种方式,满足新用户全新使用和老用户扩展使用的要求。只有系统管理员用户才有权限创建新账套。

业务 2-3

【业务 2-3】 创建账套。南通力宝美运动服饰有限公司的建账信息如下:

账套号:100
账套名称:南通力宝美运动服饰有限公司
启用日期:2024 年 1 月 1 日
企业类型:商业企业
行业性质:2007 年新会计制度科目
基础信息:客户无分类、供应商无分类、无外币核算
编码方案:科目编码级次 4-2-2-2
数据精度:采用系统默认
启用系统:总账、应收款管理、应付款管理、固定资产、薪资管理

👆 操作步骤

(1) 在【系统管理】窗口,执行【账套】|【建立】命令,打开【建账方式】窗口,选择【新建空白账套】,点击【下一步】按钮,如图 2-6 所示。

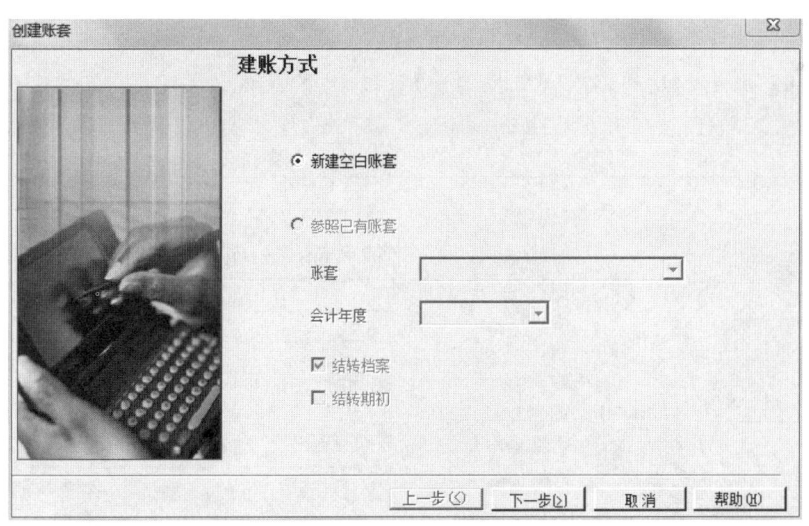

图 2-6 【建账方式】窗口

(2) 在【账套信息】窗口中,录入账套号"100",账套名称"南通力宝美运动服饰有限公司",以及该账套的启用会计期"2024 年 1 月",如图 2-7 所示。

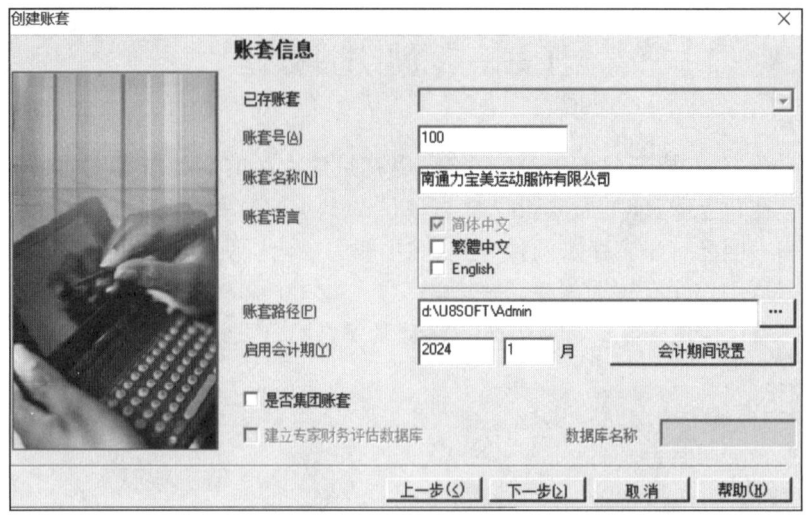

图 2-7 【账套信息】窗口

> **提示：**
> ⊙ 系统将现有的账套以下拉框的形式在此栏目中显示出来，用户只能查看，不能输入或修改。其作用是在建立新账套时可以明晰已经存在的账套，避免在新建账套时重复建立。账套号是用来输入新建账套的编号，用户必须输入，可输入3位数字，而且不能是已存账套中的账套号。
> ⊙ 建立账套时，启用会计期间将自动默认为系统日期，应注意根据实际情况进行修改。

（3）点击【下一步】按钮，打开【单位信息】窗口，依次录入单位名称、单位简称、单位地址等相关企业信息，如图 2-8 所示。

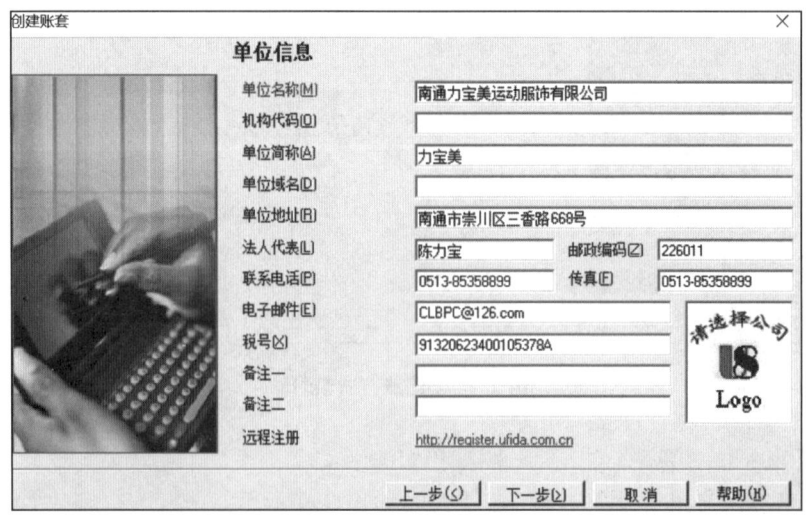

图 2-8 【单位信息】窗口

（4）点击【下一步】按钮，打开【核算类型】窗口。选择企业类型"商业"，行业性质"2007年新会计制度科目"，从【账套主管】下拉列表中选择"A01 刘慧清"，勾选"按行业性质预置科目"，如图2-9所示。

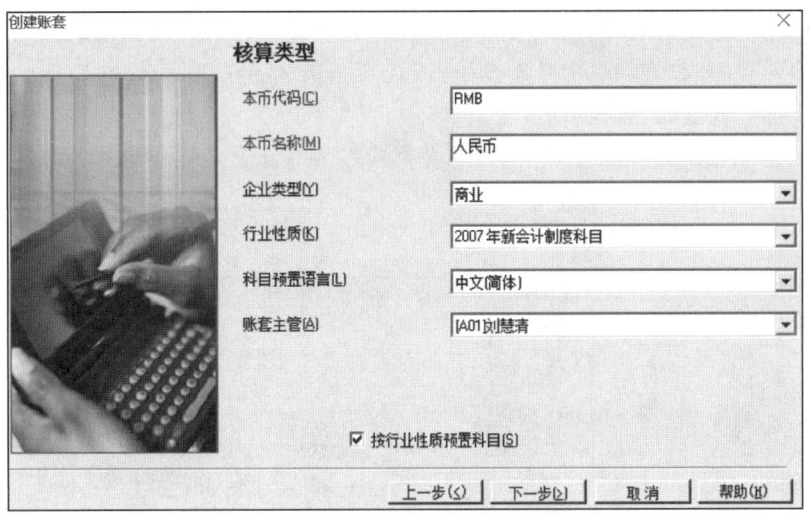

图2-9 【核算类型】窗口

> **提示：**
> ● 行业性质：决定系统预制科目的内容，必须选择正确。
> ● 系统默认按行业性质预置科目，系统根据所选择行业类型自动添加国家规定的一级科目。

（5）点击【下一步】按钮，打开【基础信息】窗口，取消"客户是否分类""供应商是否分类""有无外币核算"的勾选，如图2-10所示。

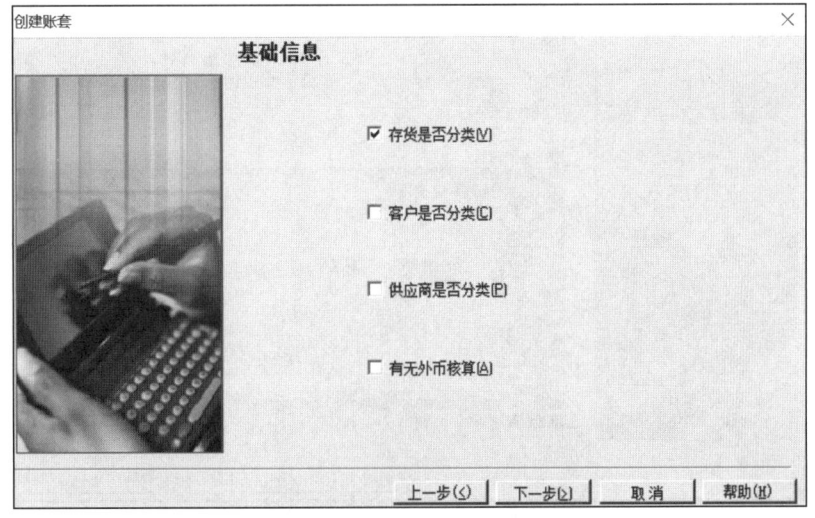

图2-10 【基础信息】窗口

提示：

⊙ 基础信息中如果勾选了"存货是否分类"，那么在进行基础信息设置时，必须先设置存货分类，然后才能设置存货档案。如果单位的客户较多，且希望进行分类管理，可以在"客户是否分类"选项前打勾，表明要对客户进行分类管理。如果单位的供应商较多，且希望进行分类管理，可以在"供应商是否分类"选项前打勾。如果单位有外币业务，可以在"有无外币核算"选项前打勾。

⊙ 如果基础信息设置错误，可以由账套主管在修改账套功能中进行修改。

(6) 点击【下一步】按钮，打开【开始】窗口，如图 2-11 所示。

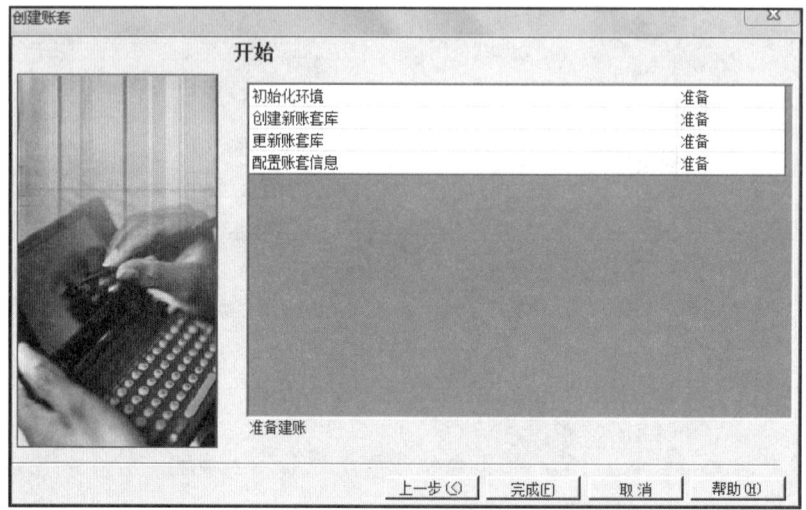

图 2-11 【开始】窗口

(7) 点击【完成】按钮，弹出系统提示"可以创建账套了么？"，单击【是】按钮，如图 2-12 所示。

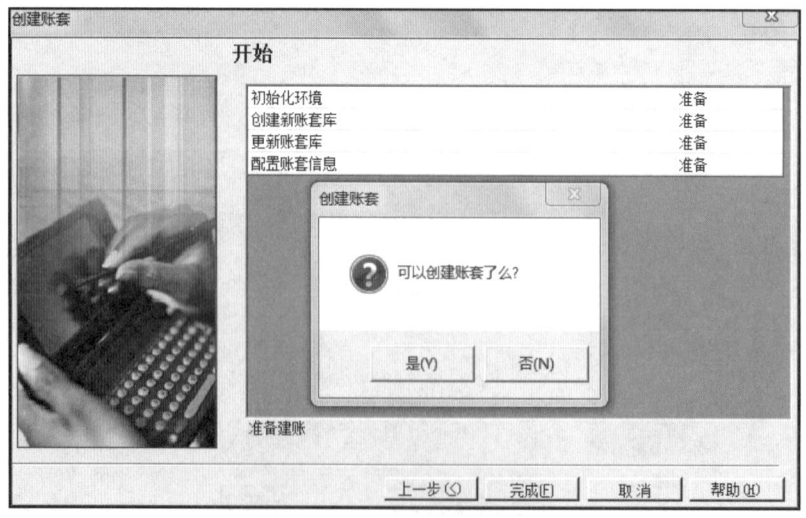

图 2-12 【创建账套】提示框

(8) 系统自动进行创建账套的工作。当账套建立完成时,会自动打开【编码方案】窗口,按账套资料对应修改分类编码方案,如图 2-13 所示。

图 2-13 【编码方案】窗口

> **提示：**
> ⊙ 编码方案主要用于设置有级次档案的分级方式和各级编码长度。编码级次和各级编码长度设置将决定用户单位如何编制基础数据的编号,进而构成用户分级核算、统计和管理的基础。
> ⊙ 删除编码级次时,须从最后一级依次往前删除。

(9) 点击【确定】按钮,再点击【取消】按钮,进入【数据精度】窗口,如图 2-14 所示。

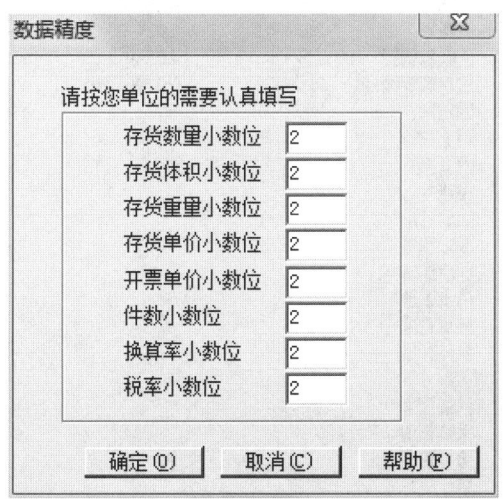

图 2-14 【数据精度】窗口

提示:

⊙ 由于各用户企业对数量、单价的核算精度要求不一致,为了适应各用户企业的不同需求,用户可根据企业的实际情况来设置数据精度。

(10) 默认系统预置的数据精度的设置,点击【取消】按钮,系统提示“[100]建账成功”和“现在进行系统启用的设置?”,如图 2-15 所示。

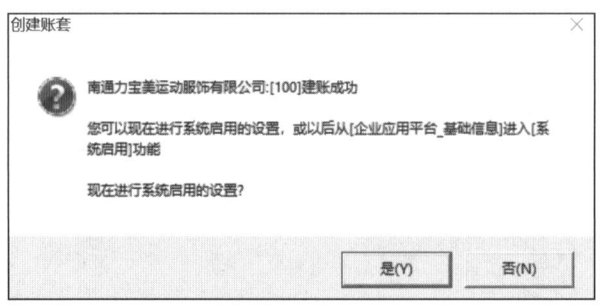

图 2-15 【建账成功】提示框

提示:

⊙ 如果点击【否】按钮,可以先结束建账过程,然后在企业应用平台中的基础信息中进行系统启用。

(11) 点击【是】按钮,打开【系统启用】窗口,依次启用【总账】【应收款管理】【应付款管理】【固定资产】,启用日期为 2024 年 1 月 1 日,如图 2-16 所示。

系统编码	系统名称	启用会计期间	启用自然日期	启用人
☑ GL	总账	2024-01	2024-01-01	admin
☑ AR	应收款管理	2024-01	2024-01-01	admin
☑ AP	应付款管理	2024-01	2024-01-01	admin
☑ FA	固定资产	2024-01	2024-01-01	admin
☐ NE	网上报销			
☐ NB	网上银行			
☐ WH	报账中心			
☐ SC	出纳管理			
☐ CA	成本管理			
☐ PM	项目成本			
☐ FM	资金管理			
☐ BM	预算管理			
☐ CM	合同管理			
☐ PA	售前分析			
☐ SA	销售管理			
☐ PU	采购管理			
☐ ST	库存管理			
☐ IA	存货核算			

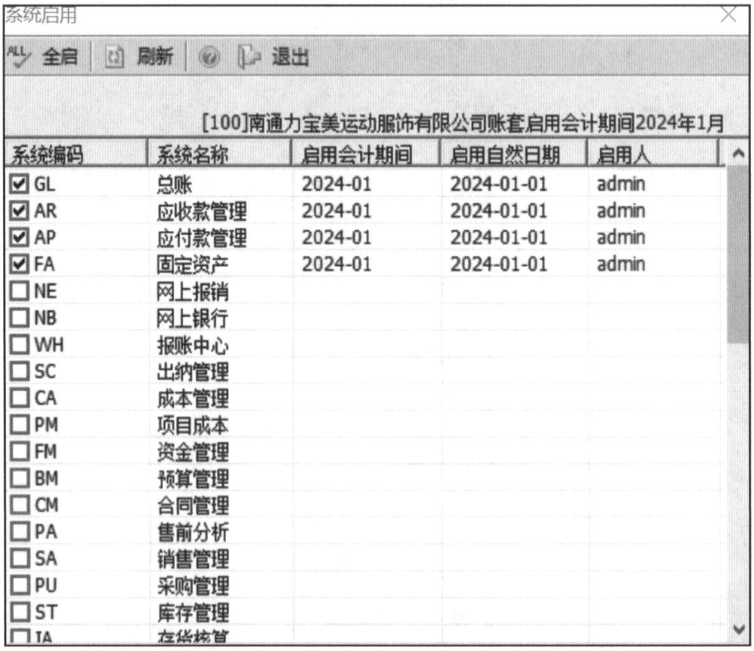

图 2-16 【系统启用】窗口

(12)点击【退出】按钮,系统弹出"请进入企业应用平台进行业务操作!"提示,点击【确定】按钮返回。

任务四 权限设置

一、操作员权限设置

用友 U8 提供了操作员权限的集中管理功能。系统提供了用户对所有模块的操作权限的管理,包括功能级权限管理、数据级权限管理和金额级权限管理。设置操作员权限的工作应由系统管理员或该账套的账套主管完成。

【业务 2-4】 参照表 2-1,设置操作员权限。

操作步骤

(1)在【系统管理】窗口中,执行【权限】|【权限】命令,打开【操作员权限】窗口。

(2)在【操作员权限】窗口中选择【[100]南通力宝美运动服饰有限公司】账套。在左侧的用户列表中,选中【A01 刘慧清】,显示该用户拥有本账套所有权限,如图 2-17 所示。

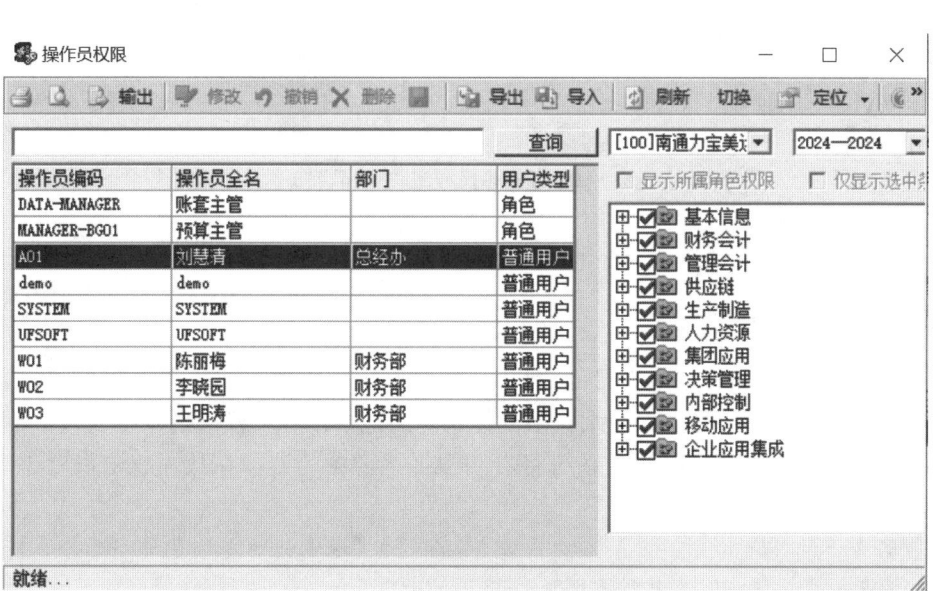

图 2-17 【操作员权限-A01】窗口

提示:
- 只有系统管理员"admin"才能进行账套主管的权限分配。而账套主管只能对其所辖账套进行操作员的权限设置。
- 一个账套可以设置多个账套主管。账套主管自动拥有该账套的所有权限。

(3) 在【操作员权限】窗口中，选中【W01 陈丽梅】用户。点击【修改】按钮。在右侧窗口中，按照表 2-1 设置操作员权限，点击【保存】按钮，如图 2-18 所示。

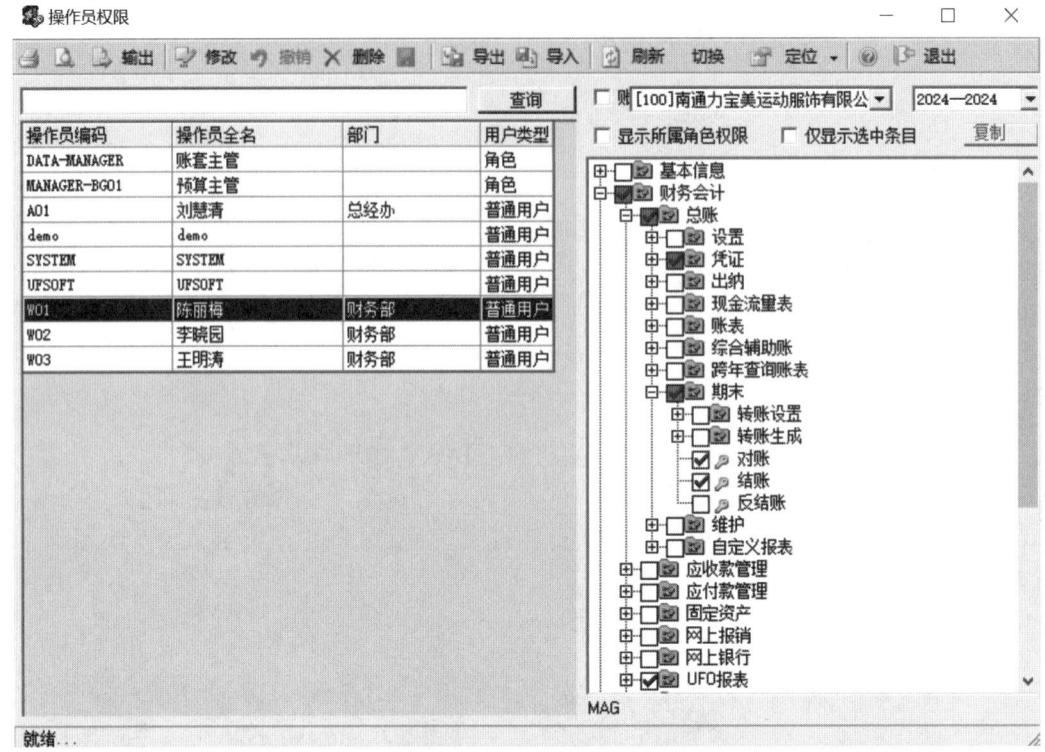

图 2-18 【操作员权限-W01】窗口

(4) 依次设置其他操作员的权限。

二、数据权限控制设置

数据权限控制是数据权限设置的前提，用户可以根据需要先在数据权限默认设置表中选择需要进行权限控制的对象，数据权限的控制分为记录级和字段级两个层次，对应系统中的两个页签"记录级"和"字段级"，系统将自动根据该表中的选择在数据权限设置中显示所选对象。

【业务 2-5】 以账套主管"A01 刘慧清"身份登录【企业应用平台】，取消【仓库】【科目】【工资权限】及【用户】的记录级数据权限控制。

👉 操作步骤

(1) 以账套主管"A01 刘慧清"身份登录【企业应用平台】，如图 2-19 所示。

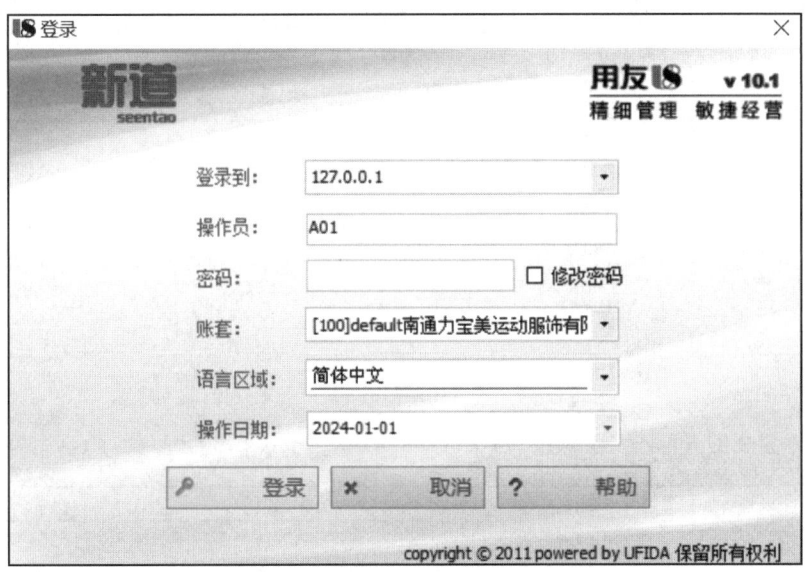

图 2-19 【企业应用平台】窗口

> **提示：**
> ⊙ 企业应用平台是用友 U8 的集成应用平台，可以实现系统基础数据的集中维护、各种信息的及时沟通、数据资源的有效利用。企业应用平台为企业员工、合作伙伴提供了访问系统的唯一通道；通过企业应用平台，用户可以设计个性化工作流程，提高工作效率，还可以实现与日常办公的协同进行。
> ⊙ 企业应用平台中包含的内容极为丰富，与系统应用相关的项目主要包括以下几项：
> 设置：包括基本信息、基础档案、数据权限和单据的设置。在基本信息中，可以设置系统启用、修改建账时设置的分类编码方案和数据精度。在基础档案中可以设置用友 U8 各子系统公用的基础档案信息，如机构人员、客商信息、财务信息等。在数据权限中可以针对系统数据的操作权限进行进一步细分。单据设置提供了个性化单据显示及打印格式的定义。
> 业务：将用友 U8 分为财务会计、供应链、集团应用等功能群，每个功能群中又包括若干功能模块，此处也是用户访问用友 U8 中各功能模块的唯一通道。
> 工具：提供了常用的系统配置工具。

（2）执行【系统服务】|【权限】|【数据权限控制设置】命令，打开【数据权限控制设置】窗口。

（3）取消【仓库】|【科目】|【工资权限】及【用户】前的【是否控制】选项，点击【确定】按钮，如图 2-20 所示。

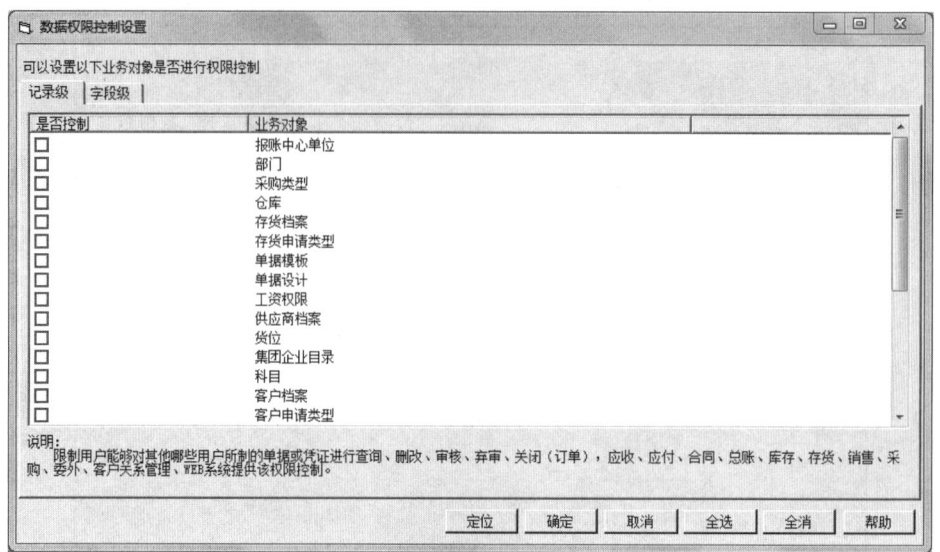

图 2-20 【数据权限控制设置】窗口

任务五 账套输出与引入

一、账套输出

对于企业系统管理员来讲,定时将企业数据备份出来存储到不同的介质上,对数据的安全性是非常重要的。如果企业由于不可预知的原因(如地震、火灾、计算机病毒、人为的误操作等)需要对数据进行恢复,此时备份数据就可以将企业的损失降到最小。

【业务 2-6】 将【[100]南通力宝美运动服饰有限公司】账套输出至【E:\100 账套备份\项目二\】文件夹中进行保存。

业务 2-6

操作步骤

(1) 在 E 盘中新建【100 账套备份】文件夹,再在【100 账套备份】文件夹中新建【项目二】文件夹。

(2) 以系统管理员"admin"身份登录【系统管理】。

(3) 点击【账套】|【输出】,打开【账套输出】窗口。点击【账套号】栏的下三角按钮,选择【[100]南通力宝美运动服饰有限公司】,在输出文件位置选择【E:\100 账套备份\项目二\】,如图 2-21 所示。

(4) 点击【确认】按钮,系统自动进行账套数据的备份输出。完成之后,系统会弹出"输出成功"信息提示框,点击【确定】按钮,完成账套备份。

项目二 企业建账

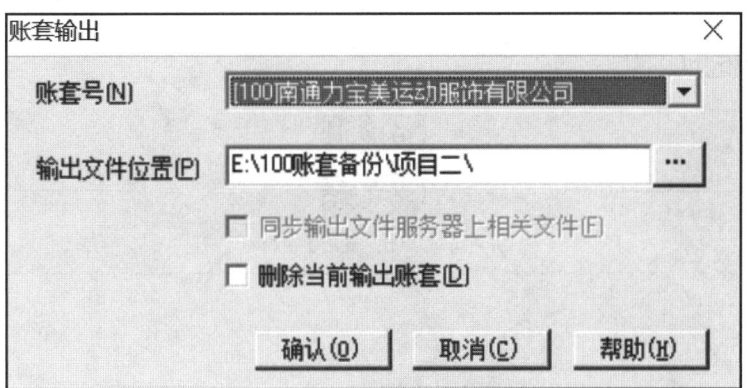

图 2-21 【账套输出】窗口

> 提示：
> ⊙ 只有系统管理员有权进行账套输出，账套输出成功后，在文件输出位置指定的文件夹中生成 UFDATA.BAK 文件和 UfErpAct.Lst 文件。
> ⊙ 如果将"删除当前输出账套"同时选中，则在输出完成后，进行删除确认提示，最后删除当前账套。

二、账套引入

账套引入是指将系统外某账套数据引入本系统中。用户可使用系统管理中提供的备份功能（设置备份计划）或输出功能，将用友 U8 账套做备份，当需要恢复账套时，可使用引入功能将备份的账套恢复到用友 U8 中。当账套数据遭到破坏时，将最近复制的账套数据引入本账套中，尽量保持业务数据完好。

【业务 2-7】 将【[100]南通力宝美运动服饰有限公司】账套引入。

操作步骤

（1）以系统管理员"admin"身份登录【系统管理】。

（2）点击【账套】|【引入】命令，打开【请选择账套备份文件】窗口，选择将要引入的账套数据，如图 2-22 所示，单击【确定】按钮。

（3）系统弹出"请选择账套引入的目录"对话框，点击【确定】按钮。

（4）账套的引入需要一定的时间，在这个过程中请耐心等候。完成账套引入后，系统会弹出提示对话框"账套[100]引入成功！"，点击【确定】按钮，完成该过程。

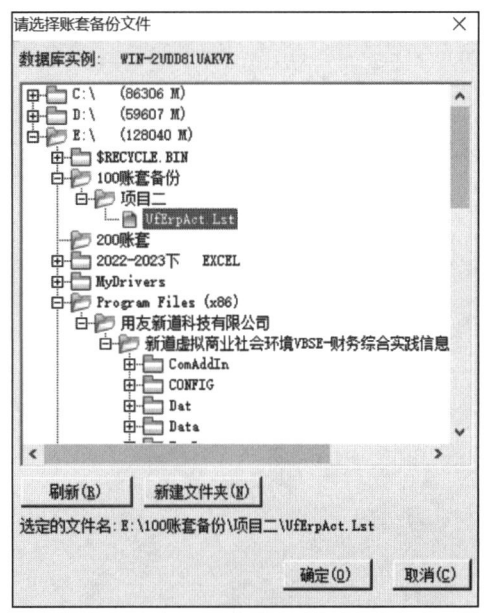

图 2-22 "请选择账套备份文件"窗口

29

思政园地

明确岗位职责　强化责任担当

业财一体信息化应用职业技能等级要求(初级)

工作领域	工作任务	职业技能要求	
1. 业财一体信息化平台基础设置与维护	1.1 用户角色权限设置与维护	1.1.1	能够根据《企业财务通则》与《企业会计信息化工作规范》，在信息化平台上正确进行角色增加、修改、删除等设置
		1.1.2	能够根据《企业财务通则》与《企业会计信息化工作规范》，在信息化平台上对角色进行查询、新增、删除等权限设置
		1.1.3	能够依据企业组织分工情况，在信息化平台上对用户权限进行查询、增加、修改等维护，确保用户与其权限匹配
		1.1.4	能够依据企业组织分工情况，在信息化平台上进行角色与用户关联、匹配，进行用户批量权限设置

项目三 基础信息设置

知识目标

1. 理解基础信息设置的作用。
2. 掌握基础信息设置的相关规定。

技能目标

1. 能够进行基础信息的录入与维护。
2. 能够进行单据的设置。

素养目标

1. 培养学生严谨细致的工作作风。
2. 培养学生尽职尽责的敬业精神。

任务一 机构人员设置

一、部门档案设置

部门档案主要用于设置企业各个职能部门的信息,设置时按照已经定义好的部门编码级次原则输入部门编号及其信息。最多可分9级,编码总长12位,部门档案包含部门编码、部门名称等信息。

【业务 3-1】 2024 年 1 月 1 日,请在企业应用平台中增加表 3-1 部门档案。

表 3-1　　　　　　　　　　　　部门档案

部门编码	部门名称	部门编码	部门名称
1	总经办	4	销售部
2	财务部	5	仓管部
3	采购部		

业务 3-1

操作步骤

(1) 以"A01 刘慧清"身份登录【企业应用平台】，在【基础设置】选项卡中，双击【基础档案】|【机构人员】|【部门档案】命令，打开【部门档案】窗口。

(2) 点击【增加】按钮，录入部门编码"1"、部门名称"总经办"，如图 3-1 所示。

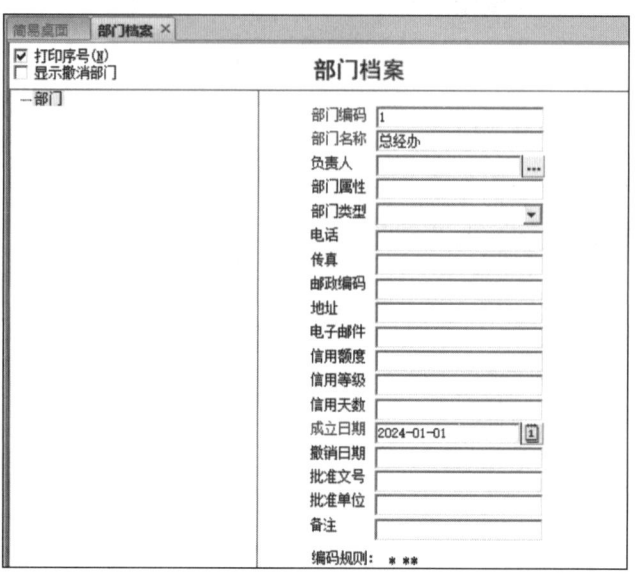

图 3-1 【部门档案】窗口

(3) 点击【保存】按钮完成第一条信息录入。以此方法依次将其他部门档案信息进行相应设置，操作结果如图 3-2 所示。

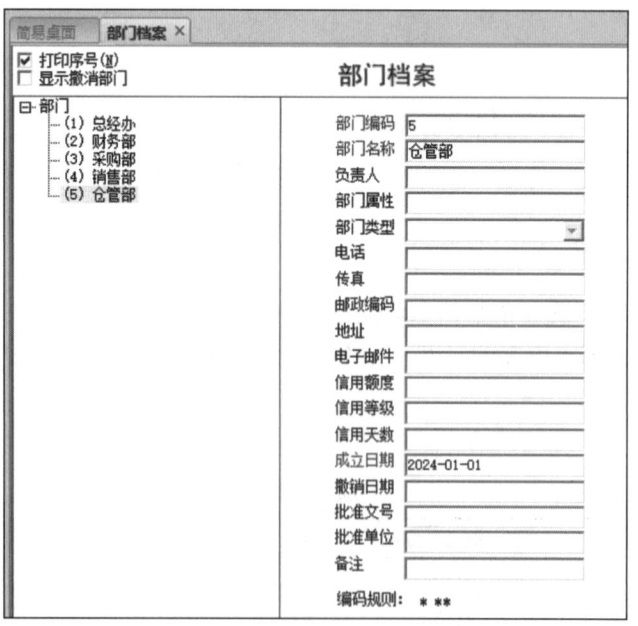

图 3-2 【部门档案】窗口

> **提示：**
> ⊙ 如需要修改部门档案，则先选定左侧窗格中的某个部门，再单击【修改】按钮，即可修改该部门信息，但部门编号不能修改，若单击【删除】按钮，则可删除该部门。

二、人员类别设置

人员类别设置是对企业的人员类别进行分类设置和管理。一般是按树形层次结构进行分类，新建账套系统预置正式工、合同工、实习生三个人员类别。

【业务3-2】 在企业应用平台中增加表3-2人员类别。

表3-2   人员类别

一级档案编码	二级档案编码	档案名称
101	01	管理人员
101	02	采购人员
101	03	销售人员

业务3-2

操作步骤

（1）以"A01刘慧清"身份登录【企业应用平台】，在【基础设置】选项卡中，双击【基础档案】|【机构人员】|【人员类别】命令，打开【人员类别】窗口。

（2）点击【增加】按钮，按表3-2增加【管理人员】类别，如图3-3所示。

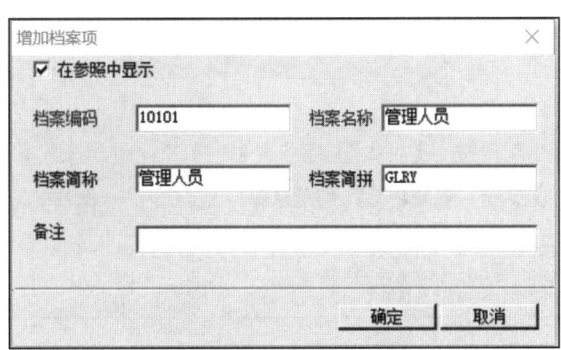

图3-3 【增加档案项】窗口

（3）依次增加其他人员类别，操作结果如图3-4所示。

图3-4 【人员类别】窗口

> **提示：**
> ⊙ 人员类别与工资费用的分配、分摊有关，工资费用的分配及分摊是薪资管理系统的一项重要功能。人员类别设置的目的是为工资分摊生成凭证设置相应的入账科目做准备，可以按不同的入账科目需要设置不同的人员类别。
> ⊙ 人员类别名称可以修改，但已使用的人员类别名称不能删除。

三、人员档案设置

人员档案主要用于设置企业各职能部门中需要进行核算和业务管理的职员信息，必须先设置好部门档案才能在这些部门下设置相应的人员档案。

【**业务 3-3**】 在企业应用平台中增加表 3-3 人员档案信息。

表 3-3　　　　　　　　　　人员档案信息

人员编码	人员姓名	性别	部门	雇佣状态	人员类别	是否业务员	业务或费用部门
101	刘慧清	女	总经办	在职	管理人员	是	总经办
201	陈丽梅	女	财务部	在职	管理人员	是	财务部
202	李晓园	女	财务部	在职	管理人员	是	财务部
203	王明涛	男	财务部	在职	管理人员	是	财务部
301	戚诚	男	采购部	在职	采购人员	是	采购部
302	杨智	女	采购部	在职	采购人员	是	采购部
401	肖丽丽	女	销售部	在职	销售人员	是	销售部
402	徐敏敏	女	销售部	在职	销售人员	是	销售部
501	李军钧	男	仓管部	在职	管理人员	是	仓管部

业务 3-3

操作步骤

（1）以"A01 刘慧清"身份登录【企业应用平台】，在【基础设置】选项卡中，点击【基础档案】|【机构人员】|【人员档案】命令，打开【人员列表】窗口。

（2）点击左侧窗口中的【部门分类】下的【总经办】。

（3）点击【增加】按钮，按表 3-3 录入相关人员信息，如图 3-5 所示。

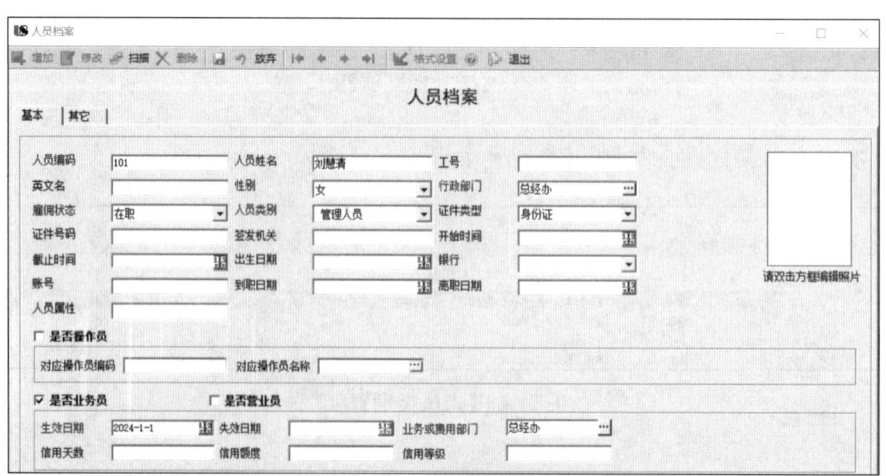

图 3-5　【人员档案】窗口

(4) 点击【保存】按钮。

(5) 按照以上步骤,依次录入其他部门人员档案信息,操作结果如图3-6所示。

图 3-6 【人员列表】窗口

> **提示:**
> ◉ 此处的人员档案应该包括企业所有员工。
> ◉ 人员编号必须录入,必须唯一。
> ◉ 如要修改,则先选定要修改的职员,再单击【修改】按钮,可修改该职员的信息,但职员编号不能修改。

任务二 客商信息设置

一、客户档案设置

客户档案主要用于设置往来客户的档案信息,以便进行客户资料管理和业务数据的录入、统计、分析。如果在建立账套时选择了客户分类,则必须在设置完成客户分类档案的情况下才能编辑客户档案。

【业务3-4】 增加表3-4客户档案。

表 3-4　　　　　　　　　　　　客户档案

客户编码	客户名称	客户简称	税号	地址电话	开户银行	账号	分管部门	专管员
001	南通文峰电子商务有限公司	南通文峰	91320662084366295XQ	南通市青年路5号,0513-95086000	中国银行南通分行	5306364562333	销售部	肖丽丽
002	南京飞鹤国际购物中心	南京飞鹤	913201006086277765R	南京市秦淮区汉中路8889号,025-94708898	农业银行南京金鹰支行	1010510104000038255	销售部	肖丽丽
003	南京中连商场股份有限公司	南京中连	913201001348811640F	南京市秦淮区中山南路886号,025-94715287	工商银行南京钟山支行	4301018419100188799	销售部	肖丽丽

业务 3-4

(续表)

客户编码	客户名称	客户简称	税号	地址电话	开户银行	账号	分管部门	专管员
004	南通四季青酒店管理有限公司	南通四季青	91320602767355499H	南通市濠西路1号，0513-95160209	农行南通高店支行	10716601049921551	销售部	肖丽丽

操作步骤

（1）以"A01 刘慧清"身份登录【企业应用平台】，打开【基础设置】选项卡，点击【基础档案】|【客商信息】|【客户档案】命令，打开【客户档案】窗口。该窗口分为左右两个部分，左边部分显示已经设置的客户分类，选中某一客户分类，右边部分则显示该分类所有的客户列表。

（2）点击【增加】按钮，打开【增加客户档案】窗口。该窗口包括4个选项卡，【基本】【联系】【信用】和【其他】，用于对客户不同的属性分别归类记录。

（3）按表3-4资料录入【客户编码】【客户名称】【客户简称】【税号】【分管部门】【分管业务员】等相关信息，如图3-7所示。

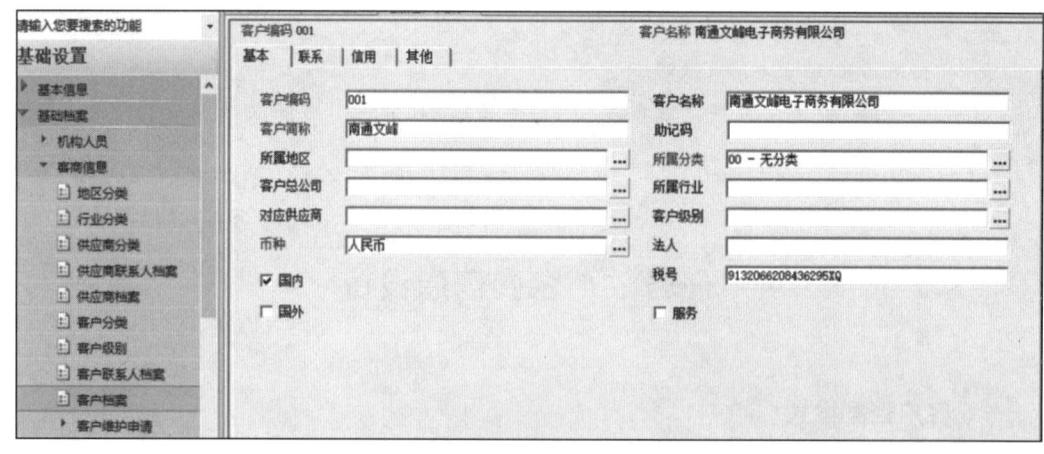

图 3-7 【窗口编码001】窗口

（4）点击窗口中的【银行】按钮，系统弹出【客户银行档案】窗口，录入开户银行及账号信息，其中【所属银行】参照录入，【默认值】选择"是"，如图3-8所示。

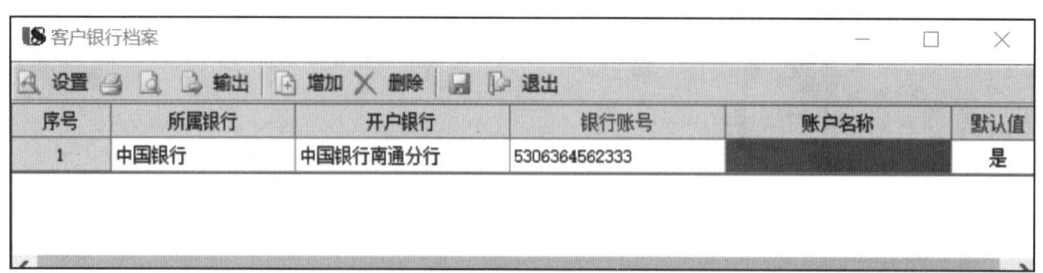

图 3-8 【客户银行档案】窗口

（5）按照以上操作步骤，依次录入其他客户档案，操作结果如图3-9所示。

项目三 基础信息设置

图3-9 【客户档案】窗口

二、供应商档案设置

企业可以根据自身管理的需要对供应商进行分类管理,建立供应商分类体系。可将供应商按行业、地区等进行划分,设置供应商分类后,根据不同的分类建立供应商档案。没有对供应商进行分类管理需求的用户可以不使用本功能。

供应商档案主要用于设置往来供应商的档案信息,以便进行供应商资料管理和业务数据的输入、统计和分析。供应商档案包括供应商基本信息、联系方式、信用状况等内容。

【业务3-5】 增加表3-5供应商档案信息。

表3-5 供应商档案

供应商编码	供应商名称	供应商简称	税号	地址电话	开户银行	账号	分管部门	专管员
001	上海天宁体育用品有限公司	上海天宁	913101145762751583	上海市嘉定区公安路49号,021-93267366	招商银行上海分行营业部	1219096833108966	采购部	戚诚
002	上海奥悦体育用品有限公司	上海奥悦	91310000747635696P	上海市长宁区昭化路66号,021-93231314	中国银行上海蒙自路支行	43385922045645	采购部	戚诚
003	南通特伦布户外用品有限公司	南通特伦布	91320602675461219M	南通市城港八组,0513-97877689	中行南通金海岸支行	522528202786	采购部	戚诚
004	南通安力户外用品有限公司	南通安力	913206114576 2751766	南通市崇川区南宁路8号,0513-90707678	工商银行南通南大街支行	11118234091006788	采购部	戚诚
005	南通东林物流集团有限公司	东林物流	91320600138302001B	南通市港闸区北京路99号,0513-98583053	工商银行南通港闸支行	11118231128902553	采购部	戚诚

业务3-5

操作步骤

(1)以"A01刘慧清"身份登录【企业应用平台】,打开【基础设置】选项卡,点击【基础档案】|【客商信息】|【供应商档案】命令,打开【供应商档案】窗口。该窗口分为左右两个部分,左边部分显示已经设置的供应商分类,点击选中其中某一供应商分类,右边部分则显示该分类所有的供应商列表。

(2)点击【增加】按钮,打开【增加供应商档案】窗口。该窗口中包括4个选项卡,【基本】【联系】【信用】【其他】,用于对供应商不同的属性分别归类记录。

(3)按表3-5资料录入【供应商编码】【供应商名称】【供应商简称】【分管部门名称】【专营业务员名称】等相关信息,操作结果如图3-10所示。

37

图 3-10 【供应商档案】窗口

> 提示：
> ● 供应商的类别编码是系统识别不同供应商的唯一标志，所以编码必须唯一，不能重复或修改。
> ● 由于账套中并未对供应商进行分类，所属分类为无分类。

任务三　存货信息设置

一、存货分类设置

企业可以根据对存货的管理要求对存货进行分类管理，以便于对业务数据的统计和分析。存货分类用于设置存货分类编码、名称及所属经济分类。分类编码必须唯一，必须按其级次的先后次序建立。

【业务 3-6】　增加表 3-6 存货分类。

表 3-6　　　　　　　　　　存货分类

分类编码	分类名称	分类编码	分类名称
01	商品	02	其他

业务 3-6

操作步骤

以"A01 刘慧清"身份登录【企业应用平台】，打开【基础设置】选项卡，点击【基础档案】|【存货】|【存货分类】命令，打开【存货分类】窗口，按表 3-6 资料录入存货分类信息，操作结果如图 3-11 所示。

二、计量单位设置

企业中存货种类繁多，不同的存货具有不同的计量单位。计量单位组分无换算、浮动换算、固定换算三种类别。每个计量单位组中有一个主计量单位、多个辅助计量单位，可以设置主辅计量单位之间的换算率。

【业务 3-7】　增加表 3-7 计量单位。

业务 3-7

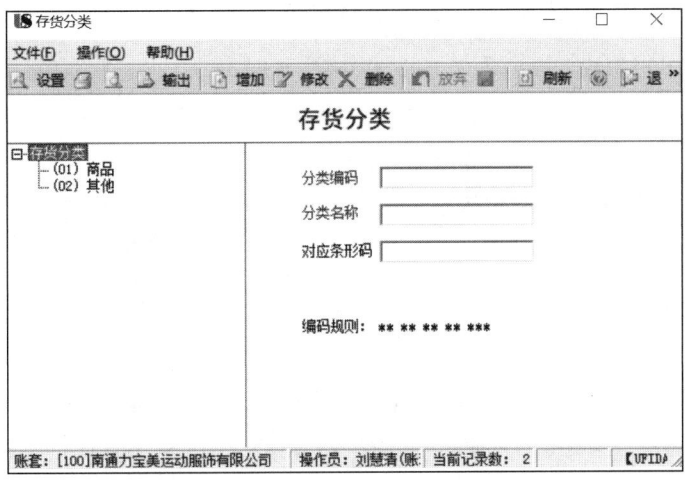

图 3-11 【存货分类】窗口(已录入)

表 3-7　　　　　　　　　　　　　　计量单位

计量单位组编码	计量单位组名称	计量单位组类别	计量单位编码	计量单位
01	自然单位	无换算	01	套
01	自然单位	无换算	02	件
01	自然单位	无换算	03	千米

操作步骤

（1）以"A01 刘慧清"身份登录【企业应用平台】，打开【基础设置】选项卡，点击【基础档案】|【存货】|【计量单位】命令，打开【计量单位】窗口。

（2）点击【分组】按钮，打开【计量单位组】窗口。

（3）点击【增加】按钮，录入【计量单位组编码】为"01"，录入【计量单位组名称】为"自然单位"，点击【计量单位组类别】栏的下三角按钮，选择"无换算率"，单击【保存】按钮，如图 3-12 所示。

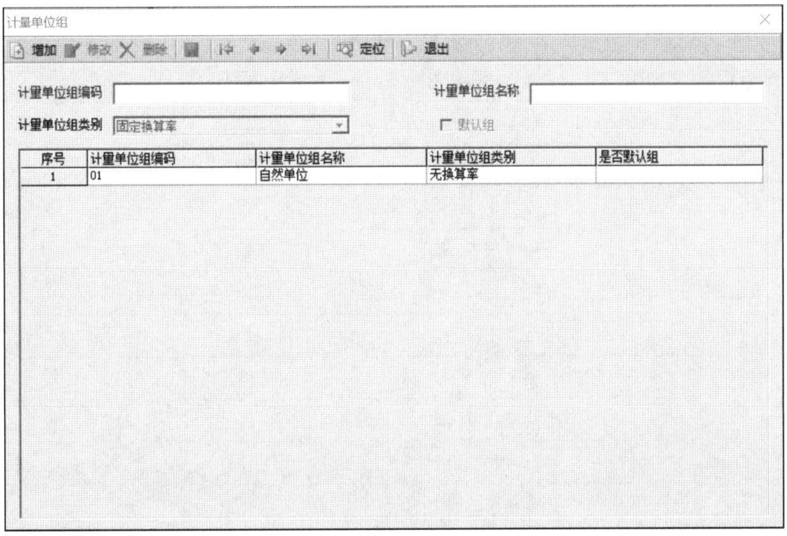

图 3-12　【计量单位组】窗口

(4)点击【单位】按钮,打开【计量单位】窗口。

(5)点击【增加】按钮,依次录入表 3-7 中的计量单位,点击【保存】按钮,操作结果如图 3-13 所示。

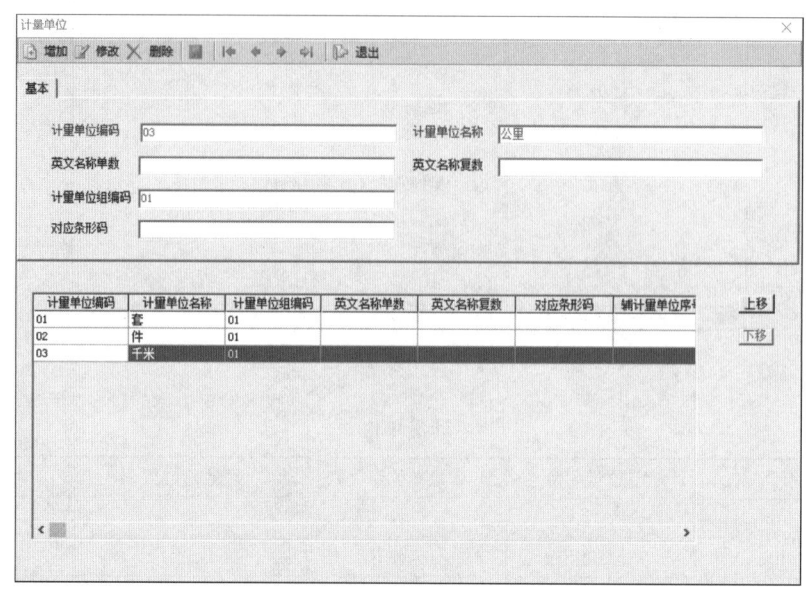

图 3-13 【计量单位】窗口(已录入)

三、存货档案设置

存货档案主要用于设置企业在经营活动中使用到的各种存货信息,以便于对这些存货进行资料管理、实物管理和业务数据的统计、分析。存货档案用于对存货目录的设立和管理,随同发货单或发票一起开具的应税劳务等,也应设置在存货档案中。

【业务 3-8】 增加表 3-8 存货档案信息。

业务 3-8

表 3-8　　　　　　　　　　　　　　存货档案

分类编码	所属类别	存货编码	存货名称	计量单位	税率	存货属性
01	商品	0101	春秋款女士运动服	套	13%	外购、内销
		0102	春秋款男士运动服	套	13%	外购、内销
		0103	长袖女士T恤	件	13%	外购、内销
		0104	长袖男士T恤	件	13%	外购、内销
		0105	短袖女士T恤	件	13%	外购、内销
		0106	短袖男士T恤	件	13%	外购、内销
		0107	长袖印花T恤	件	13%	外购、内销
		0108	短袖印花T恤	件	13%	外购、内销
		0109	男士春秋户外冲锋衣	件	13%	外购、内销
		0110	女士春秋户外冲锋衣	件	13%	外购、内销
02	其他	0201	运输费	千米	9%	外购、内销、应税劳务

操作步骤

(1) 以"A01 刘慧清"身份登录【企业应用平台】,打开【基础设置】选项卡,点击【基础档案】|【存货】|【存货档案】命令,打开【存货档案】窗口。

(2) 点击【存货分类】中的【商品】,再点击【增加】按钮,根据表3-8资料填制【0101春秋款女士运动服】存货档案【基本】选项卡,如图3-14所示。

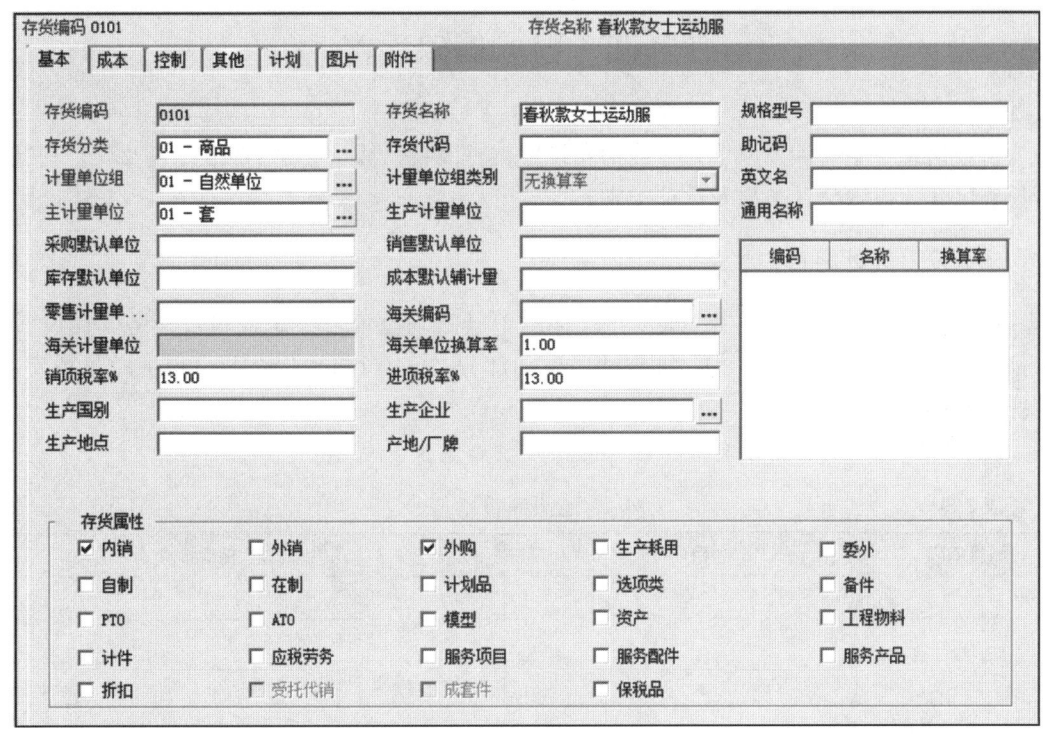

图 3-14 增加存货档案

(3) 单击【保存】按钮,按照以上操作步骤,依次录入其他存货档案,录入完成后如图3-15所示。

图 3-15 【存货档案】窗口(已录入)

提示:

● 在录入存货档案时,如果直接列示的计量单位不符合要求,应先将不符合要求的计量单位删除,再单击【参照】按钮就可以在计量单位表中重新选择。

⊙ 存货档案中的存货属性必须选择正确,否则在填制相应单据时就不会在存货列表中出现。具有"内销"属性的存货,可用于销售业务。具有"外购"属性的存货可用于采购业务。

任务四 财务信息设置

财务信息中主要涉及以下几方面信息设置:会计科目、凭证类别、外币设置及项目目录。本任务仅介绍设置会计科目及凭证类别。

一、设置会计科目

设置会计科目是会计核算方法之一,它用于分门别类地反映企业经济业务。用友 U8 中预置了现行会计制度规定的一级会计科目和部分二级会计科目,企业可根据本单位实际情况修改科目属性并补充明细科目。

【业务 3-9】 设置企业会计科目。会计科目如表 3-9 所示。

业务 3-9

表 3-9　　　　　　　　　　　　　　会计科目

科目编码	科目名称	方向	辅助核算
1001	库存现金	借	日记账,现金科目
1002	银行存款	借	日记账,银行账,银行科目
1122	应收账款	借	客户往来,应收系统
1123	预付账款	借	供应商往来,应付系统
1221	其他应收款	借	个人往来
1405	库存商品	借	
140501	春秋款女士运动服	借	数量核算:套
140502	春秋款男士运动服	借	数量核算:套
140503	长袖女士 T 恤	借	数量核算:件
140504	长袖男士 T 恤	借	数量核算:件
140505	短袖女士 T 恤	借	数量核算:件
140506	短袖男士 T 恤	借	数量核算:件
140507	长袖印花 T 恤	借	数量核算:件
140508	短袖印花 T 恤	借	数量核算:件
140509	男士春秋户外冲锋衣	借	数量核算:件
140510	女士春秋户外冲锋衣	借	数量核算:件
2202	应付账款	贷	
220201	一般应付款	贷	供应商往来,应付系统
220202	暂估应付款	贷	供应商往来,不受控

(续表)

科目编码	科目名称	方向	辅助核算
2204	合同负债	贷	客户往来,应收系统
2211	应付职工薪酬	贷	
221101	工资	贷	
221102	职工福利费	贷	
221103	社会保险费	贷	
221104	住房公积金	贷	
221105	工会经费	贷	
221106	职工教育经费	贷	
2221	应交税费	贷	
222101	应交增值税	贷	
22210101	进项税额	借	
22210102	进项税额转出	贷	
22210103	销项税额	贷	
22210104	转出未交增值税	贷	
222102	未交增值税	贷	
222103	应交企业所得税	贷	
222104	应交个人所得税	贷	
222105	应交城建税	贷	
222106	应交教育费附加	贷	
222107	应交地方教育附加	贷	
4104	利润分配	贷	
410410	未分配利润	贷	
6001	主营业务收入	贷	
600101	春秋款女士运动服	贷	数量核算:套
600102	春秋款男士运动服	贷	数量核算:套
600103	长袖女士T恤	贷	数量核算:件
600104	长袖男士T恤	贷	数量核算:件
600105	短袖女士T恤	贷	数量核算:件
600106	短袖男士T恤	贷	数量核算:件
600107	长袖印花T恤	贷	数量核算:件
600108	短袖印花T恤	贷	数量核算:件
600109	男士春秋户外冲锋衣	贷	数量核算:件
600110	女士春秋户外冲锋衣	贷	数量核算:件
6112	资产处置损益	贷	
6401	主营业务成本	借	
640101	春秋款女士运动服	借	数量核算:套

(续表)

科目编码	科目名称	方向	辅助核算
640102	春秋款男士运动服	借	数量核算:套
640103	长袖女士T恤	借	数量核算:件
640104	长袖男士T恤	借	数量核算:件
640105	短袖女士T恤	借	数量核算:件
640106	短袖男士T恤	借	数量核算:件
640107	长袖印花T恤	借	数量核算:件
640108	短袖印花T恤	借	数量核算:件
640109	男士春秋户外冲锋衣	借	数量核算:件
640110	女士春秋户外冲锋衣	借	数量核算:件
6403	税金及附加	借	
6601	销售费用	借	
660101	工资	借	
660102	福利费	借	
660103	社会保险费	借	
660104	广告费	借	
660105	业务招待费	借	
660106	折旧费	借	
660107	差旅费	借	
660108	其他	借	
6602	管理费用	借	
660201	工资	借	部门核算
660202	福利费	借	部门核算
660203	社会保险费	借	部门核算
660204	办公费	借	部门核算
660205	差旅费	借	部门核算
660206	业务招待费	借	部门核算
660207	折旧费	借	部门核算
660208	其他	借	部门核算
6702	信用减值损失	借	

操作步骤

1. 修改会计科目

(1) 在【会计科目_修改】窗口中,双击【1122 应收账款】,点击【修改】按钮,打开【会计科目修改】窗口。

(2) 点击【修改】按钮,选中【客户往来】前的复选框,如图 3-16 所示。

(3) 点击【确定】按钮。

(4) 按照以上步骤,依次修改其他会计科目。

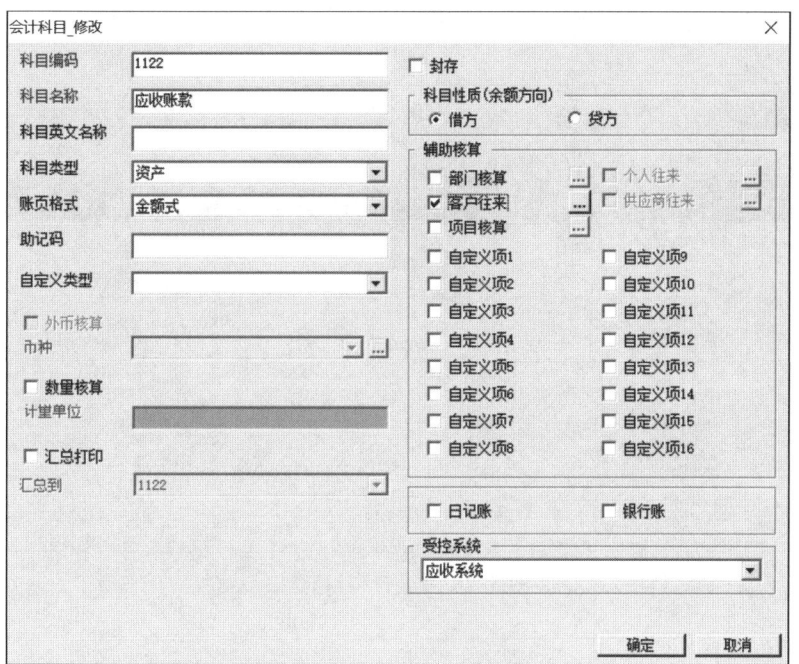

图 3-16 【会计科目_修改】窗口

2. 增加会计科目

(1) 执行【基础档案】|【财务】|【会计科目】命令,打开【会计科目】,点击【增加】按钮,打开【新增会计科目】窗口。

(2) 录入科目编码"220201"、科目名称"一般应付款",如图 3-17 所示。

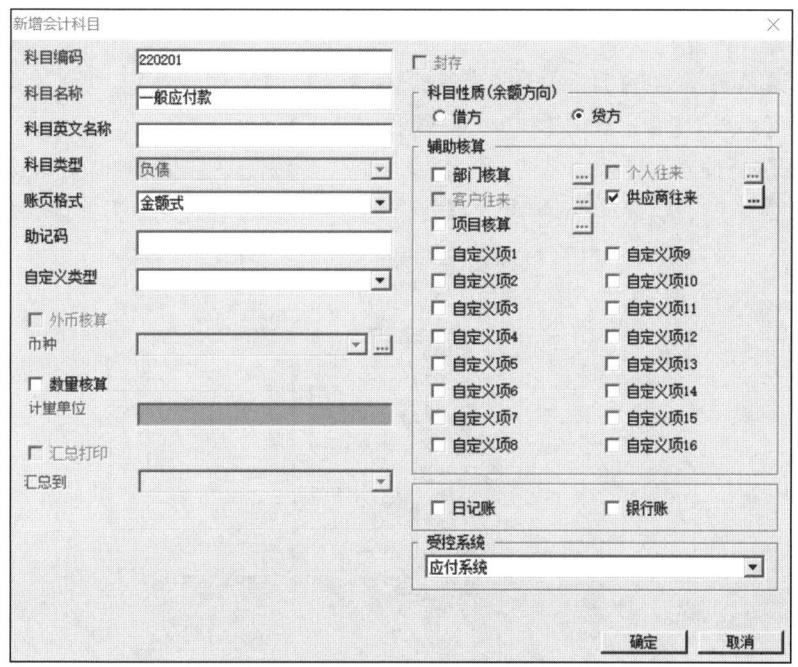

图 3-17 【新增会计科目】窗口

(3) 按照以上步骤，依次增加其他会计科目，操作结果如图 3-18 所示。

图 3-18 【会计科目】窗口

> **提示：**
> ⊙ 会计科目编码应符合编码规则。
> ⊙ 如果科目已经使用，则不能删除或修改。
> ⊙ 增加会计科目时，应该先增加上级科目，再增加下级科目。
> ⊙ 凡是设置辅助核算内容的会计科目，在填制凭证时都需要填制具体的辅助核算内容。与受控科目相关的制单业务应到相应的"受控系统"中完成。

3. 指定会计科目

(1) 执行【基础档案】|【财务】|【会计科目】命令，进入【会计科目】窗口。
(2) 执行【编辑】|【指定科目】命令，打开【指定科目】窗口。
(3) 点击【＞】按钮，将【1001 库存现金】从【待选科目】中选入【已选科目】；单击【银行科目】选项，点击【＞】按钮，将【1002 银行存款】从【待选科目】中选入【已选科目】，如图 3-19 所示。

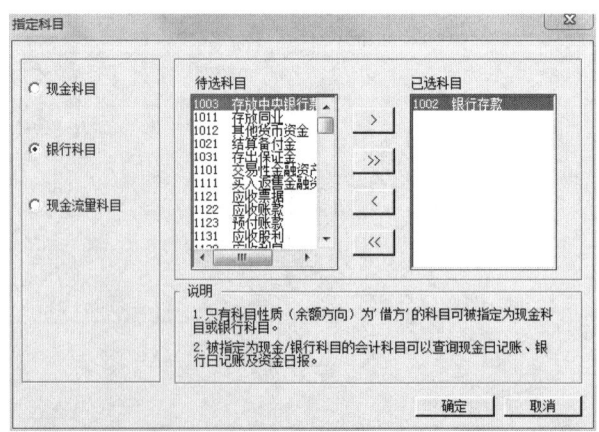

图 3-19 【指定科目】窗口

(4) 点击【确定】按钮。

二、设置凭证类别

为了防止填制凭证时将凭证类别选错,系统一般都会提供限制类型及限制科目功能,如借方必有、贷方必有等。第一次设置凭证类别,可以按以下几种常用分类方式进行定义。

(1) 记账凭证。
(2) 收款、付款、转账凭证。
(3) 现金、银行、转账凭证。
(4) 现金收款、现金付款、银行收款、银行付款、转账凭证。

【业务3-10】 设置凭证类别为记账凭证。

操作步骤

(1) 执行【基础档案】|【财务】|【凭证类别】命令,打开【凭证类别预置】窗口。
(2) 选中【记账凭证】前的复选框,如图3-20所示。

业务3-10

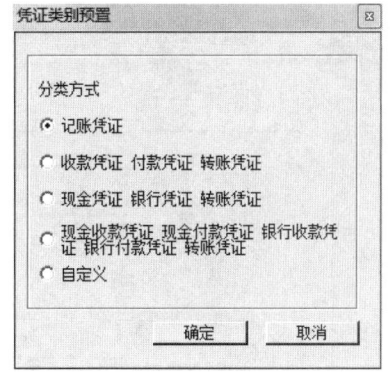

图3-20 【凭证类别预置】窗口

(3) 点击【确定】按钮,打开【凭证类别】窗口。
(4) 点击【退出】按钮,完成设置。

任务五　收付结算信息设置

在业务处理过程中,发生的资金往来业务需要进行款项结算,因此要考虑采取什么样的结算方式,是否有优惠条件,从哪一个开户银行支付或收取。收付结算信息包括对结算方式、付款条件、银行档案、本单位开户银行等内容的设置。

一、结算方式设置

企业采用的结算方式包括现金、支票、银行汇票、商业汇票、电汇等。收、付款业务由财务部门根据有关凭证进行处理,在系统中没有对应结算方式的,其结算方式为"其他"。

【业务3-11】 增加结算方式,如表3-10所示。

表 3-10　　　　　　　　　　　结算方式

编号	结算方式名称	编号	结算方式名称
1	现金	301	银行承兑汇票
2	支票	302	商业承兑汇票
201	现金支票	4	电汇
202	转账支票	5	其他
3	汇票		

👆 操作步骤

（1）执行【基础档案】|【收付结算】|【结算方式】命令，打开【结算方式】窗口。

（2）点击【增加】按钮，录入结算方式编码"1"，录入结算方式名称"现金"，点击【保存】按钮。以此方法继续录入表 3-10 中的其他结算方式，操作结果如图 3-21 所示。

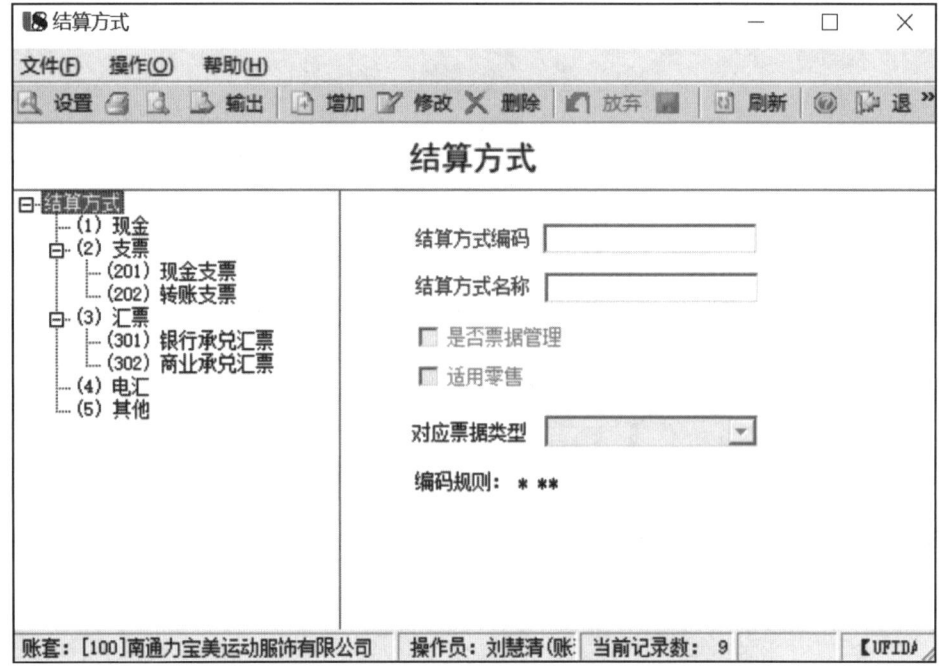

图 3-21　【结算方式】窗口（已录入）

二、付款条件设置

付款条件也称现金折扣，是指企业为了鼓励客户偿还货款而允诺在一定期限内给予的规定的折扣优待。这种折扣条件一般可以表示为 2/10、1/20、n/30 等，其含义是客户在 10 天内付款可得到 2％的现金折扣，在 20 天内付款可得到 1％的现金折扣，超过 20 天付款则按照全额支付货款。

【业务 3-12】　增加付款条件，如表 3-11 所示。

表 3-11　　　　　　　　　　　付款条件

付款条件编码	信用天数	优惠天数1	优惠率1	优惠天数2	优惠率2
01	30	10	2	20	1

👆 **操作步骤**

（1）执行【基础设置】|【基础档案】|【收付结算】|【付款条件】命令，打开【付款条件】窗口，按表 3-11 资料录入付款条件，操作结果如图 3-22 所示。

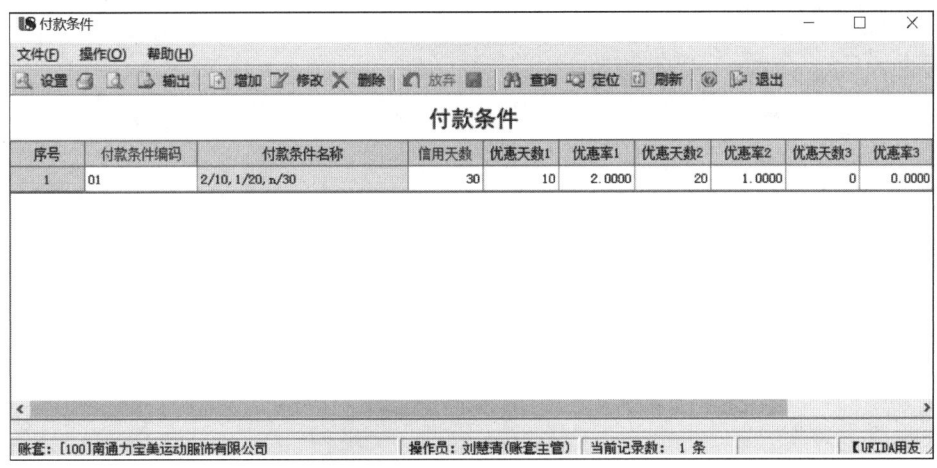

图 3-22　【付款条件】窗口

（2）点击【保存】按钮，再点击【退出】按钮。

三、本单位开户银行设置

"开户银行"用于设置本企业在收付结算中对应的各个开户银行信息。系统支持多个开户银行和账号。

【业务 3-13】　增加本单位开户银行，如表 3-12 所示。

表 3-12　　　　　　　　　　本单位开户银行

项目	内容	项目	内容
企业开户银行编码	01	账户名称	南通力宝美运动服饰有限公司
开户银行	交通银行南通南大街支行	币种	人民币
账号	326008608018170080886	所属银行	交通银行

👆 **操作步骤**

（1）执行【基础设置】|【基础档案】|【收付结算】|【本单位开户银行】命令，打开【增加本单位开户银行】窗口，按表 3-12 资料录入开户银行信息，操作结果如图 3-23 所示。

（2）点击【保存】按钮，再点击【退出】按钮。

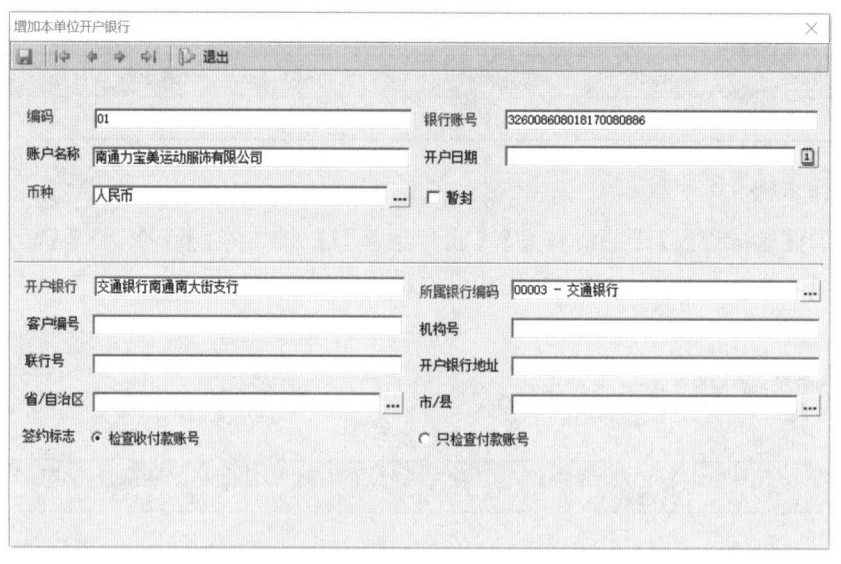

图 3-23 【增加本单位开户银行】窗口

任务六 单据设置

一、单据格式设计

单据格式设计主要是根据系统预置的单据模板,定义本企业所需要的单据格式。用友U8单据格式设计可对U8系列产品中的报账中心、采购、存货、库存、项目管理、销售、应收、应付等模块中的各种单据进行格式设计。每一种单据格式设置分为显示单据格式设置和打印单据格式设置。

业务 3-14

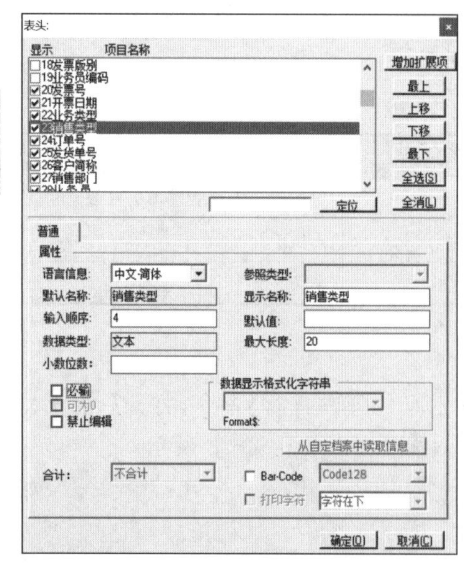

图 3-24 【销售专用发票】窗口

【业务 3-14】 将销售专用发票表头项目"销售类型"改为非必输项。

👆 操作步骤

执行【基础设置】|【单据设置】|【单据格式设置】命令,打开【单据格式设置】窗口,找到【销售专用发票显示模板】,单击工具栏上的【表头项目】,在"项目名称"列表框中找到【销售类型】,取消【必输】选项,如图 3-24 所示,单击【确定】按钮,单击【保存】按钮。

二、单据编号设置

单据编号是指根据企业业务中使用的各种单据、档案的不同需求,由用户自己设置各种单据、档案类型的编码生成原则,包括编号设置、对照表、查看流水号三项内容。

【业务 3-15】 修改采购专用发票、销售专用发票编号为完全手工编号。

操作步骤

（1）执行【基础设置】|【单据设置】|【单据编号设置】命令,打开【单据编号设置】窗口。

（2）选择【单据类型】中【采购专用发票】,单击【修改】按钮,勾选【完全手工编号】复选框,如图 3-25 所示,点击【保存】按钮。

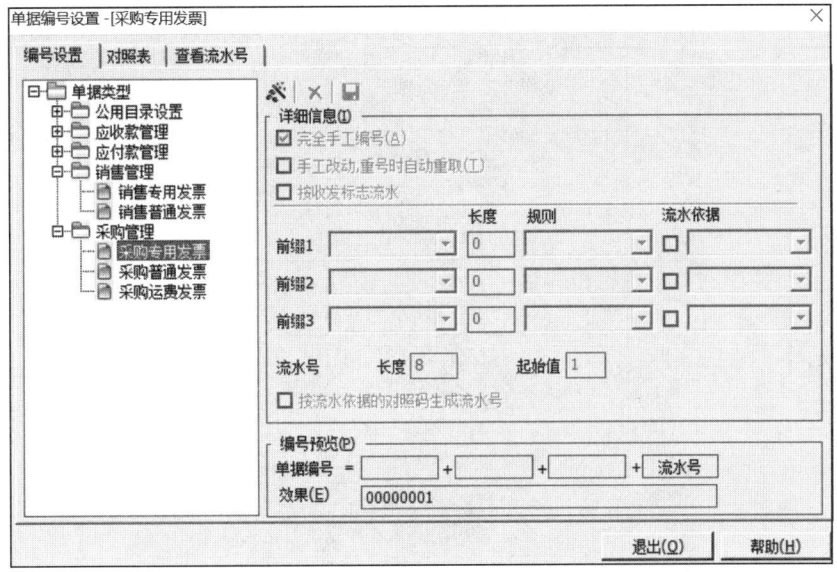

图 3-25 【采购专用发票-编号设置】窗口(已修改)

（3）按照以上步骤,完成其他单据编号的设置。

三、账套备份

将账套输出至【E:\100 账套备份\项目三\】文件夹。

会计信息化工作规范

业财一体信息化应用职业技能等级要求(初级)

工作领域	工作任务	职业技能要求	
1. 业财一体信息化平台基础设置与维护	1.2 企业基础档案设置与维护	1.2.1	能够依据梳理完毕的企业基础档案信息,在信息化平台上对部门档案、职员档案、客户分类、供应商分类、客户档案、供应商档案、存货档案、仓库档案等进行维护
		1.2.2	能够依据给定的科目设置信息,在信息化平台上准确设置会计科目,并能熟练进行会计科目的增加、修改等操作
		1.2.3	能够依据给定的辅助核算要求及凭证类别要求,在信息化平台上准确进行辅助核算项设置、凭证类别设置
		1.2.4	能够根据《企业财务通则》,依据给定的相关资料,在信息化平台上准确指定现金科目、银行科目和现金流量科目,设置结算方式
		1.2.5	能够依据企业经营需要及给定的相关资料,在信息化平台上正确设置收发类别、采购类型和销售类型
	1.3 标准单据设置与维护	1.3.1	能够根据《企业财务通则》,依据给定的业务资料,在信息化平台上准确地对应收类单据、应付类单据进行格式设置
		1.3.2	能够根据《企业财务通则》,依据给定的业务资料,在信息化平台上准确地对销售类、采购类单据进行格式设置
		1.3.3	能够根据《企业财务通则》,依据给定的业务资料,在信息化平台上准确地对库存类、存货类单据进行格式设置
		1.3.4	能够根据《企业财务通则》,依据给定的业务资料,在信息化平台上准确地进行单据编号设置,确保填制、生成的各类单据的统一性、规范性

项目四 总账管理系统

知识目标

1. 理解总账管理系统在整个系统中的作用。
2. 掌握总账管理系统的相关规定。

技能目标

1. 能够完成总账管理系统初始化工作。
2. 能够完成总账管理系统日常填制凭证、审核凭证、出纳签字操作。

素养目标

1. 培养学生诚信为本、不做假账的职业道德。
2. 培养学生用信息化思维解决问题的能力。

任务一 总账管理系统认知

一、总账管理系统介绍

总账管理系统又称账务处理系统,是会计信息系统的重要组成部分。总账管理系统(以下简称总账系统)的任务是利用建立的会计科目体系,输入和处理各种记账凭证,完成记账、结账及对账工作,输出各种总分账、日记账、明细账和有关辅助账。

总账是用友 U8 中最核心的一个子系统,是企业财务信息化的起点,也是编制对外财务报告的数据基础,概括地反映企业供、产、销等全部经济业务的综合信息。它在整个会计信息系统中处于中枢地位,其他各子系统的数据都必须直接或间接地传递到总账系统中,同时还要把某些数据传送给其他子系统。

二、总账管理系统基本功能

总账系统主要提供凭证处理、账簿处理、出纳管理和期末转账等基本核算功能,并提供个人、部门、客户、供应商、项目核算等辅助管理功能。在业务处理过程中,可以随时查询包含未记账凭证的所有账表,充分满足管理者对信息及时性的要求。

总账系统具体包括以下内容:

(1) 系统初始化。系统初始化是为总账系统日常业务处理工作所做的准备,是用户根据本企业的需要建立账务应用环境,主要包括设置系统参数(包括制单控制、账簿打印控制、凭证打印等控制参数)、设置会计科目体系、录入期初余额、设置凭证类别、设置结算方式等。

(2) 日常业务处理。日常业务处理主要包括填制凭证、审核凭证、出纳签字、记账以及查询和汇总记账凭证。

(3) 出纳管理。出纳管理提供支票登记簿功能,用来登记支票的领用情况,并可查询银行日记账、现金日记账及资金日报表,定期将企业银行日记账与银行对账单进行核对,并编制银行存款余额调节表。

(4) 账簿管理。账簿管理提供按多种条件查询总账、日记账及明细账等,具有总账、明细账和凭证联查功能。另外还提供了辅助账查询功能。

(5) 期末处理。期末处理主要包括会计期末的转账、对账、结账等。在会计期末,要对收入、费用类账户余额进行结转,计算出本期的利润或亏损。针对一些有一定时间性和规律性的业务,或者事先可以预知的业务,会计信息系统通常提供有自动结转的功能,可以自动生成凭证。

任务二　总账管理系统初始设置

初始设置是每个子系统的基础工作,初始设置中的参数设置构建了子系统的应用环境,决定了软件运行的方向,也是将通用软件配置成企业个性化软件的过程。初始设置还包括期初余额的录入,是以新旧子系统切换点的数据为准。总账子系统的初始设置包括参数设置和期初余额录入。

一、总账管理系统参数设置

在总账系统中,常见的参数设置包括:制单控制、凭证控制、权限控制等。例如,对于凭证控制,可以设置是否允许操作人员修改他人凭证、出纳凭证是否必须经过出纳签字、是否对资金及往来科目实行赤字提示、制单是否要序时控制等。

常用参数含义如下:

(1) 制单序时控制:选择此项制单时,凭证编号必须按日期顺序排列。

(2) 可以使用应收/应付/存货受控科目:若科目为应收/应付/存货系统的受控科目,为了防止重复制单,只允许在应收/应付系统使用此科目制单,总账系统制单时不能使用。如果希望在总账也能使用这些科目填制凭证,则应当勾选此项。

(3) 制单权限控制到科目/凭证类别:选择此项,在制单时只能使用具有相应制单权限的科目或凭证类别制单。

【业务 4-1】 以账套主管"A01 刘慧清"身份修改各项参数。总账系统的参数信息如下：

(1) 凭证选项卡：取消现金流量科目必录现金流量科目；勾选自动填补凭证断号；取消制单序时控制。

(2) 权限选项卡：不允许修改、作废他人填制的凭证；勾选出纳凭证必须经由出纳签字。

(3) 会计日历选项卡：数量小数位2，单价小数位2。

(4) 其他选项卡：部门、个人、项目排序方式选择按编码排序。

业务 4-1

👆操作步骤

(1) 执行【业务工作】|【财务会计】|【总账】命令，打开总账系统。

(2) 在总账系统中，执行【设置】|【选项】命令，打开【选项】窗口，点击【编辑】按钮，如图 4-1 所示。

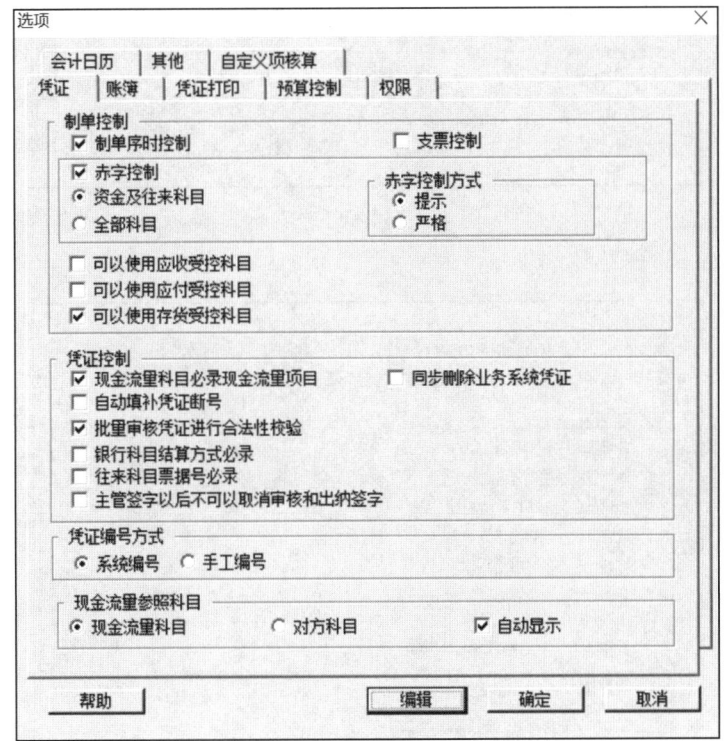

图 4-1 【选项】窗口

(3) 在【凭证】选项卡中，取消【制单序时控制】【现金流量科目必录现金流量项目】复选框，选中【自动填补凭证断号】复选框，如图 4-2 所示。

(4) 在【权限】选项卡中，取消【允许修改、作废他人填制的凭证】复选框，勾选【出纳凭证必须经由出纳签字】复选框，如图 4-3 所示。

(5) 在【会计日历】选项卡中，分别修改【数量小数位】【单价小数位】为"2"，如图 4-4 所示。

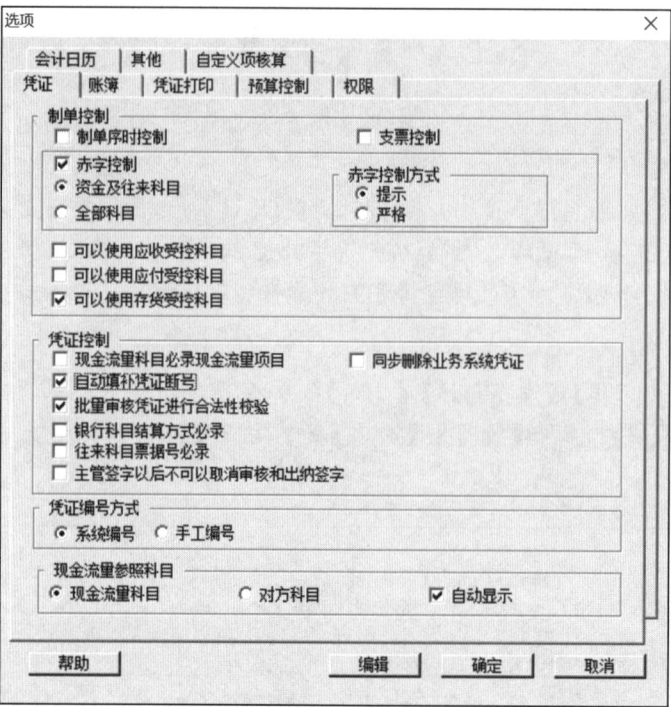

图 4-2 【凭证】选项卡

图 4-3 【权限】选项卡

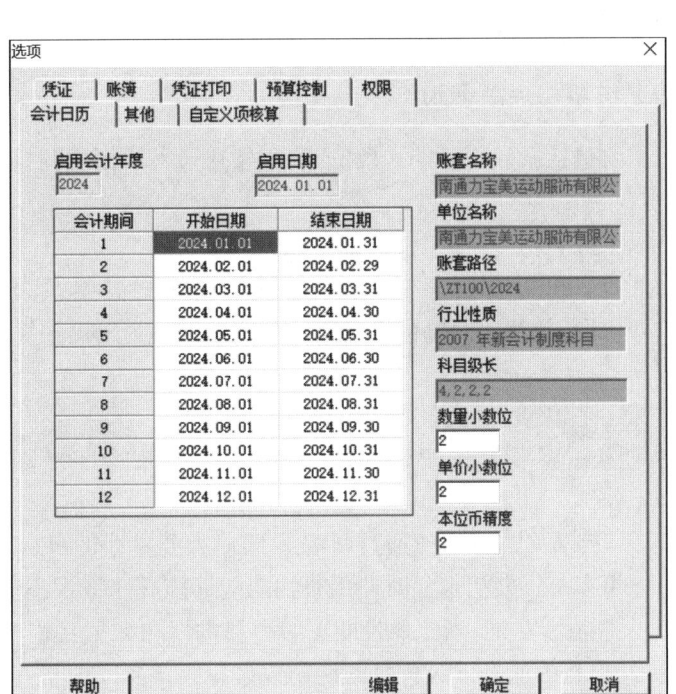

图 4-4 【会计日历】选项卡

（6）在【其他】选项卡中，分别修改【部门排序方式】【个人排序方式】【项目排序方式】为按编码排序，如图 4-5 所示。

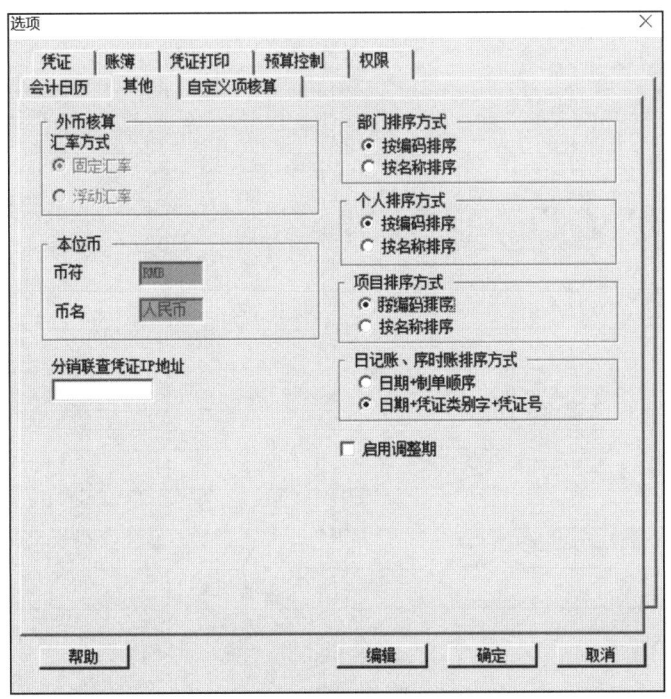

图 4-5 【其他】选项卡

(7) 点击【确定】按钮保存并返回。

二、总账管理系统期初余额录入

期初余额录入主要包括录入科目期初余额,用于年初录入余额或调整余额;核对期初余额,并进行试算平衡。

期初余额包括以下五个功能:

(1) 开账:系统将上一年基础档案、基础设置结转到本年。其中,基础档案包括会计科目、备查科目设置、外币设置;基础设置包括选项—自定义项作为辅助核算设置、选项—行业性质显示。

(2) 结转:系统将以前年度的数据结转到本年年初。

(3) 试算:显示期初试算平衡表,显示试算结果是否平衡,如果不平,需要重新调整至平衡后再进行下一步工作。

(4) 查找:输入科目编码或名称,或通过科目参照输入要查找的科目,可快速显示此科目所在的记录行。如果在录入期初余额时使用查找功能,可以提高输入速度。

(5) 清零:期初余额清零功能,当此科目的下级科目的期初数据互相抵销使本科目的期初余额为零时,清除此科目的所有下级科目的期初数据。

【业务4-2】 录入期初余额并试算平衡,期初余额如表4-1至表4-6所示。

业务4-2

表4-1　　　　　　　　　　　　　　总账期初余额

科目编码	科目名称	方向	计量	期初余额
1001	库存现金	借		10 466.00
1002	银行存款	借		218 242.40
1122	应收账款	借		18 080.00
1123	预付账款	借		8 000.00
1221	其他应收款	借		1 000.00
1231	坏账准备	贷		1 400.00
1405	库存商品	借		282 000.00
140501	春秋款女士运动服	借		26 000.00
		借	套	200.00
140502	春秋款男士运动服	借		28 000.00
		借	套	200.00
140503	长袖女士T恤	借		8 500.00
		借	件	170.00
140504	长袖男士T恤	借		11 000.00
		借	件	200.00
140505	短袖女士T恤	借		20 000.00
		借	件	500.00
140506	短袖男士T恤	借		22 500.00
		借	件	500.00
140507	长袖印花T恤	借		30 000.00

(续表)

科目编码	科目名称	方向	计量	期初余额
		借	件	500.00
140508	短袖印花T恤	借		26 000.00
		借	件	500.00
140509	男士春秋户外冲锋衣	借		60 000.00
		借	件	500.00
140510	女士春秋户外冲锋衣	借		50 000.00
		借	件	500.00
1601	固定资产	借		1 846 159.00
1602	累计折旧	贷		95 715.40
2202	应付账款	贷		11 752.00
220201	一般应付款	贷		11 752.00
2204	合同负债	贷		5 000.00
2211	应付职工薪酬	贷		58 000.00
221101	工资	贷		58 000.00
2221	应交税费	贷		107 860.00
222102	未交增值税	贷		64 597.32
222103	应交企业所得税	贷		34 880.00
222104	应交个人所得税	贷		235.88
222105	应交城建税	贷		4 752.30
222106	应交教育费附加	贷		2 036.70
222107	应交地方教育附加	贷		1 357.80
4001	实收资本	贷		1 750 000.00
4002	资本公积	贷		260 000.00
410410	未分配利润	贷		94 220.00

表 4-2　　　　　　　　　应收账款(1122)期初余额

日期	客户名称	摘要	方向	余额
2023-12-20	南通文峰电子商务有限公司	销售男士春秋户外冲锋衣50件,不含税单价320元/件,发票号05134666	借	18 080.00

表 4-3　　　　　　　　　合同负债(2204)期初余额

日期	客户名称	摘要	方向	余额
2023-12-18	南通四季青酒店管理有限公司	预收货款,电汇,票号01054359	贷	5 000.00

表 4-4　　　　　　　　应付账款——一般应付款(220201)期初余额

日期	供应商名称	摘要	方向	余额
2023-12-20	南通特伦布户外用品有限公司	杨智采购短袖印花T恤200件,不含税单价52元/件,票号41102598	贷	11 752.00

表 4-5　　　　　　　　　　　预付账款(1123)期初余额

日期	供应商名称	摘要	方向	余额
2023-12-10	上海奥悦体育用品有限公司	采购女士春秋户外冲锋衣,电汇,票号 43155646	借	8 000.00

表 4-6　　　　　　　　　　　其他应收款(1221)期初余额

日期	个人名称	摘要	方向	余额
2023-12-22	采购部杨智	预借差旅费	借	1 000.00

👆 **操作步骤**

（1）在总账系统中,执行【设置】|【期初余额】命令,打开【期初余额录入】窗口。

（2）白色的单元为末级科目,可以直接录入相关科目的期初余额,如库存现金 10 466.00、银行存款 218 242.40。

（3）黄色的单元代表此科目设置了辅助核算,不允许直接录入余额,需要在该单元格中双击进入其辅助账期初设置。在辅助账中录入期初数据,完成后自动返回总账期初余额表中。例如,双击【应收账款】所在行的【期初余额】栏,进入【辅助期初余额】窗口。

（4）点击【往来明细】按钮,进入【期初往来明细】窗口。单击【增行】按钮,增加"应收账款"期初往来明细信息,如图 4-6 所示。

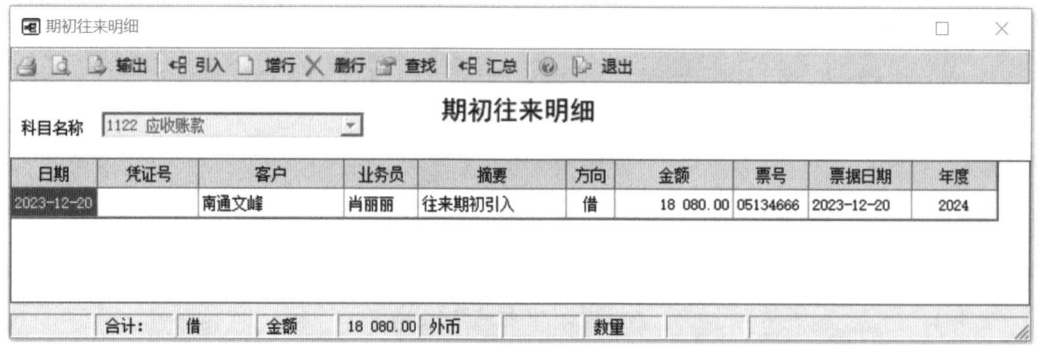

图 4-6　【期初往来明细】窗口

（5）点击【汇总】按钮,系统弹出"完成了往来明细到辅助期初表的汇总!"提示,如图 4-7 所示。

图 4-7　总账汇总提示

（6）点击【确定】按钮后，再点击【退出】按钮，在【辅助期初余额】窗口显示汇总结果，如图4-8所示。

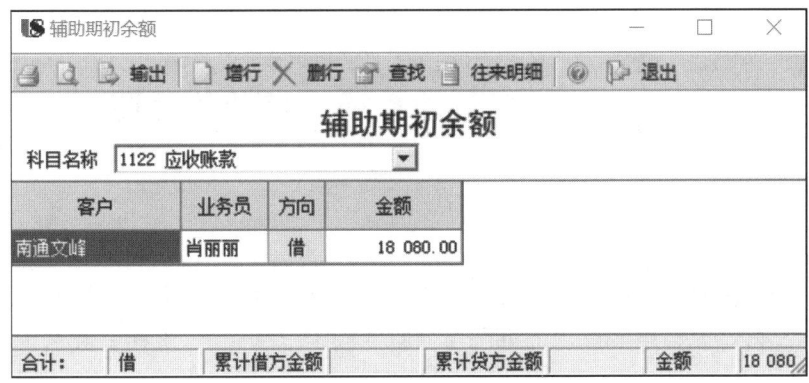

图4-8 【辅助期初余额】窗口

（7）按照以上步骤，依次录入其他待辅助核算的科目余额。
（8）点击【试算】按钮，系统进行试算平衡。试算结果如图4-9所示。

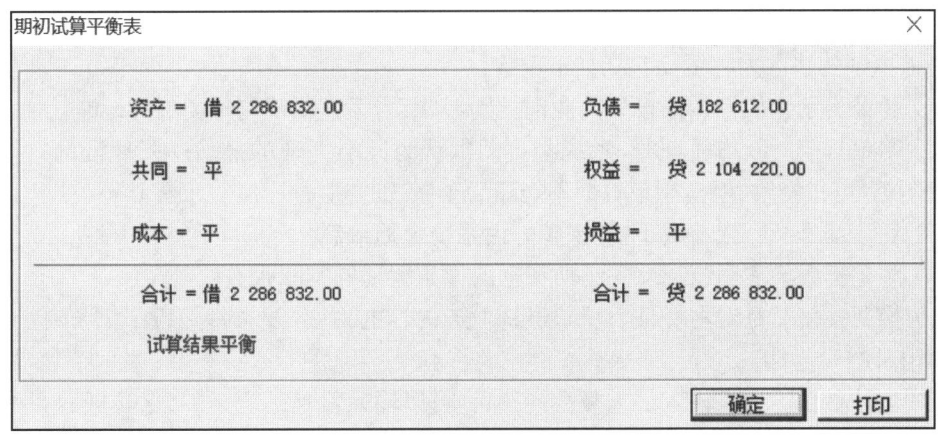

图4-9 【期初试算平衡表】窗口

（9）点击【确定】按钮。

> **提示：**
> - 如果要修改余额的方向，可以在未录入余额的情况下，点击【方向】按钮进行操作。
> - 如果录入余额的科目有辅助核算的内容，则在录入余额时必须录入辅助核算的明细内容，而修改时也应修改明细内容。
> - 如果某一科目有数量核算的要求，则录入余额时还应录入该余额的数量。
> - 只需输入末级科目的金额，非末级科目的余额由系统自动计算生成。
> - 如果期初余额不平衡，可以填制凭证，但是不允许记账。凭证记账后，期初余额变为只读状态，不能再进行修改。

三、账套备份

将账套输出至【E:\100 账套备份\项目四\任务二】文件夹。

任务三　总账管理系统日常业务处理

一、填制凭证

记账凭证是登记账簿的依据,是总账系统唯一数据源,填制凭证也是最基础和频繁的工作。计算机处理账务后,电子账簿的准确与完整依赖于记账凭证,因而要确保记账凭证输入的准确完整。

记账凭证的内容一般包括两部分:一是凭证头部分,包括凭证类别、凭证编号、凭证日期和附件张数等;二是凭证正文部分,包括摘要、会计分录和金额等。如果输入会计科目设有辅助核算,则还应输入辅助核算内容;如果一个科目同时兼有多种辅助核算,则同时要求输入各种辅助核算的有关内容。

1. 凭证填制的基本要求

凭证填制的基本内容主要包括如下内容:

(1) 凭证类别。根据初始设置的凭证类别,判断本凭证属于何种类型的记账凭证。

(2) 制单日期。新增凭证时,系统会自动默认为同类凭证的最后一张凭证的日期。如果日期不对,可作修改,但是制单日期不能滞后于系统时间。

(3) 凭证编号。一般情况下,凭证编号由系统自动编制。

(4) 附单据数。表明该记账凭证所依据的原始凭证的实际张数。

(5) 摘要。摘要是对本凭证所反映经济业务内容的说明,要求每一行都需要有摘要,保证账簿记录的可读性。

(6) 会计科目。要求输入最末级会计科目,可以输入科目编码、科目名称或科目的助记码。会计科目可以直接输入,也可以通过软件系统的参照符号选择。

(7) 金额。输入过程中,会计科目金额不允许为0;金额可以是红字,红字金额用负数表示;如果借贷金额不平,系统会给出提示,拒绝保存。借贷平衡差额可以通过"="键输入。

2. 辅助核算项目输入

通过建立会计科目体系可知,许多会计科目在完成一般会计核算的基础上,还有进一步辅助核算的要求。为实现辅助核算,在凭证输入的过程中,凡是涉及这些科目的分录,在输入完会计科目后,系统会根据该科目的辅助核算要求自动要求用户输入不同的辅助核算数据。

辅助核算信息并不是每张凭证的必有内容,只有在设置了辅助核算的科目出现在记账凭证中,才需要输入辅助核算信息。如果某会计科目的辅助核算设置为受控某系统,则该会计科目只能在指定系统中使用。例如,将应收账款的辅助核算要求设置为"客户往来、受控于应收系统",则该科目只能在应收款管理系统中使用,无法在总账系统中填制同应收账款相关的会计凭证。

(1) 银行账。如果某科目在会计科目中被指定为银行科目或设置了银行账辅助核算要求,那么在填制关于银行业务的记账凭证时,需要在输入会计分录的同时,输入"结算方式""票号"和"发生日期"。

(2) 数量核算。如果科目有数量核算要求,则系统要求用户输入数量和单价。用户输入数量和单价并选择发生方向后,系统会自动按数量乘以单价计算出金额。

(3) 部门核算。如果科目有部门核算要求,则系统要求输入部门,即输入该笔业务所属部门的编码或名称。

(4) 个人往来。如果科目有个人往来辅助核算要求,则系统要求输入部门和往来个人。部门即往来个人所属的部门名称或编码;往来个人即该笔业务所涉及的单位内部的某一职工。

(5) 项目核算。如果科目有项目辅助核算要求,则系统要求输入项目,即输入该笔业务所属项目的编码或名称。

【业务4-3】 1日,销售部肖丽丽预借差旅费,取得与业务相关的原始单据如图4-10所示。

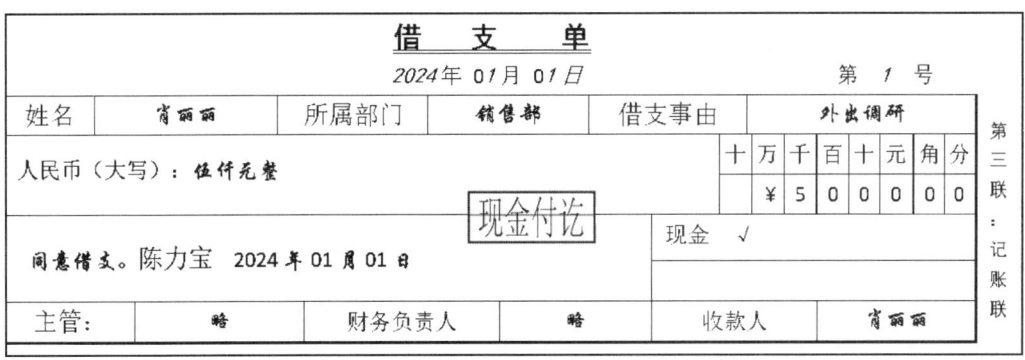

图4-10 【业务4-3】借支单

操作步骤

(1) 2024年1月1日,以会计"W02 李晓园"身份登录【企业应用平台】。

(2) 在【业务工作】选项卡中,执行【总账】|【凭证】|【填制凭证】命令,打开【填制凭证】对话框。

(3) 点击【增加】按钮或者按【F5】键。

(4) 修改凭证日期为"2024.01.01"。

(5) 在摘要栏录入"销售部肖丽丽预借差旅费"。

(6) 按【Enter】键,或用鼠标点击【科目名称】栏,点击科目名称栏参照按钮(或按F2键),选择【资产】类科目【1221 其他应收款】,或者直接在科目名称栏录入"1221"。

(7) 按【Enter】键,系统弹出【辅助项】窗口,选择部门"销售部",选择个人"肖丽丽",发生日期"2024-01-01",如图4-11所示,点击【确定】按钮返回。

(8) 按【Enter】键,或用鼠标点击【借方金额】栏,录入借方金额"5 000"。

(9) 按【Enter】键(复制上一行的摘要),再按【Enter】键或用鼠标点击【科目名称】栏(第二行),点击科目名称栏的参照按钮(或按F2键),选择【资产】类科目【1001 库存现金】,或直接录入"1001"。

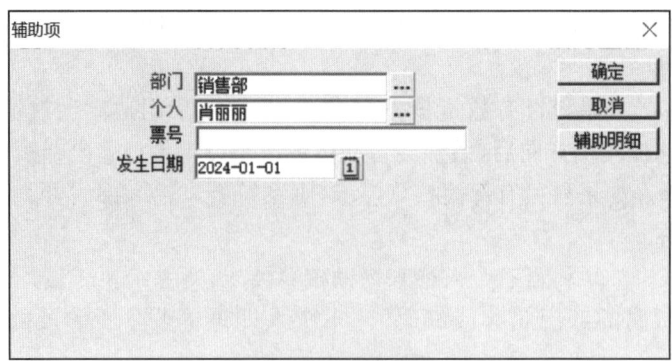

图 4-11 【辅助项】窗口

(10) 按【Enter】键,或用鼠标点击【贷方金额】栏,录入贷方金额"5 000.00",或直接按【＝】键,操作结果如图 4-12 所示。

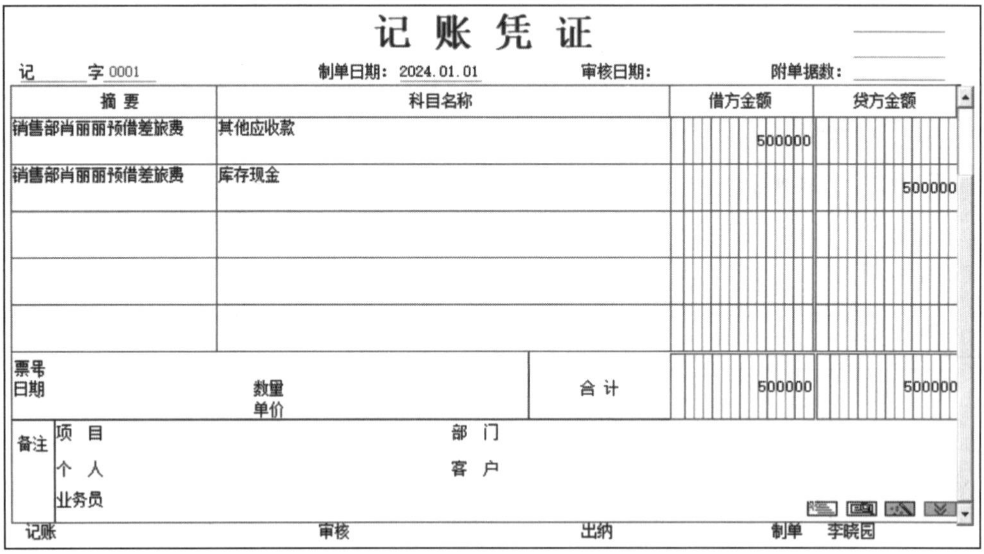

图 4-12 【业务 4-3】记账凭证

(11) 点击【保存】按钮,系统弹出【凭证已成功保存!】提示框,如图 4-13 所示,点击【确定】按钮返回。

图 4-13 【凭证已成功保存!】提示框

提示：

- 若采用制单序时控制，凭证日期应大于等于总账系统启用日期，并小于等于计算机系统日期。
- 不同行的摘要可以相同也可以不同，但不能为空。
- 如果凭证的金额录错了方向，可以直接按空格键改变余额方向。
- 在凭证下方的【备注】栏，可以查看辅助项内容，双击【备注】栏的辅助项，可以直接修改。
- 在填制凭证界面可直接查询某科目余额、明细账功能，选中相应会计科目，单击菜单栏的【余额】和【查辅助明细】按钮，即可查询。
- 填制完成并保存后，在未审核前可以直接修改。

【业务 4-4】 2 日，总经办报销业务招待费。取得与业务相关的原始单据如图 4-14 和图 4-15 所示。（该业务后期进行修改与删除）

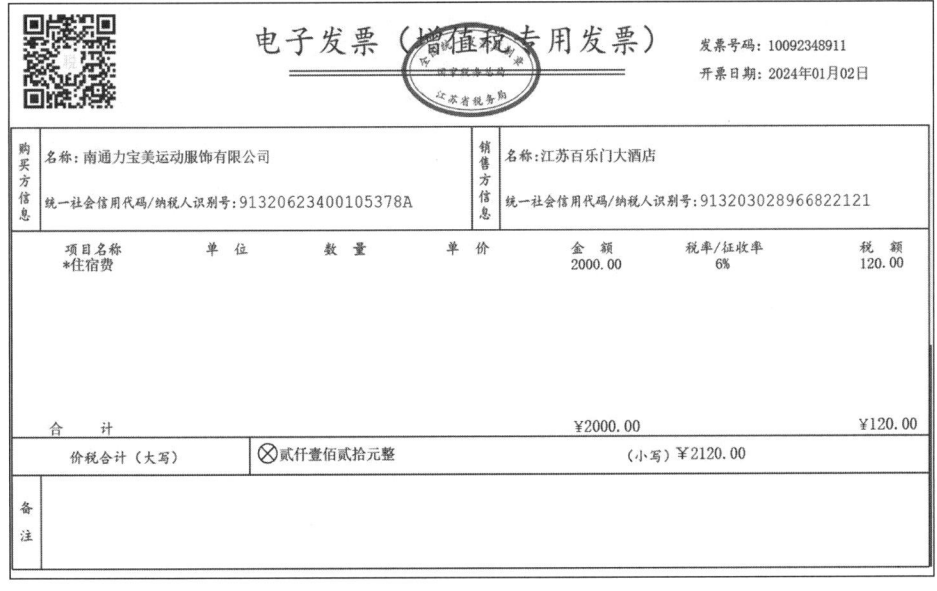

图 4-14 【业务 4-4】发票

图 4-15 【业务 4-4】转账支票存根

操作步骤

(1) 点击【增加】按钮或者按【F5】键。

(2) 修改凭证日期为"2024.01.02"。

(3) 在摘要栏录入"总经办报销业务招待费"。

(4) 按【Enter】键,或用鼠标点击【科目名称】栏,点击科目名称栏参照按钮(或按 F2 键),选择【损溢】类科目【660206 管理费用/业务招待费】,或者直接在科目名称栏录入"660206"。

(5) 按【Enter】键,系统弹出【辅助项】窗口,选择部门【总经办】,如图 4-16 所示,点击【确定】按钮返回。

图 4-16 【辅助项】窗口

(6) 按【Enter】键,或用鼠标点击【借方金额】栏,录入借方金额"2 120"。

(7) 按【Enter】键(复制上一行的摘要),再按【Enter】键或用鼠标点击【科目名称】栏(第二行),点击科目名称栏的参照按钮(或按 F2 键),选择【资产】类科目【1002 银行存款】,或直接录入"1002"。

(8) 按【Enter】键,系统弹出【辅助项】对话框,输入结算方式"4",票号"18890768903",选择发生日期"2024-01-02",如图 4-17 所示。单击【确定】按钮返回。

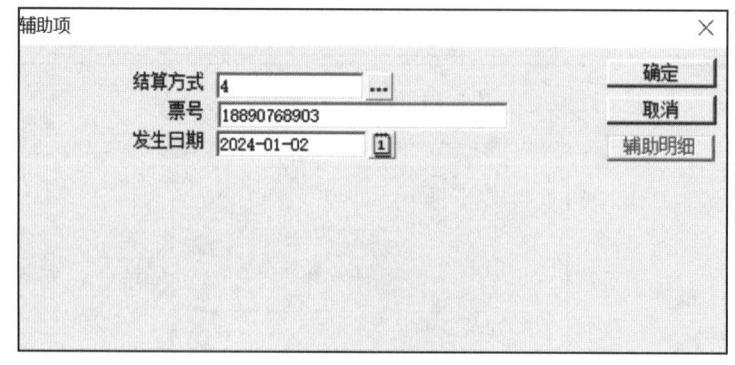

图 4-17 【辅助项】窗口

(9) 按【Enter】键,或用鼠标点击【贷方金额】栏,录入贷方金额"2 120",或直接按【=】键,操作结果如图 4-18 所示。

【业务 4-5】 3 日,财务部发放职工工资,取得与业务相关的原始单据如图 4-19 所示。

业务 4-5

记 账 凭 证

记 字 0002 制单日期：2024.01.02 审核日期： 附单据数：

摘要	科目名称	借方金额	贷方金额
总经办报销业务招待费	管理费用/业务招待费	212000	
总经办报销业务招待费	银行存款		212000
票号 4 - 18890768903 日期 2024.01.02 数量 单价	合 计	212000	212000

备注 项 目 部 门
个 人 客 户
业务员

记账 审核 出纳 制单 李晓园

图 4-18 【业务 4-4】记账凭证

交通银行薪资回单（往账）

2024 年 01月 03日 第2024010300456039号

付款人	收款人
全称：南通力宝美运动服饰有限公司	全称：
账号：326008608018170080886	账号：
开户银行：交通银行南通南大街支行	开户银行：
金额：伍万捌仟元整	小写：58 000.00
币种：人民币	交易时间：2024-01-03 14：06：23
用途：	摘要：代发工资
交易流水号：H00100202401060046054320780000	
备注：	银行盖章：交通银行 电子回单专用章

图 4-19 【业务 4-5】薪资回单

操作步骤

（1）点击【增加】按钮或者按【F5】键。

（2）修改凭证日期为“2024.01.03”。

（3）在摘要栏录入“发放工资”。

（4）按【Enter】键，或用鼠标点击【科目名称】栏，点击科目名称栏参照按钮（或按 F2 键），选择【负债】类科目【221101 应付职工薪酬-工资】，或者直接在科目名称栏录入

"221101"。

（5）按【Enter】键，或用鼠标点击【借方金额】栏，录入借方金额"58 000.00"。

（6）按【Enter】键（复制上一行的摘要），再按【Enter】键或用鼠标点击【科目名称】栏（第二行），点击科目名称栏的参照按钮（或按F2键），选择【资产】类科目【1002 银行存款】，或直接录入"1002"。

（7）按【Enter】键，系统弹出【辅助项】窗口，选择结算方式"5 其他"，票号录入"2024010300456039"，选择发生日期"2024-01-03"，点击【确定】按钮返回。

（8）按【Enter】键，或用鼠标点击【贷方金额】栏，录入贷方金额"58 000.00"，或直接按【=】键。

（9）点击【保存】按钮或按【F5】键保存凭证，操作结果如图4-20所示。

图4-20 【业务4-5】记账凭证

【业务4-6】 4日，财务部缴纳税费，取得与业务相关的原始单据如图4-21和图4-22所示。

业务4-6

图4-21 【业务4-6】电子缴税付款凭证1

图4-22 【业务4-6】电子缴税付款凭证2

> **操作步骤**

(1) 点击【增加】按钮或者按【F5】键,填制凭证,如图4-23所示。

图4-23 【业务4-6】记账凭证1

(2) 点击【增加】按钮或者按【F5】键,填制凭证,如图4-24所示。

【业务4-7】 5日,肖丽丽报销差旅费,取得与业务相关的原始单据如图4-25和图4-26所示。

记 账 凭 证

记　字 0005　　　制单日期：2024.01.04　　审核日期：　　　　　　　附单据数：

摘要	科目名称	借方金额	贷方金额
缴纳税费	应交税费/应交城建税	475230	
缴纳税费	应交税费/应交教育费附加	203670	
缴纳税费	应交税费/应交地方教育附加	135780	
缴纳税费	应交税费/应交个人所得税	23588	
缴纳税费	银行存款		838268
	合计	838268	838268

票号　5 - 19807868
日期　2024.01.04

备注：项目　　　部门
　　　个人　　　客户
　　　业务员

记账　　　审核　　　出纳　　　制单 李晓囡

图 4-24 【业务 4-6】记账凭证 2

差 旅 费 报 销 单

部门：销售部　　　填报日期：2024年01月05日

姓名				肖丽丽		出差事由		外出调研		出差日期	1月2日至1月5日
起讫时间及地点				车船票		夜间乘车补助		出差补助费		住宿费	其他
月	日	起	月	日	讫	类别	金额	时间	标准	金额	日数	标准	金额	金额	摘要	金额
1	2	南通	1	2	成都	飞机	1 477	小时			4	300	1 200	1 800	订票费	15
1	5	成都	1	5	南通	飞机	1 547	小时							行李费	30
小计							￥3 024						￥1 200	￥1 800		￥45

总计金额（大写）人民币　陆仟零陆拾玖 元整　　预支￥5 000　　核销￥6 069　　退补 ￥1 069

主管：略　　　记账：略　　　审核：略　　　制表：略

图 4-25 【业务 4-7】差旅费报销单

付 款 单 据 【现金付讫】

时间：2024 年 01 月 05 日

收款单位　销售部肖丽丽　　付款事由 出差补齐款

人民币（大写）壹仟零陆拾玖 元整（小写）￥ 1 069.00

记账：略　　审核：略　　出纳：略　　经办：略

图 4-26 【业务 4-7】付款单据

操作步骤

点击【增加】按钮或者按【F5】键，填制凭证，如图 4-27 所示。

【业务 4-8】 6 日，销售部支付广告费，取得与业务相关的原始单据如图 4-28 和图 4-29 所示。

业务 4-8

记 账 凭 证

记 字 0006　　制单日期：2024.01.05　　审核日期：　　附单据数：

摘要	科目名称	借方金额	贷方金额
报销差旅费	销售费用/差旅费	606900	
报销差旅费	其他应收款		500000
报销差旅费	库存现金		106900
票号 日期　　数量 单价	合 计	606900	606900

备注　项 目　　部 门
　　　个 人　　客 户
　　　业务员

记账　　审核　　出纳　　制单 李晓园

图 4-27 【业务 4-7】记账凭证

电子发票（增值税专用发票）

发票号码：23092348910
开票日期：2024年01月06日

购买方信息	名称：南通力宝美运动服饰有限公司 统一社会信用代码/纳税人识别号：91320623400105378A	销售方信息	名称：湖南伊莱瑞广告制作有限公司 统一社会信用代码/纳税人识别号：91430009880782345P

项目名称	单位	数量	单价	金额	税率/征收率	税额
*广告费				20000.00	6%	1200.00
合计				¥ 20000.00		¥1200.00
价税合计（大写）	⊗贰万壹仟贰佰元整			（小写）¥21200.00		

备注

图 4-28 【业务 4-8】发票

交通银行电汇凭证（回单） 1

2024 年 01 月 06 日 NO. 1188907881

汇款人	全 称	南通力宝美运动服饰有限公司	收款人	全 称	湖南伊莱瑞广告制作有限公司
	账 号	32600860801817008O886		账 号	6227238987990007867
	开户银行	江苏省 南通市/县		开户银行	湖南省 株洲市
汇出行名称		交通银行南通南大街支行	汇入行名称		中国建设银行株洲市醴陵天元支行
金额	人民币（大写）	贰万壹仟贰佰元整		亿千百十万千百十元角分	¥2120000
		交通银行南通南大街支行 2024年01月06日 转讫	支付密码		略
			附加信息及用途：广告费		
	复核	记账			

此联汇出行给汇款人的回单

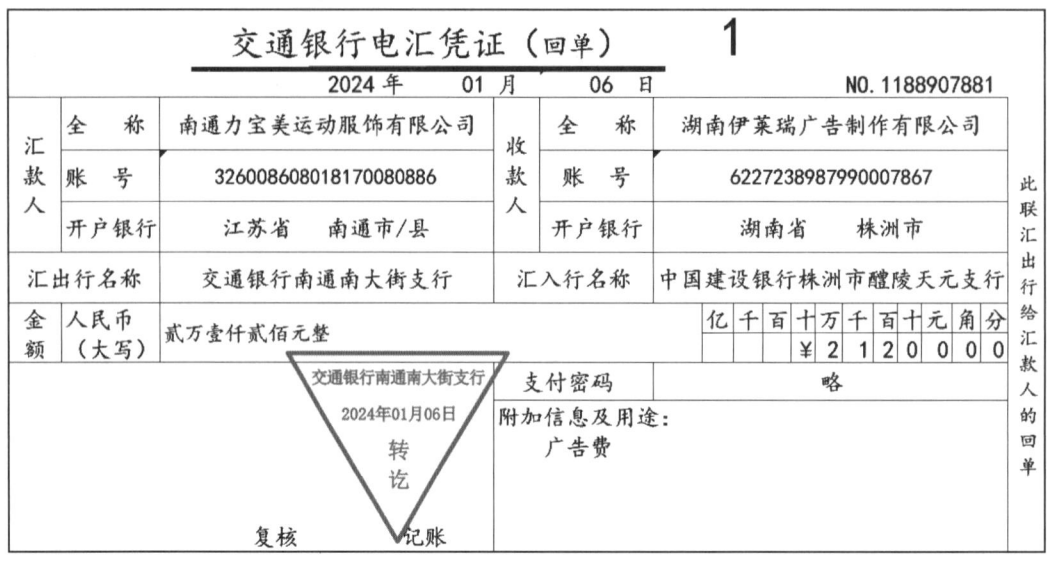

图 4-29 【业务 4-8】电汇回单

操作步骤

点击【增加】按钮或者按【F5】键填制凭证，如图 4-30 所示。

记 账 凭 证

记 字 0007　　制单日期：2024.01.06　　审核日期：　　附单据数：

摘 要	科目名称	借方金额	贷方金额
支付广告费	销售费用/广告费	2000000	
支付广告费	应交税费/应交增值税/进项税额	120000	
支付广告费	银行存款		2120000
票号 - 日期　数量 单价		合 计 2120000	2120000
备注	项 目 个 人 业务员	部 门 客 户	

记账　　审核　　出纳　　制单 李晓园

图 4-30 【业务 4-8】记账凭证

二、设置常用凭证

在日常填制凭证的过程中，经常出现许多类似业务的凭证，如果将这些常用的凭证存储起来设为常用凭证，当下一次需要填制类似业务的凭证时，可以直接调用保存的常用凭证，这将大大提高业务处理的效率。

常用凭证的编号和凭证类别必须输入,编号不能重复,不能只定义凭证主要信息,却不定义凭证分录内容。只有具有常用凭证控制权限的操作员才有操作权限。在调用常用凭证时,如果不修改直接保存凭证,此时由被调用的常用凭证生成的凭证不受任何权限的控制,例如包括金额权限控制、不受辅助核算及辅助项内容的限制等。

【业务4-9】 以账套主管身份设置常用凭证【提现备用】。

操作步骤

(1) 以账套主管"A01 刘慧清"身份登录【企业应用平台】,执行【财务会计】|【总账】|【凭证】|【常用凭证】命令,打开【常用凭证】窗口。

业务4-9

(2) 点击【增加】按钮。

(3) 录入编码"1",录入说明"提现备用",点击【凭证类别】栏的下三角按钮,选择【记账凭证】。

(4) 点击【详细】按钮,进入【记账凭证】窗口。

(5) 点击【增分】按钮,在【科目名称】栏录入"1001";再点击【增分】按钮,在第二行【科目名称】栏录入"1002";选择结算方式【现金支票】,点击【确定】按钮,如图4-31所示。

图4-31 【常用凭证——记账凭证】窗口

(6) 点击【退出】按钮,在【常用凭证】窗口可以看到一条常用凭证记录,如图4-32所示。

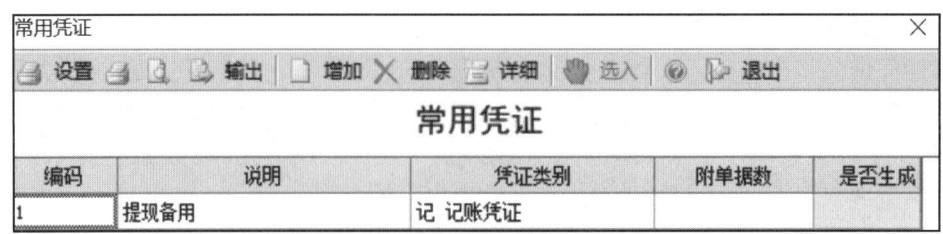

图 4-32 【常用凭证】窗口

三、审核凭证

审核凭证是审核员按照财会制度，对制单员填制的记账凭证进行检查核对，主要审核记账凭证是否与原始凭证相符，会计分录是否正确等，审查认为错误或有异议的凭证，应打上出错标记，同时可写入出错原因并交与填制人员修改后再审核。

【业务 4-10】 2024 年 1 月 6 日，对南通力宝美运动服饰有限公司 2024 年 1 月的 6 笔业务进行审核处理。

👉 **操作步骤**

(1) 以财务主管"W01 陈丽梅"身份登录【企业应用平台】，执行【财务会计】|【总账】|【凭证】|【审核凭证】命令，打开【凭证审核】窗口，如图 4-33 所示。

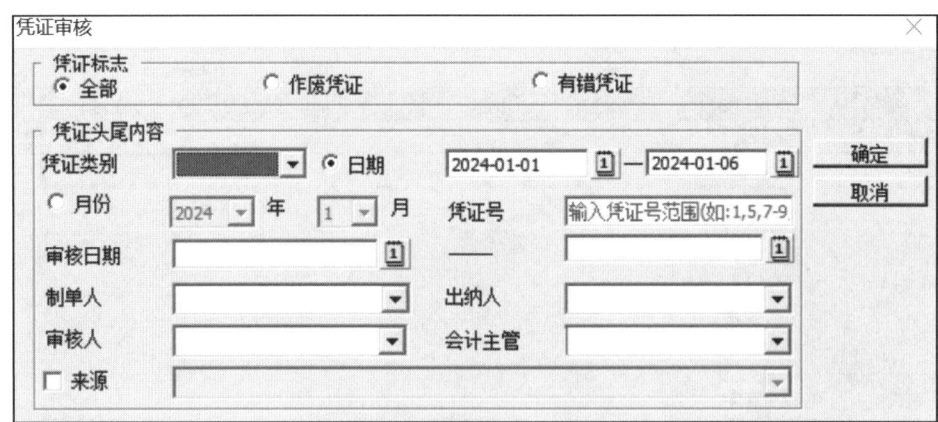

图 4-33 【凭证审核】窗口

(2) 点击【确定】按钮，进入【凭证审核列表】窗口，如图 4-34 所示。

制单日期	凭证编号	摘要	借方金额合计	贷方金额合计	制单人	审核人	系统名	备注	审核日期	年度
2024-01-01	记 - 0001	销售部肖丽丽预借差旅费	5 000.00	5 000.00	李晓园					2024
2024-01-02	记 - 0002	总经办报销业务招待费	2 120.00	2 120.00	李晓园					2024
2024-01-03	记 - 0003	发放工资	58 000.00	58 000.00	李晓园					2024
2024-01-04	记 - 0004	缴纳税费	99 477.32	99 477.32	李晓园					2024
2024-01-04	记 - 0005	缴纳税费	8 382.68	8 382.68	李晓园					2024
2024-01-05	记 - 0006	报销差旅费	6 069.00	6 069.00	李晓园					2024
2024-01-06	记 - 0007	支付广告费	21 200.00	21 200.00	李晓园					2024

图 4-34 【凭证审核列表】窗口

(3) 点击打开待审核的【0001 号记账凭证】,如图 4-35 所示。

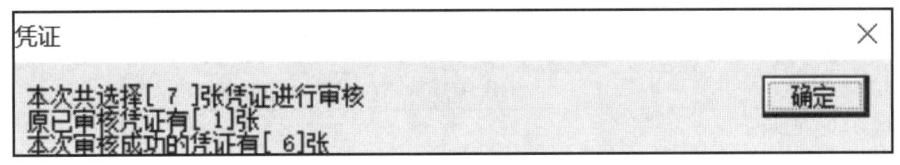

图 4-35 【审核凭证】窗口

(4) 点击【审核】按钮(第 1 号记账凭证审核完成后,系统会自动翻页到第二张待审核的记账凭证),再点击【审核】按钮,或执行【批处理】|【成批审核凭证】命令,对已经填制的 7 张记账凭证全部进行审核签字,如图 4-36 所示。

图 4-36 【凭证审核情况】提示框

(5) 点击【确定】按钮,系统弹出"是否重新刷新凭证列表数据"提示框,如图 4-37 所示,点击【是(Y)】按钮。

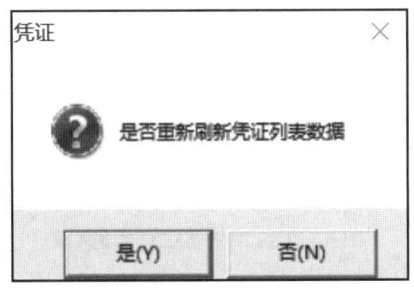

图 4-37 "是否重新刷新凭证列表数据"提示框

提示:

- ⊙ 只有具有审核凭证权限的人才能使用本功能。
- ⊙ 审核人和制单人不能是同一个人。
- ⊙ 已审核的凭证不能直接进行修改,只能取消审核后在填制凭证功能中进行修改。

四、出纳签字

由于出纳凭证涉及企业现金的收入与支出,应加强对出纳凭证的管理。出纳人员可通过出纳签字功能对制单员填制的带有现金、银行科目的凭证进行检查核对,主要核对出纳凭证的出纳科目的金额是否正确,审查认为错误或有异议的凭证,应交与填制人员修改后再核对。

【业务 4-11】 2024 年 1 月 6 日,对南通力宝美运动服饰有限公司 2024 年 1 月的 6 笔业务进行出纳签字处理。

业务 4-11

操作步骤

(1) 以出纳"W03 王明涛"身份登录【企业应用平台】,执行【财务会计】|【总账】|【凭证】|【出纳签字】命令,打开【出纳签字】窗口,如图 4-38 所示。

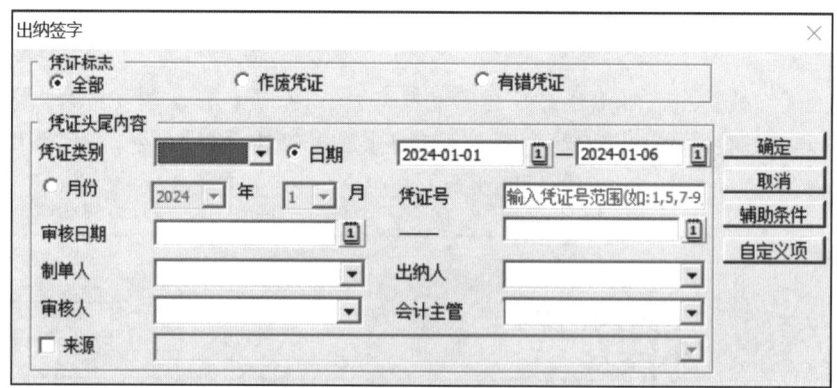

图 4-38 【出纳签字】窗口

(2) 点击【确定】按钮,进入【出纳签字列表】窗口,如图 4-39 所示。

凭证共 7张　已签字 0张　未签字 7张　⊙ 凭证号排序　○ 制单日期排序

制单日期	凭证编号	摘要	借方金额合计	贷方金额合计	制单人	签字人	系统名	备注	审核日期	年度
2024-01-01	记 - 0001	销售部肖丽丽预借差旅费	5 000.00	5 000.00	李晓园				2024-01-06	2024
2024-01-02	记 - 0002	总经办报销业务招待费	2 120.00	2 120.00	李晓园				2024-01-06	2024
2024-01-03	记 - 0003	发放工资	58 000.00	58 000.00	李晓园				2024-01-06	2024
2024-01-04	记 - 0004	缴纳税费	99 477.32	99 477.32	李晓园				2024-01-06	2024
2024-01-04	记 - 0005	缴纳税费	8 382.68	8 382.68	李晓园				2024-01-06	2024
2024-01-05	记 - 0006	报销差旅费	6 069.00	6 069.00	李晓园				2024-01-06	2024
2024-01-06	记 - 0007	支付广告费	21 200.00	21 200.00	李晓园				2024-01-06	2024

图 4-39 【出纳签字列表】窗口

(3) 点击打开待签字的【第 0001 号记账凭证】。

(4)点击【签字】按钮,然后点击【下张】按钮,再点击【签字】按钮,或执行【批处理】|【成批出纳签字】命令,对所有已经填制的记账凭证进行出纳签字,操作结果如图4-40所示。

图 4-40 已出纳签字记账凭证

> **提示:**
> - 出纳凭证是否必须由出纳签字取决于系统选项的设置,如果选择了"出纳凭证必须由出纳签字"选项,那么出纳凭证必须经过出纳签字才能记账。
> - 已签字的凭证,不能被修改、删除,只能取消签字才能进行。取消签字只能由出纳自己进行。
> - 出纳签字的操作既可以在"凭证审核"后进行,也可以在"凭证审核"前进行。

五、记账

记账是将会计凭证全面、系统、连续地记录到具有账号基本结构的账簿中的一种方法。记账凭证经审核签字后,即可用来登记总账和明细账、日记账、部门账、往来账、项目账以及备查账等。记账一般采用向导方式,使记账过程更加明确,记账工作由计算机自动进行数据处理,不用人工干预。在记账过程中,不得中断退出。记账过程一旦断电或其他原因造成中断后,系统将自动调用"恢复记账前状态"恢复数据,需要再重新记账。

在实际记账过程中出现以下情况的,不允许记账:
(1)在第一次记账时,若期初余额试算不平衡,系统将不允许记账。
(2)所选范围内的凭证如有不平衡凭证,不允许记账。
(3)所选范围内的凭证如有未审核凭证,不允许记账。
(4)上月未结账,本月不允许记账。

【业务4-12】 2024年1月6日,对南通力宝美运动服饰有限公司2024年1月的6笔业务进行记账处理。

业务4-12

操作步骤

(1) 由会计"W02 李晓园"执行【财务会计】|【总账】|【凭证】|【记账】命令,打开【记账】窗口。选择"2024.01月份凭证",【记账范围】为"全选",如图4-41所示。

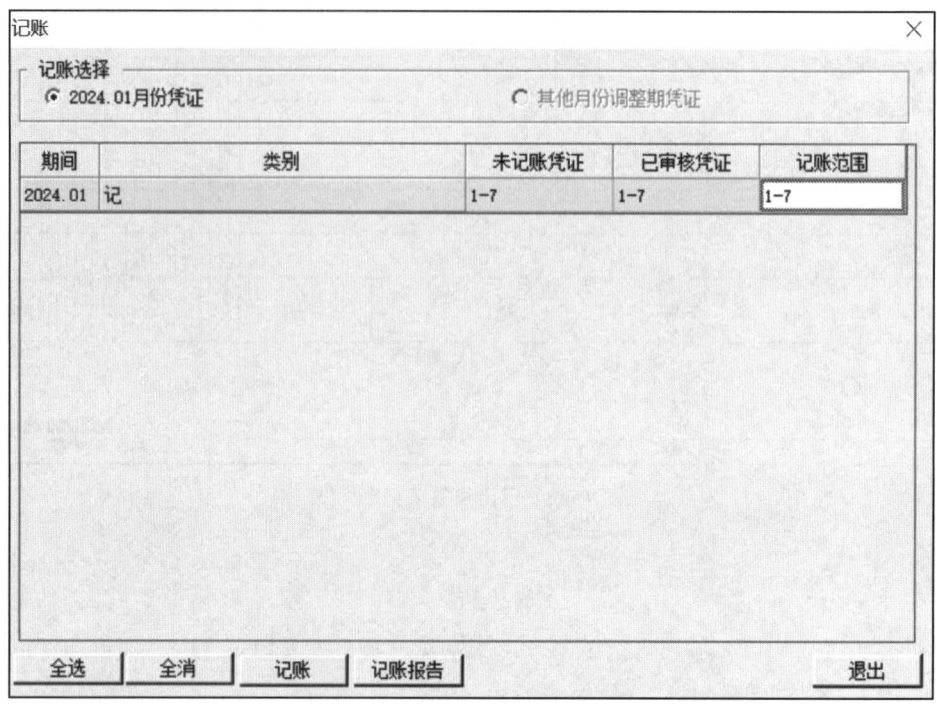

图4-41 【记账—记账选择】窗口

(2) 点击【记账】按钮,打开【期初试算平衡表】窗口,如图4-42所示。

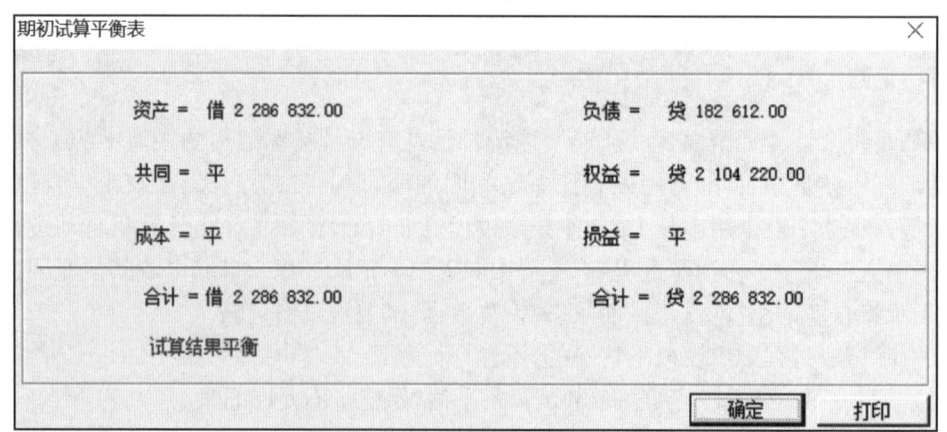

图4-42 【期初试算平衡表】窗口

(3) 点击【确定】按钮,系统自动进行记账,记账完成后,系统弹出"记账完毕!"提示框。
(4) 点击【确定】按钮,如图4-43所示,点击【退出】按钮。

图 4-43 【记账完成】窗口

> **提示：**
> - 如果不输入记账范围，系统默认为所有凭证。
> - 已记账的凭证不能在"填制凭证"功能中查询，需要在"查询凭证"功能中查询。
> - 如果记账后发现输入的记账凭证有错误需要进行修改，需要人工调用"恢复记账前状态"功能。系统提供了两种恢复记账前状态方式：将系统恢复到最后一次记账前状态和将系统恢复到月初状态。只有会计主管才能选择将数据"恢复到月初状态"。

六、修改凭证

如果发生凭证填制错误的情况，就涉及修改凭证。在信息化方式下，凭证的修改分为无痕迹修改和有痕迹修改。

（1）无痕迹修改。无痕迹修改是指系统内不保存任何修改线索和痕迹。对于尚未审核和签字的凭证可以直接进行修改；对于已经审核或签字的凭证应该先取消审核或签字，然后才能修改；对于已记账的凭证应该先取消记账，再取消审核或签字，然后才能修改。

（2）有痕迹修改。有痕迹修改是指系统通过保存错误凭证和更正凭证的方式保留修改痕迹，因而可以留下审计线索。对于已经记账的错误凭证，一般应采用有痕迹修改。具体方法是采用红字冲销法或补充更正法。前者适用于更正记账金额大于应记金额的错误或者会计科目的错误，后者适用于更正记账金额小于应记金额的错误。

【业务 4-13】 财务主管发现本月记 0002 号凭证填制错误。请完成错账的更正。

操作步骤

1. 查询凭证

(1) 会计"W02 李晓园"身份执行【总账】|【凭证】|【查询凭证】命令,打开【凭证查询】窗口。

(2) 选择【已记账凭证】,点击【月份】复选框,在【凭证号】栏录入"2",如图4-44所示。

图 4-44 【凭证查询】窗口

(3) 点击【确定】按钮,进入【查询凭证列表】窗口,如图4-45所示。

图 4-45 【查询凭证列表】窗口

(4) 点击打开记0002号凭证进行查看,如图4-46所示。

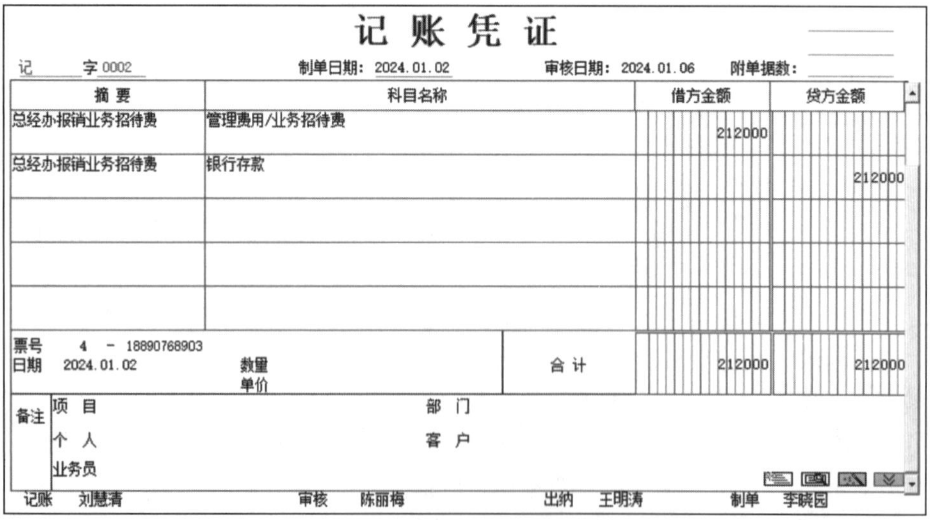

图 4-46 查询凭证结果

提示：

⊙ 选择【全部】显示所有符合条件的凭证列表，选择【作废凭证】或【有错凭证】显示所有符合条件的作废或有错的凭证，三者任选其一。

⊙ 若选【已记账凭证】，则可在已记账凭证中查询；若选【未记账凭证】，则可在未记账凭证中查询。输入查询凭证的条件确认后，显示符合条件的凭证列表。

2. 修改已记账凭证

(1) 在打开的【查询凭证】页面，单击工具栏【冲销凭证】命令。

(2) 生成红字冲销凭证，单击【保存】按钮，如图 4-47 所示。

记账凭证

记　字 0008　　制单日期：2024.01.06　　审核日期：　　附单据数：

摘要	科目名称	借方金额	贷方金额
[冲销2024.01.02 记-0002号凭证]总经办报销业务招待费	管理费用/业务招待费	212000	
[冲销2024.01.02 记-0002号凭证]总经办报销业务招待费	银行存款		212000
票号 - 日期　数量 单价	合计	212000	212000

备注　项目　　部门 总经办

个人　　客户

业务员

记账　审核　出纳　制单 李晓园

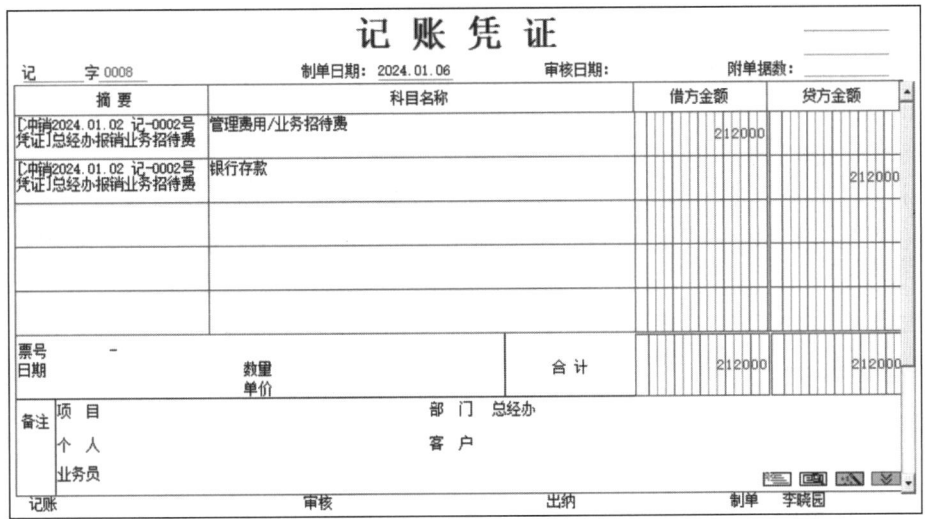

图 4-47　红字冲销凭证

(3) 在【填制凭证】中点击【增加】按钮，填制一张正确凭证，点击【保存】按钮，如图 4-48 所示。

记账凭证

记　字 0009　　制单日期：2024.01.06　　审核日期：　　附单据数：

摘要	科目名称	借方金额	贷方金额
总经办报销业务招待费	管理费用/业务招待费	200000	
总经办报销业务招待费	应交税费/应交增值税/进项税额	12000	
总经办报销业务招待费	银行存款		212000
票号 - 日期　数量 单价	合计	212000	212000

备注　项目　　部门 总经办

个人　　客户

业务员

记账　审核　出纳　制单 李晓园

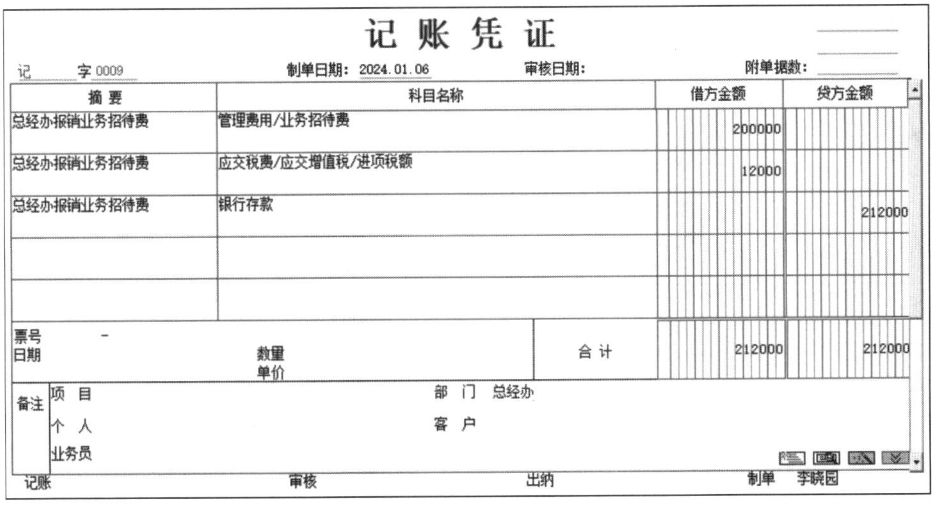

图 4-48　记 9 号凭证

(4) 以出纳"W03 王明涛"身份执行【凭证】|【出纳签字】命令,进行出纳签字处理。

(5) 以"W01 陈丽梅"身份执行【凭证】|【审核凭证】命令,进行审核处理。

(6) 以"W02 李晓园"身份执行【凭证】|【记账】命令,进行记账处理。

七、作废和删除凭证

1. 作废凭证

作废凭证是指对于已经输入的凭证,如果由于某种原因出现不想要或出现不便修改的错误时,可以进行作废处理。已作废的凭证,仍保留凭证内容和凭证编号,只在凭证上角显示"作废"字样。在对记账凭证进行作废处理之前,应注意几个方面。

(1) 只能对未审核、未记账凭证进行作废。

(2) 作废凭证不能修改、不能审核,但应参与记账,否则月末无法结账。

(3) 记账时不对作废凭证进行数据处理,视同于一张空凭证。

(4) 账簿查询时查不到作废凭证的数据。

2. 删除凭证

在用友 U8 中,没有直接删除凭证的功能。如果作废凭证没有保留的必要,可以通过"整理凭证"将其彻底删除。删除后,系统对未记账的凭证进行重新编号,即将删除的凭证后面的凭证编号向前递进,以保证凭证编号的连续性,确保没有断号的凭证。

【业务 4-14】 经查,2 日报销的业务招待费属个人行为。对记 9 号凭证作删除处理。

业务 4-14

👆 操作步骤

(1) 以账套主管"A01 刘慧清"身份执行【总账】|【期末】|【对账】命令,在【对账】页面按键盘"Ctrl+H"组合键,弹出"恢复记账前状态功能已被激活。"提示框。单击【确定】按钮,再单击【退出】按钮。

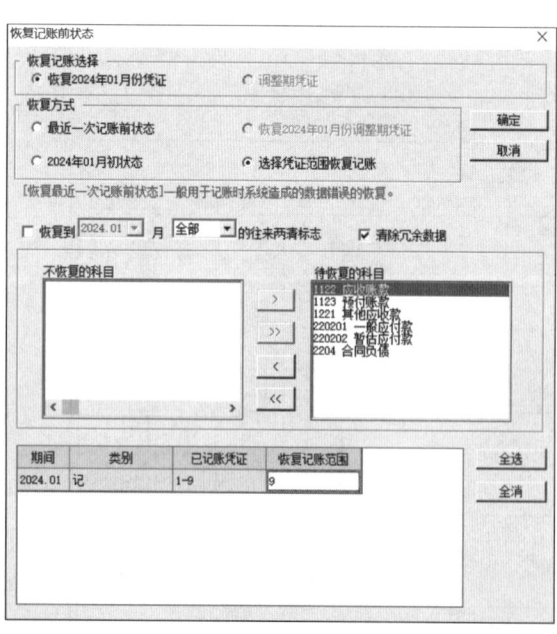

图 4-49 【恢复记账前状态】窗口

(2) 执行【总账】|【凭证】|【恢复记账前状态】命令,在【恢复记账前状态】窗口选择需要恢复的方式、恢复记账范围,如图 4-49 所示。

(3) 在弹出的口令输入框中输入操作员口令。若未设置密码,则为空。单击【确定】按钮,系统进行恢复工作。显示"恢复记账完毕!"对话框后,单击【确定】按钮。

(4) 以出纳"W03 王明涛"身份执行【凭证】|【出纳签字】命令,单击【取消】按钮,取消出纳签字。

(5) 以财务主管"W01 陈丽梅"身份执行【凭证】|【审核凭证】命令,单击【取消】按钮,取消凭证审核。

(6) 以会计"W02 李晓园"身份执行

【凭证】|【填制凭证】命令,打开【填制凭证】对话框。

(7) 点击【上张凭证】【下张凭证】按钮,找到记 9 号凭证。

(8) 执行【作废/恢复】命令,将该张凭证打上【作废】标志,如图 4-50 所示。

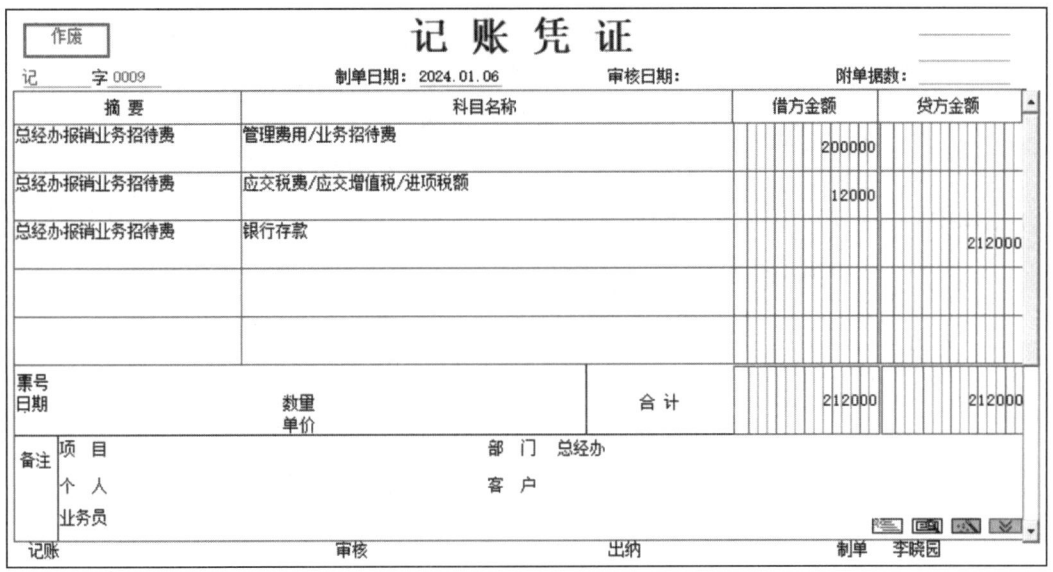

图 4-50 【作废凭证】窗口

(9) 以账套主管"A01 刘慧清"身份登录系统,打开"填制凭证"对话框,执行【整理凭证】命令,选择凭证期间为"2024.01",点击【确定】按钮,打开【作废凭证表】窗口。

(10) 点击【作废凭证表】窗口中"删除?"栏,如图 4-51 所示。

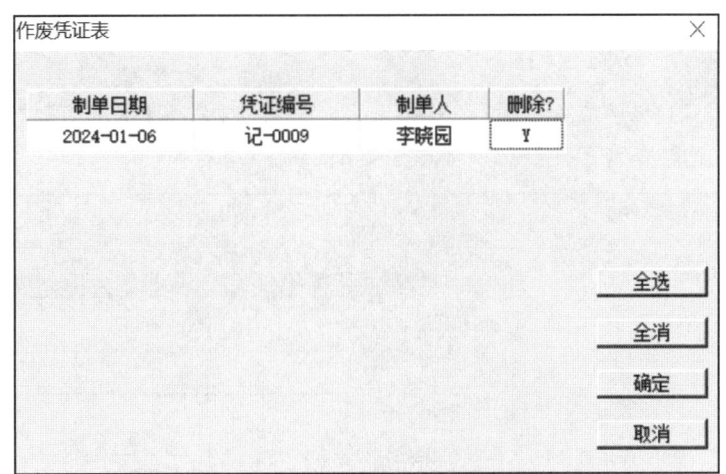

图 4-51 【作废凭证表】窗口

(11) 点击【确定】按钮,系统弹出"是否还需整理凭证断号"提示框,如图 4-52 所示,并提供三种断号整理方式:"按凭证号重排""按凭证日期重排""按审核日期重排"。

(12) 选择【按凭证号重排】,点击【是(Y)】按钮,系统即可完成对凭证号的重新整理。

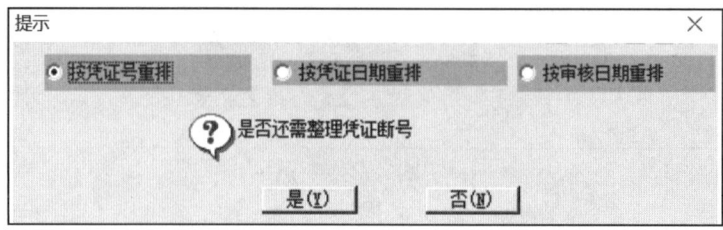

图 4-52 "是否还需整理凭证断号"提示框

> **提示：**
> ⊙ 系统只能对未记账的凭证作凭证整理。
> ⊙ 作废凭证一般不建议整理凭证断号，如果整理凭证断号，系统内所有凭证号将重排，可能会造成冲销凭证记录或已打印的纸质记账凭证与系统内不一致。

任务四 出纳管理

出纳管理是总账系统为出纳人员提供的一套管理工具。出纳业务处理主要包括现金日记账、银行存款日记账及资金日报的查询，支票登记簿的录入，银行对账及余额调节表的调整。

一、日记账管理

业务 4-15

【业务 4-15】 2024 年 1 月 6 日，查询南通力宝美运动服饰有限公司 2024 年 1 月的现金日记账、银行存款日记账、资金日报表。

操作步骤

(1) 以"W03 王明涛"身份登录【企业应用平台】，执行【总账】|【出纳】|【现金日记账】命令，打开【现金日记账查询条件】窗口，如图 4-53 所示。

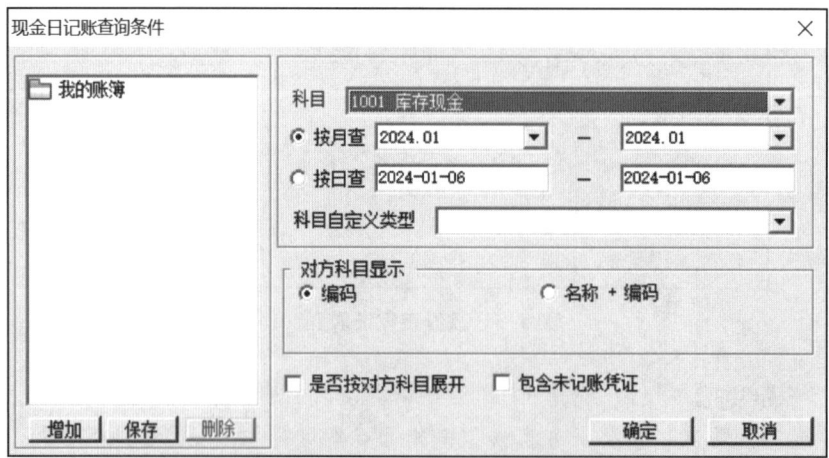

图 4-53 【现金日记账查询条件】窗口

(2) 点击【确定】按钮,打开【现金日记账】窗口,如图 4-54 所示。

金额式

现金日记账

科目 1001 库存现金　　　　月份：2024.01-2024.01

2024年 月	日	凭证号数	摘要	对方科目	借方	贷方	方向	余额
			上年结转				借	10 466.00
01	01	记-0001	销售部肖丽丽预借差旅费	1221		5 000.00	借	5 466.00
01	01		本日合计			5 000.00	借	5 466.00
01	05	记-0006	报销差旅费	660107		1 069.00	借	4 397.00
01	05		本日合计			1 069.00	借	4 397.00
01			当前合计			6 069.00	借	4 397.00
01			当前累计			6 069.00	借	4 397.00
			结转下年				借	4 397.00

图 4-54 【现金日记账】窗口

(3) 执行【出纳】|【银行存款日记账】命令,打开【银行存款日记账查询条件】窗口,点击【确定】按钮,打开【银行存款日记账】窗口,如图 4-55 所示。

金额式

银行日记账

科目 1002 银行存款　　　　月份：2024.01-2024.01

2024年 月	日	凭证号数	摘要	结算号	对方科目	借方	贷方	方向	余额
			上年结转					借	218 242.40
01	02	记-0002	总经办报销业务招待费_4_18890768903_2024	电汇-1889076890	660206		2 120.00	借	216 122.40
01	02		本日合计				2 120.00	借	216 122.40
01	03	记-0003	发放工资_5_2024010300456039_2024.01.03	其他-2024010300	221101		58 000.00	借	158 122.40
01	03		本日合计				58 000.00	借	158 122.40
01	04	记-0004	缴纳税费_5_19807867_2024.01.04	其他-19807867	222102,222103		99 477.32	借	58 645.08
01	04	记-0005	缴纳税费_5_19807868_2024.01.04	其他-19807868	222105,222106,2		8 382.68	借	50 262.40
01	04		本日合计				107 860.00	借	50 262.40
01	06	记-0007	支付广告费_4_1188907881_2024.01.06	电汇-1188907881	660104,22210101		21 200.00	借	29 062.40
01	06	记-0008	[冲销2024.01.02 记-0002号凭证]总经办报销	电汇-1889076890	660206		-2 120.00	借	31 182.40
01	06		本日合计				19 080.00	借	31 182.40
01			当前合计				187 060.00	借	31 182.40
01			当前累计				187 060.00	借	31 182.40
			结转下年					借	31 182.40

图 4-55 【银行存款日记账】窗口

提示:

⊙ 只有在【会计科目】功能中使用【指定科目】功能,指定【现金总账科目】和【银行存款总账科目】,才能查询【现金日记账】及【银行存款日记账】。

⊙ 现金及银行存款日记账既可以按日查询,也可以按月查询。

⊙ 查询日记账时还可以查询包含未记账凭证的日记账。

⊙ 在已打开的日记账窗口中还可以通过点击【过滤】按钮，录入过滤条件快速查询日记账的具体内容。

⊙ 在已打开的日记账窗口中还可以通过点击【凭证】按钮，查询该条记录所对应的记账凭证。

(4) 执行【出纳】|【资金日报】命令，打开【资金日报表查询条件】窗口。

(5) 选择日期“2024.01.01”，点击【确定】按钮，进入【资金日报表】窗口，如图 4-56 所示。

资金日报表

日期:2024.01.01

科目编码	科目名称	币种	今日共借	今日共贷	方向	今日余额	借方笔数	贷方笔数
1001	库存现金			5 000.00	借	5 466.00		1
合计				5 000.00	借	5 466.00		1

图 4-56 【资金日报表】窗口

提示:

⊙ 使用资金日报功能可以查询现金、银行存款科目某日的发生额及余额情况。

⊙ 资金日报表可以查询包含未记账凭证的资金日报表。

二、支票登记簿

在手工记账时，出纳人员通常建立支票领用登记簿，用来登记支票领用情况。在信息化环境下，总账系统提供了“支票登记簿”功能，以供详细登记支票领用人、领用日期、支票用途、是否报销等信息。

【业务 4-16】 对 1 月 2 日开出的转账支票进行支票登记。

业务 4-16

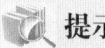

操作步骤

(1) 执行【出纳】|【支票登记簿】命令，打开【银行科目选择】窗口。

(2) 点击【增加】按钮，录入或选择领用日期“2024.01.02”，领用部门“总经办”，领用人“刘慧清”，支票号“18890768903”，预计金额“2 120.00”，用途“报销业务招待费”，报销日期为“2024.01.02”，点击【保存】按钮，如图 4-57 所示。

支票登记簿

科目：银行存款(1002)

支票张数：1(其中：已报1 未报

领用日期	领用部门	领用人	支票号	预计金额	用途	收款人	对方科目	付款银行名称	银行账号	预计转账日期	报销日期
2024.01.02	总经办	刘慧清	18890768903	2 120.00	报销业务招待费	江苏百乐门大酒店	660206	交通银行南通南大街...	326008608018...		2024.01.02

图 4-57 【支票登记簿】窗口

> **提示：**
> - 只有在总账系统的【初始设置】选项中已选择【支票控制】，并在【结算方式】设置中已设置【票据结算】标志，在【会计科目】中已指定银行账的科目，才能使用支票登记簿。
> - 领用日期和支票号必须输入，其他内容可以不填。
> - 报销日期不能在领用日期之前。
> - 当支票登记簿中的报销日期为空时，表示该支票未报销，否则系统认为该支票已报销。

三、银行对账

银行对账是指每月月末，出纳人员将企业的银行存款日记账与开户银行发来的当月银行存款对账单进行逐笔核对，勾对已达账项，找出未达账项，并编制每月银行存款余额调节表的过程。软件中的银行对账包括：银行对账初始数据录入、本月银行对账单录入、对账、银行存款余额调节表的编制等。

1. 录入银行对账期初数据

在第一次使用银行对账功能时，应录入单位日记账及银行对账单的期初数据，包括期初余额及期初未达账项。系统默认银行对账单余额方向为借方，即银行对账单中借方发生额为银行存款增加，贷方发生额为银行存款减少，通过【方向】按钮可以调整银行对账单的余额方向，如果把余额方向调整为贷方，则银行对账单中借方发生额为银行存款减少，而贷方发生额为银行存款增加。

【业务 4-17】 公司银行账的启用日期为 2024 年 1 月 1 日，交通银行企业日记账调整前余额为 218 242.40 元，银行对账单调整前余额为 236 322.40 元，未到账项一笔，系银行已收企业未收款 18 080.00 元（转账支票 13646766）。

👆 **操作步骤**

（1）执行【出纳】|【银行对账】|【银行对账期初录入】命令，打开【银行科目选择】窗口。

（2）选择【银行存款(1002)】，如图 4-58 所示，点击【确定】按钮，打开【银行对账期初】窗口。

（3）在单位日记账的【调整前余额】栏录入"218 242.40"，在银行对账单的【调整前余额】栏录入"236 322.40"，如图 4-59 所示。

（4）点击【对账单期初未达账项】按钮，打开【银行方期初】窗口。

（5）点击【增加】按钮，在【日期】栏录入或选择"2023.12.31"，在结算方式栏选择"202 转账支票"，在【票号】栏录入"13646766"，在【借方金额】栏录入"18 080.00"，如图 4-60 所示。

（6）点击【保存】按钮，再点击【退出】按钮，返回【银行对账期初】窗口，如图 4-61 所示。

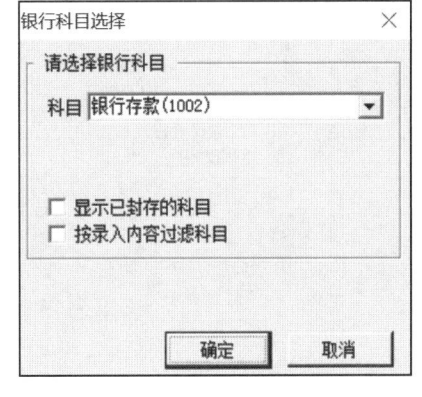

图 4-58 【银行科目选择】窗口

业务 4-17

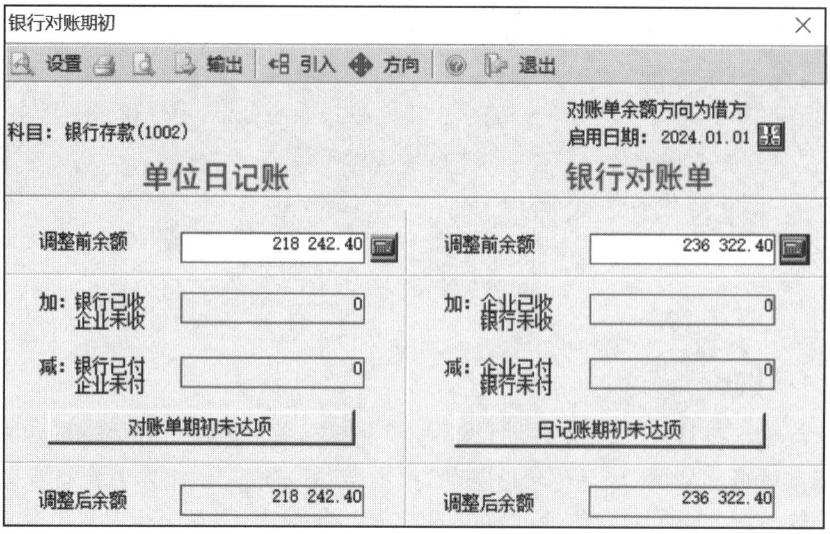

图 4-59 【银行对账期初】窗口

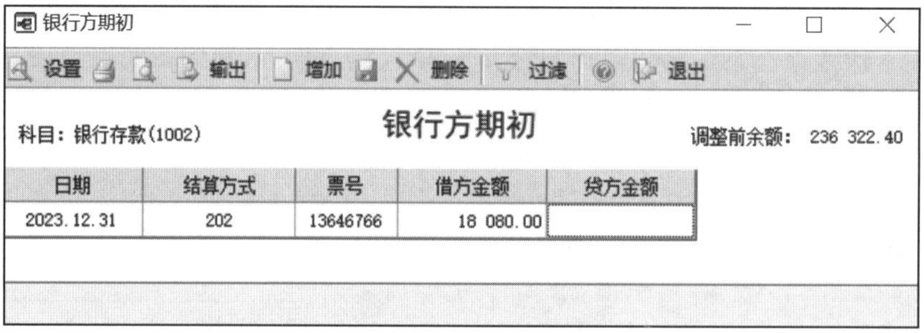

图 4-60 【银行方期初】窗口

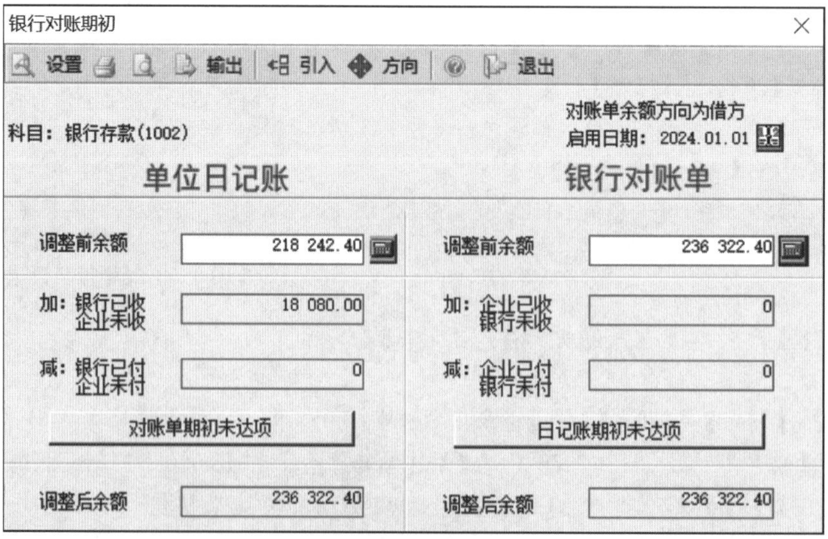

图 4-61 【银行对账期初】窗口

2. 录入银行对账单

【业务 4-18】 2024 年 1 月银行对账单如表 4-7 所示。

表 4-7　　　　　　　　　　2024 年 1 月银行对账单

日期	借方发生额	贷方发生额
2024-01-02		2 120.00
2024-01-03		58 000.00
2024-01-04		99 477.32
2024-01-04		8 382.68
2024-01-06		21 200.00

业务 4-18

操作步骤

(1) 执行【出纳】|【银行对账】|【银行对账单】命令,打开【银行科目选择】窗口。
(2) 点击【确定】按钮,打开【银行对账单】窗口。
(3) 点击【增加】按钮。
(4) 在【日期】栏录入或选择"2024-01-02",在【贷方金额】栏录入"2 120.00"。
(5) 按照以上步骤,依次录入银行对账单其他记录,点击【保存】按钮,如图 4-62 所示,再点击【退出】按钮。

图 4-62 【银行对账单】窗口(已完成)

提示:

- 如果启用银企直连系统,可以直接将银行转来的电子对账单导入系统。
- 录入银行对账单时,其余额由系统根据【银行对账单期初】自动计算生成。

3. 银行对账

银行对账采用自动对账与手工对账相结合的方式,一般情况下,应先执行自动对账,在自动对账无法勾对的情况下再辅以手工对账。自动对账是计算机根据对账依据自动进行核对、勾销,对于已核对上的银行业务,系统将自动在日记账和银行对账单上打上"两清"的标志,并视为已达账项。

业务 4-19

【业务 4-19】 进行银行对账。

(1) 执行【出纳】|【银行对账】|【银行对账】命令,打开【银行科目选择】窗口,选择【银行存款(1002)】。

(2) 点击【确定】按钮,打开【银行对账】窗口,如图 4-63 所示。

科目: 1002(银行存款)												
单位日记账							银行对账单					
票据日期	结算方式	票号	方向	金额	两清	凭证号数	摘要	日期	结算方式	票号	方向	金额	两清	对账序号
2024.01.02	4	1889076890	贷	2 120.00		记-0002	总经办报销业务招待费	2023.12.31		202	13646766	借	18 080.00	
2024.01.03	5	2024010300	贷	58 000.00		记-0003	发放工资	2024.01.02				贷	2 120.00	
2024.01.04	5	19807867	贷	99 477.32		记-0004	缴纳税费	2024.01.03				贷	58 000.00	
2024.01.04	5	19807868	贷	8 382.68		记-0005	缴纳税费	2024.01.04				贷	99 477.32	
2024.01.06	4	1188907881	贷	21 200.00		记-0007	支付广告费	2024.01.04				贷	8 382.68	
2024.01.02	4	1889076890	贷	-2 120.00		记-0008	〔冲销2024.01.02 记	2024.01.06				贷	21 200.00	

图 4-63 【银行对账】窗口

(3) 点击【对账】按钮,打开【自动对账】窗口,在【自动对账】条件选择中输入截止日期"2024-01-06",取消勾选其他选项,点击【确定】按钮。

(4) 点击【对账】按钮,出现对账结果,如图 4-64 所示。

科目: 1002(银行存款)													
单位日记账								银行对账单					
票据日期	结算方式	票号	方向	金额	两清	凭证号数	摘要	日期	结算方式	票号	方向	金额	两清	对账序号
2024.01.02	4	1889076890	贷	2 120.00	○	记-0002	总经办报销	2023.12.31		202	13646766	借	18 080.00		
2024.01.03	5	2024010300	贷	58 000.00	○	记-0003	发放工资	2024.01.02				贷	2 120.00	○	2024010600
2024.01.04	5	19807867	贷	99 477.32	○	记-0004	缴纳税费	2024.01.03				贷	58 000.00	○	2024010600
2024.01.04	5	19807868	贷	8 382.68	○	记-0005	缴纳税费	2024.01.04				贷	99 477.32	○	2024010600
2024.01.06	4	1188907881	贷	21 200.00	○	记-0007	支付广告费	2024.01.04				贷	8 382.68	○	2024010600
2024.01.02	4	1889076890	贷	-2 120.00		记-0008	〔冲销2024.0	2024.01.06				贷	21 200.00	○	2024010600

图 4-64 【银行对账勾对】窗口

> **提示:**
> ● 在自动对账后如果发现一些应勾对而未勾对上的账项,可以分别双击【两清】栏,进行手工调整。
> ● 由于自动对账是以银行存款日记账和银行对账单完全相同的对账依据为条件,所以为了保证自动对账的正确和彻底,需保证对账数据的规范合理。

4. 查看余额调节表

在银行对账进行两清勾对后,计算机自动整理汇总未达账和已达账,自动生成银行存款余额调节表。

【业务 4-20】 查看银行存款余额调节表。

(1) 执行【出纳】|【银行对账】|【余额调节表查询】命令,打开【银行存款余额调节表】窗口。

(2) 点击【查看】按钮,进入【银行存款余额调节表】窗口,如图 4-65 所示。

业务 4-20

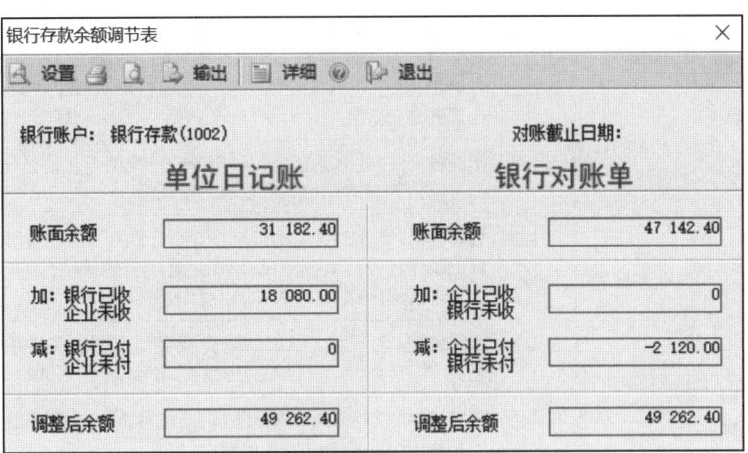

图 4-65 【银行存款余额调节表】查看窗口

● 银行存款余额调节表应显示账面余额平衡,如果不平衡应分别查看银行对账期初、银行对账单及银行对账是否正确。

● 在银行对账之后可以查询对账勾对情况,如果确认银行对账结果是正确的,可以使用【核销银行账】功能核销已达账项。

5. 输出账套

将账套输出至【E:\100 账套备份\项目四\任务四】文件夹。

思政园地

从典型人物看会计岗位的发展

业财一体信息化应用职业技能等级要求(初级)

工作领域	工作任务	职业技能要求
2. 业财一体信息化平台期初数据录入	2.1 财务期初数据录入	2.1.1 能够依据整理完毕的期初余额表,将期初余额表中各项科目余额正确录入信息化平台
		2.1.2 能够根据《企业财务通则》,在信息化平台总账模块中进行期初对账及试算平衡,并确保正确

（续表）

工作领域	工作任务	职业技能要求
3. 业财一体信息化平台典型财务处理	3.1 总账日常业务处理	3.1.1 能够根据《企业财务通则》及《企业会计准则》，审核原始凭证的真实性、合法性与合规性
		3.1.2 能够根据《企业财务通则》及《企业会计准则》，在信息化平台总账模块中根据审核无误的原始凭证填制记账凭证
		3.1.3 能够根据《企业财务通则》及《企业会计准则》，在信息化平台总账模块中对记账凭证进行审核，审核记账凭证中会计科目、分录金额、摘要描述的准确性及填列项目、有关人员签章的完整性等
		3.1.4 能够根据《企业财务通则》及《企业会计准则》，在信息化平台总账模块中，熟练进行记账凭证的审核、反审、修改、作废等凭证处理工作
		3.1.5 能够根据《企业财务通则》及《企业会计准则》，在信息化平台总账模块中，熟练、准确地完成凭证记账

项目五 应收款管理系统

知识目标

1. 理解应收款管理系统初始设置的作用。
2. 掌握应收款管理系统实施流程。

技能目标

1. 能够正确进行应收款管理系统初始设置。
2. 能够熟练填写应收款管理系统的各类单据并制单。

素养目标

1. 培养学生严肃认真、严谨细致的工作作风。
2. 培养学生分工协作、团队合作的精神。

任务一 应收款管理系统认知

应收款管理系统主要实现企业与客户之间业务往来账款的核算与管理。应收款管理系统以销售发票、其他应收单等原始单据为依据,记录销售业务及其他业务所形成的往来款项,处理应收款项的收回、坏账及转账等情况,提供票据处理的功能,实现对应收款的管理。

1. 初始化设置

系统初始化设置包括系统参数设置、基础信息设置和期初数据录入。

2. 日常处理

日常处理是对应收款项业务的处理工作,主要包括应收单据处理、收款单据处理、票据管理、转账处理和坏账处理等内容。

1) 应收单据处理

应收单据包括销售发票和其他应收单,是确认应收账款的主要依据。应收单据处理主要包括应收单据录入和应收单据审核。

2）收款单据处理

收款单据主要指收款单。收款单据处理包括收款单据的录入、审核和核销。单据核销的主要作用是当客户款项收回后,对该客户应收款的核销处理,建立收款与应收款的核销记录。监督应收款及时核销,加强往来款项的管理。

3）票据管理

票据管理主要是对银行承兑汇票和商业承兑汇票进行管理。票据管理可以提供票据登记簿,记录票据的利息、贴现、背书、结算和转出等信息。

4）转账处理

转账处理是指日常业务处理中经常发生的应收冲应付、应收冲应收、预收冲应收以及红票对冲的业务处理。

5）坏账处理

坏账处理包括计提坏账准备、坏账发生、坏账收回等处理,主要作用是自动计提应收款的坏账准备。当坏账发生时即可进行坏账核销;当被核销坏账又收回时,即可进行相应处理。

3. 信息查询

信息查询包括单据查询、凭证查询以及账款查询等。用户在各种查询结果的基础上可以进行各项分析,一般包括欠款分析、账龄分析、综合分析以及收款预测分析等。信息查询有助于用户及时发现问题,加强对往来款项动态的监督管理。

4. 期末处理

期末处理是指用户在月末进行的结算汇兑损益以及月末结账工作。如果企业有外币往来,在月末需要计算外币单据的汇兑损益并对其进行相应的处理。如果当月业务已全部处理完毕,就需要执行月末结账处理;只有月末结账后,才可以开始下月工作。月末处理主要包括汇兑损益和月末结账。

任务二 应收款管理系统初始设置

一、应收款管理系统选项设置

不同企业对应收款项的管理和核算方法存在差异,在运行应收款管理系统前,应先设置运行所需要的账套参数,以便系统根据所设定的参数进行相应的处理。

【业务5-1】 在应收款管理系统中设置单据审核日期依据单据日期;受控科目制单方式明细到单据;销售科目依据按存货;自动计算现金折扣;坏账处理方式为应收余额百分比法。

业务5-1

▶ 操作步骤

(1) 以账套主管"A01 刘慧清"身份进入企业应用平台,执行【业务工作】|【财务会计】|【应收款管理】|【设置】|【选项】命令,打开【账套参数设置】,点击【编辑】按钮,在【常规】选项

卡中选择【单据审核日期依据】为"单据日期"、【坏账处理方式】为"应收余额百分比法",勾选【自动计算现金折扣】复选框,如图 5-1 所示。

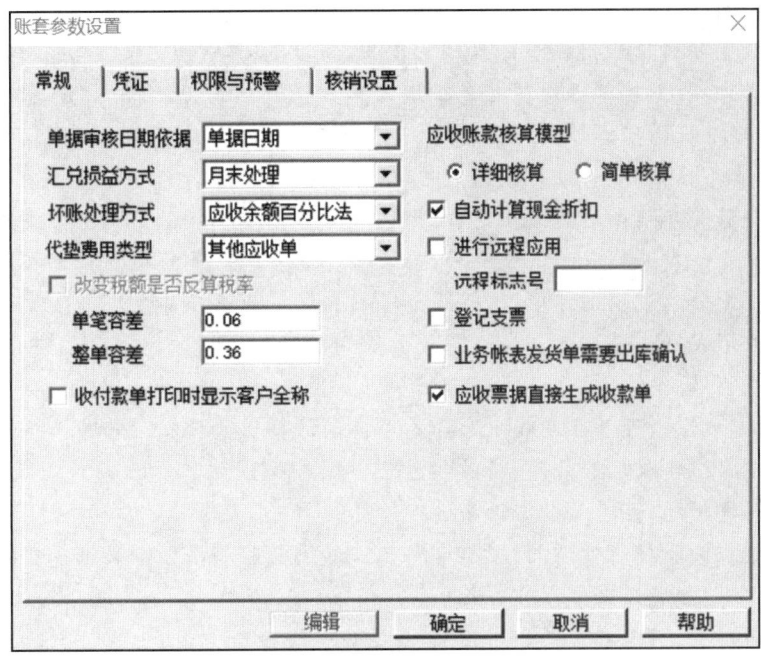

图 5-1 【常规】选项卡

（2）在【凭证】选项卡中选择【受控科目制单方式】为"明细到单据",【销售科目依据】选择"按存货",如图 5-2 所示。

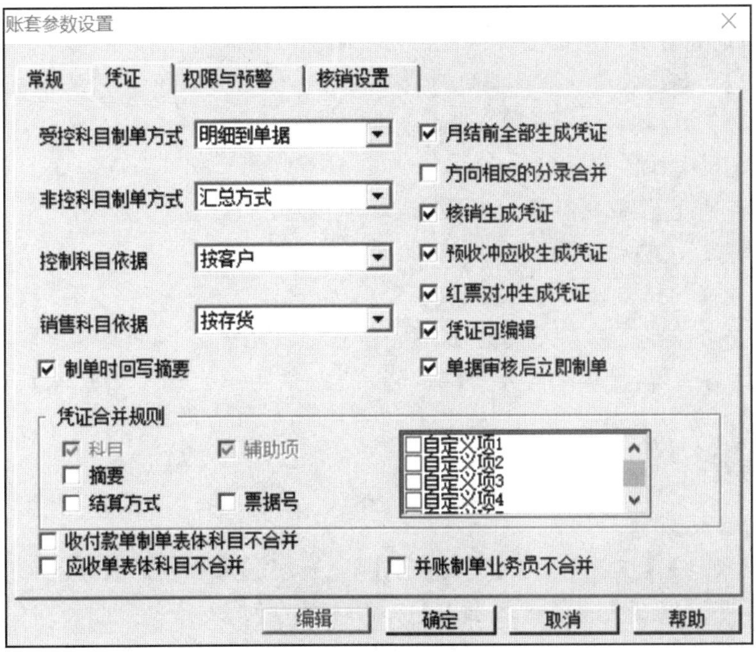

图 5-2 【凭证】选项卡

(3) 点击【确定】按钮,完成设置。

> **提示:**
>
> ⊙ 系统提供两种确认单据审核日期的依据,即单据日期和业务日期。单据审核日期如果选择单据日期,则在单据处理功能中进行单据审核时,自动将单据的审核日期(即入账日期)记为该单据的单据日期;如果选择业务日期,则自动将单据的审核日期(即入账日期)记为当前业务日期(即登录日期)。
>
> ⊙ 受控科目制单有两种方式供选择,即明细到客户和明细到单据。明细到客户:将一个客户的多笔业务合并生成一张凭证时,如果核算这多笔业务的控制科目相同,系统自动将其合并成一条分录。明细到单据:将一个客户的多笔业务合并生成一张凭证时,系统会将每一笔业务形成一条分录。
>
> ⊙ 系统提供选择是否自动计算现金折扣。如果为了鼓励客户在信用期间内提前收款而采用现金折扣政策,可以在系统中选择是否自动计算现金折扣。若选择自动计算,需要在发票或应收单中输入收款条件,在核销处理界面中系统依据收款条件自动计算该发票或应收单可享受折扣,可输入本次折扣进行结算。
>
> ⊙ 系统提供两种坏账处理的方式,即备抵法和直接转销法。如果选择备抵法,还应该选择具体的方法,系统提供了三种备抵的方法,即应收余额百分比法、销售收入百分比法和账龄分析法。

二、应收款管理系统科目设置

初始设置是将手工核算的相关内容和规则录入应收款管理系统,以便在系统中按照企业需要进行应收款业务的处理。凭证科目设置是指依据用户定义的科目,依据不同的业务类型,生成凭证时将业务对应的会计科目自动带出。

业务 5-2

【业务 5-2】 对应收款管理系统进行科目设置。

(1) 基本科目:应收科目为 1122,预收科目为 2204,税金科目为 22210103,现金折扣科目为 6603,坏账入账科目为 1231。

(2) 控制科目设置:应收科目为 1122,预收科目为 2204。

(3) 产品科目设置:销售收入科目为存货对应的主营业务收入科目,应交增值税科目为 22210103。运输费的销售收入科目为 6051。

(4) 结算方式科目设置:现金对应 1001,现金支票、转账支票、电汇、其他均对应 1002。

(5) 坏账准备设置:提取比例为 0.5%,坏账准备期初余额为 1 400 元,坏账准备科目为 1231,坏账准备对方科目为 6702。

操作步骤

1. 基本科目设置

执行【财务会计】|【应收款管理】|【设置】|【初始设置】命令,打开【初始设置】窗口,点击【设置科目】|【基本科目设置】|【增加】,【基础科目种类】选择"应收科目",【科目】选择"1122",【币种】选择"人民币"。以同样的方法将其他基本科目设置完毕,如图 5-3 所示。

基础科目种类	科目	币种
应收科目	1122	人民币
预收科目	2204	人民币
税金科目	22210103	人民币
现金折扣科目	6603	人民币
坏账入账科目	1231	人民币

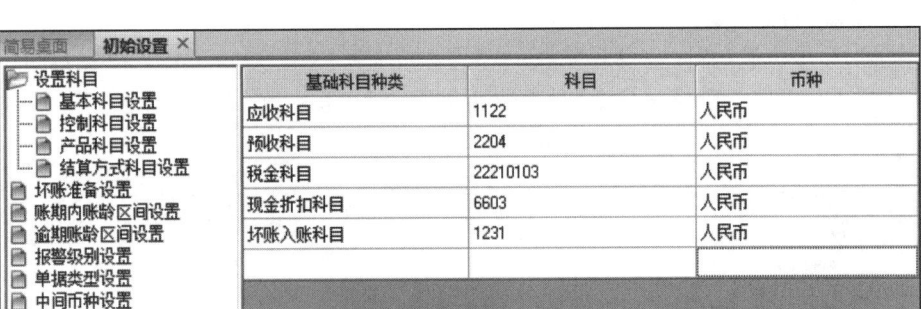

图 5-3 【基本科目设置】窗口

2. 控制科目设置

执行【财务会计】|【应收款管理】|【设置】|【初始设置】命令，打开【初始设置】窗口。点击【设置科目】|【控制科目设置】，【应收科目】选择“1122”，【预收科目】选择“2204”，如图 5-4 所示。

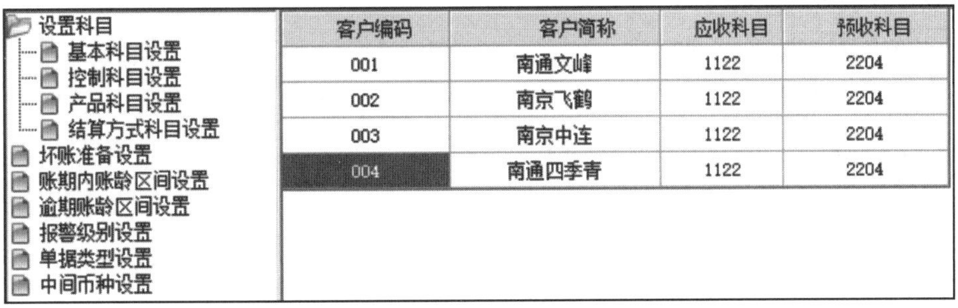

客户编码	客户简称	应收科目	预收科目
001	南通文峰	1122	2204
002	南京飞鹤	1122	2204
003	南京中连	1122	2204
004	南通四季青	1122	2204

图 5-4 【控制科目设置】窗口

3. 产品科目设置

执行【财务会计】|【应收款管理】|【设置】|【初始设置】命令，打开【初始设置】窗口。点击【设置科目】|【产品科目设置】，【销售收入科目】选择“存货对应的主营业务收入科目”，【应交增值税科目】选择“22210103”，如图 5-5 所示。

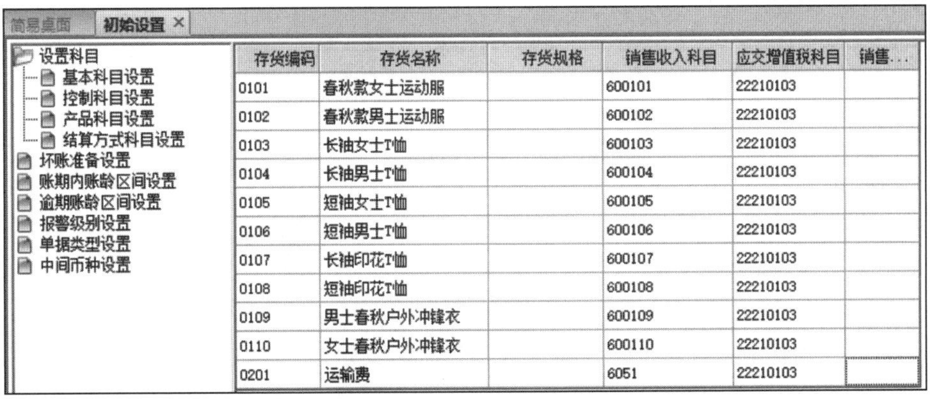

存货编码	存货名称	存货规格	销售收入科目	应交增值税科目	销售...
0101	春秋款女士运动服		600101	22210103	
0102	春秋款男士运动服		600102	22210103	
0103	长袖女士T恤		600103	22210103	
0104	长袖男士T恤		600104	22210103	
0105	短袖女士T恤		600105	22210103	
0106	短袖男士T恤		600106	22210103	
0107	长袖印花T恤		600107	22210103	
0108	短袖印花T恤		600108	22210103	
0109	男士春秋户外冲锋衣		600109	22210103	
0110	女士春秋户外冲锋衣		600110	22210103	
0201	运输费		6051	22210103	

图 5-5 【产品科目设置】窗口

4. 结算方式科目设置

执行【财务会计】|【应收款管理】|【设置】|【初始设置】命令,打开【初始设置】窗口。点击【设置科目】|【结算方式科目设置】,【结算方式】选择"1"现金,【币种】选择"人民币",【科目】选择"1001"。以同样的方法将其他结算方式科目设置完毕,如图5-6所示。

结算方式	币种	本单位账号	科…
1 现金	人民币	326008608…	1001
4 电汇	人民币	326008608…	1002
201 现金支票	人民币	326008608…	1002
202 转账支票	人民币	326008608…	1002
5 其他	人民币	326008608…	1002

图 5-6 【结算方式科目设置】窗口

5. 坏账准备设置

执行【财务会计】|【应收款管理】|【设置】|【初始设置】命令,打开【初始设置】窗口。点击【坏账科目设置】|【结算方式科目设置】,【提取比率】录入"0.5%",【坏账准备科目】选择"1231",【坏账准备科目余额】选择"1400",【对方科目】选择"6702",如图5-7所示,点击【确定】按钮。

图 5-7 【坏账准备设置】窗口

> **提示:**
>
> ● 如果在选项中未选中坏账处理方式为"应收余额百分比法",则在此处不能录入"应收余额百分比法"所需要的设置,即此处的初始设置是与选项中所选择的坏账处理方式相对应的。
>
> ● 坏账准备的期初余额应与总账管理系统中所录入的坏账准备的期初余额相一致。

三、应收款管理系统期初余额录入

系统通过录入期初单据的形式建立期初数据。在启用应收系统之前,将账套启用会计期间以前的未处理完的应收、收款、预收单据录入到系统中,系统对其可进行后续处理。录入完成后,应进行期初对账工作,查看应收款管理系统与总账系统的期初余额是否平衡,如果不平衡,须检查录入是否有误,修改错误达到平衡方可。

【业务 5-3】 录入应收款管理系统的期初余额,如表 5-1 和表 5-2 所示。

表 5-1　　　　　　　　　　　应收账款(1122)期初余额

日期	客户名称	摘要	方向	余额
2023-12-20	南通文峰电子商务有限公司	销售男士春秋户外冲锋衣 50 件,不含税单价 320 元/件,发票号 05134666	借	18 080.00

业务 5-3

表 5-2　　　　　　　　　　　合同负债(2204)期初余额

日期	客户名称	摘要	方向	余额
2023-12-18	南通四季青酒店管理有限公司	预收货款,电汇,票号 01054359	贷	5 000.00

👆 **操作步骤**

(1) 执行【财务会计】|【应收款管理】|【设置】|【期初余额】命令,打开【期初余额—查询】窗口,点击【确定】按钮,打开【期初余额明细表】,点击【增加】按钮,打开【单据类别】窗口,【单据名称】选择"销售发票",【单据类型】选择"销售专用发票",【方向】选择"正向",如图 5-8 所示。

(2) 点击【确定】按钮,打开【销售专用发票】窗口。点击【增加】按钮,录入表 5-1 的信息,单击【保存】按钮,如图 5-9 所示。

图 5-8 【单据类别】窗口

图 5-9 【销售专用发票】窗口

(3) 单击【增加】按钮,打开【单据类别】窗口,【单据名称】选择"预收款",【单据类型】选择"收款单",【方向】选择"正向",如图 5-10 所示。

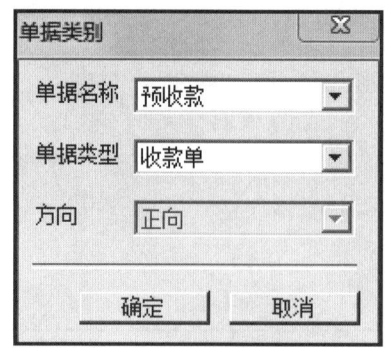

图 5-10 【单据类别】窗口

（4）点击【确定】按钮，打开【期初收款单录入】窗口。点击【增加】按钮，录入表 5-2 的信息，如图 5-11 所示。

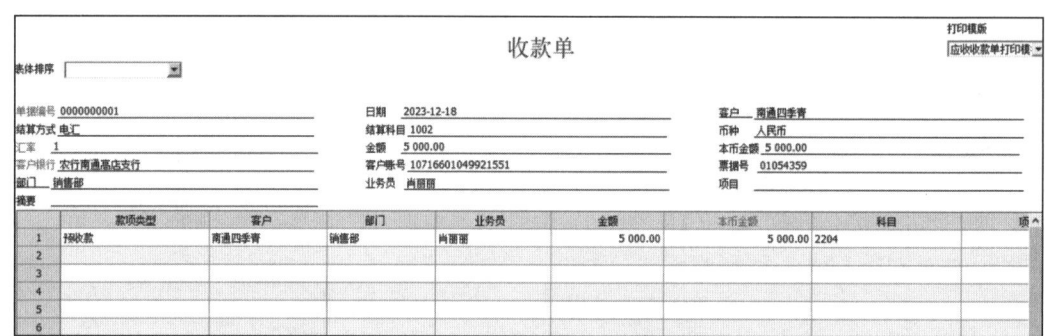

图 5-11 【收款单】窗口

（5）在【期初余额明细表】窗口中，单击【对账】按钮，打开【期初对账】窗口，如图 5-12 所示。

科目		应收期初		总账期初		差额	
编号	名称	原币	本币	原币	本币	原币	本币
1122	应收账款	18 080.00	18 080.00	18 080.00	18 080.00	0	0
2204	合同负债	-5 000.00	-5 000.00	-5 000.00	-5 000.00	0	0
	合计		13 080.00		13 080.00		0

图 5-12 【期初对账】窗口

提示：

⊙ 如果退出了录入期初余额的单据，在【期初余额明细表】窗口中没有看到新录入的期初余额，单击【刷新】按钮，就可以看到所有的期初余额的内容。

⊙ 在录入期初余额时需注意期初余额的会计科目。应收款管理系统的期初余额应与总账进行对账，如果科目错误将会导致对账错误。

任务三 应收款管理系统日常业务处理

一、应收单据处理

应收单据包括因销售业务而开具的各种发票和非销售业务涉及的其他应收单,它们是应收业务的起点,是应收款管理系统日常核算的原始单据。应收单据处理包括应收单据录入、审核和制单处理。

1. 单据录入

单据录入是对未收款项的单据进行录入。录入时先用代码输入客户名称,与客户相关的内容由系统自动显示;然后进行货物名称、数量和金额等内容的输入。

2. 单据审核

单据审核是单据保存后对单据的正确性进一步审核确认。单据输入后必须经过审核才能参与结算。审核人和制单人可以是同一个人。单据被审核后,将从单据处理功能中消失。但可以通过"单据查询"功能查看。

3. 单据制单

单据制单是根据发生的各项应收款业务的原始单据,进行记账凭证生成的过程。在应收款管理系统中生成的凭证将由系统自动传送到账务子系统中,并由有关人员进行审核和记账等账务处理工作。

【业务5-4】 2024年1月7日,销售部肖丽丽与南京中连商场股份有限公司签订销售合同,货已发出。相关业务单据如图5-13至图5-15所示。

业务5-4

购销合同

供货方:南通力宝美运动服饰有限公司　　　　　　　　　　合 同 号:XS0001
购买方:南京中连商场股份有限公司　　　　　　　　　　　签订日期:2024年01月07日

　　为保护买卖双方的合法权益,买卖双方根据《中华人民共和国民法典》合同编的有关规定,经友好协商,一致同意签订本合同并共同遵守:
　　一、货物名称、数量及金额。

序号	货物名称	数量	单价 (不含税)	金额 (不含税)	税率	税额
1	短袖女士T恤	300	85.00	25 500.00	13%	3 315.00
2	短袖男士T恤	300	95.00	28 500.00	13%	3 705.00
	合　　　　计			¥54 000.00		¥7 020.00

　　二、合同总金额:人民币陆万壹仟零贰拾元整。
　　三、交货日期:2024年01月07日。
　　四、结算方式:电汇,付款条件:2/10,1/20,N/30(现金折扣按货物的价款计算,不考虑增值税)。
　　五、交货地点:南京市秦淮区中山岭南路886号,南京中连商场股份有限公司。
　　六、发运方式:公路运输,运费由购买方承担。
　　七、本合同一式贰份,供需双方各执壹份。本合同自双方签字盖章后生效,至本合同全部条款执行完毕后失效。

供货方(盖章):南通力宝美运动服饰有限公司　　　购买方(盖章):南京中连商场股份有限公司
地址:南通市崇川区工农路668号　　　　　　　　　地址:南京市秦淮区中山岭南路886号
授权代表:陈万宝　　　　　　　　　　　　　　　　授权代表:张话三
联系电话:0513-85358899　　　　　　　　　　　　联系电话:025-94715288

图5-13 【业务5-4】购销合同

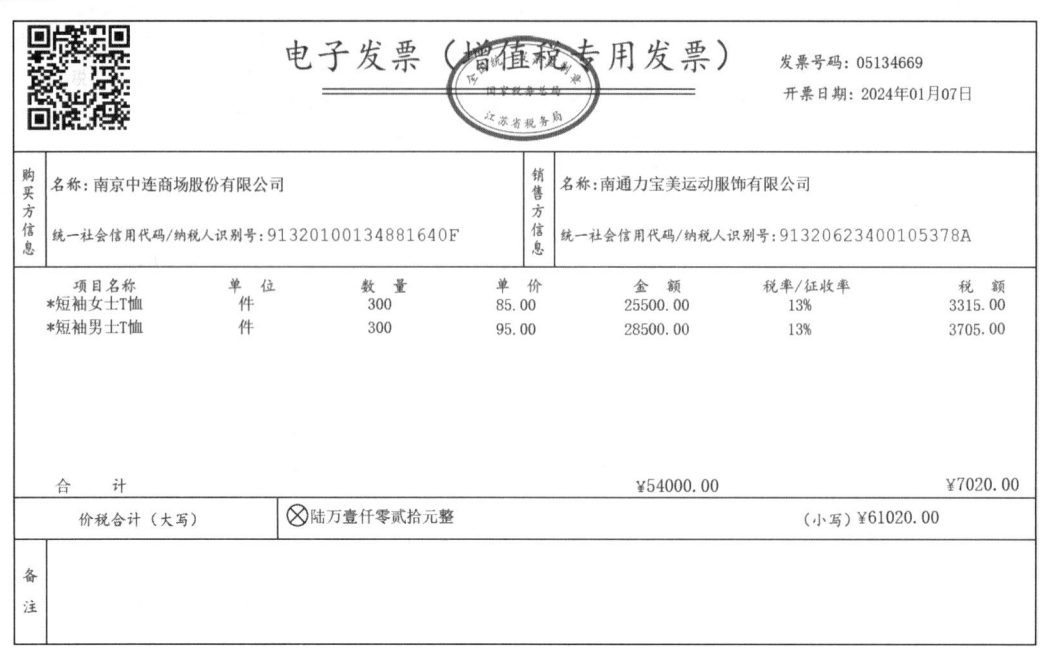

图 5-14 【业务 5-4】增值税专用发票

图 5-15 【业务 5-4】出库单

操作步骤

(1) 以"W02 李晓园"身份在应收款管理系统中,执行【应收单据处理】|【应收单据录入】命令,打开【单据类别】窗口,如图 5-16 所示。

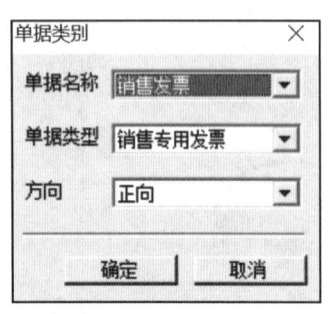

图 5-16 【单据类别】窗口

(2)【单据名称】选择"销售发票",【单据类型】选择"销售专用发票",【方向】选择"正向",点击【确定】按钮,打开【销售专用发票】窗口。

(3) 点击【增加】按钮,录入发票号"05134669",修改开票日期为"2024-01-07",点击【客户简称】栏的【参照】按钮,选择"南京中连",【付款条件】选择"01",【税率】录入"13"。点击【存货编码】的【参照】按钮,分别选择"短袖女士 T 恤""短袖男士 T 恤",【数量】均录入"300",【无税单价】分别录入"85"和"95",如图 5-17 所示。

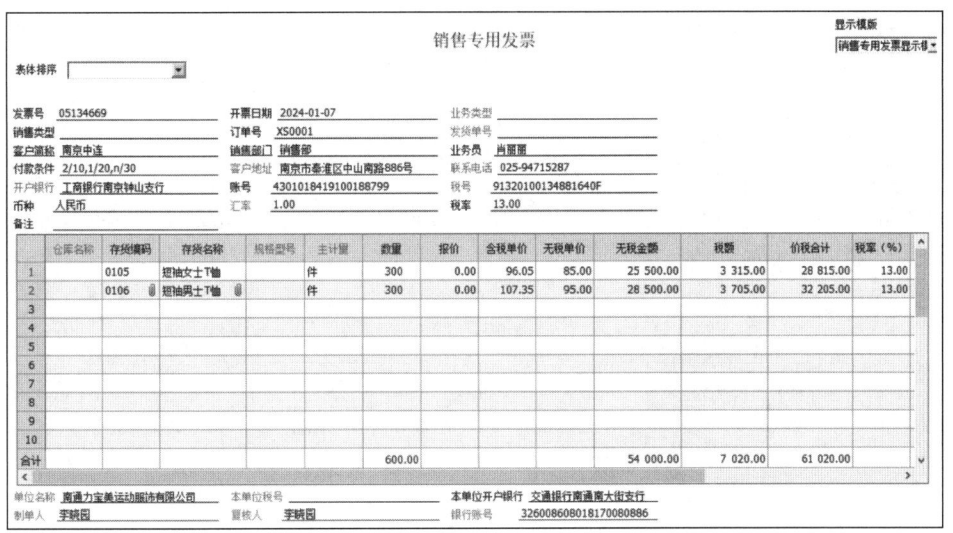

图 5-17 【销售专用发票】窗口

(4) 点击【保存】按钮。
(5) 点击【审核】按钮,系统弹出"是否立即制单?"提示框。
(6) 点击【是】按钮,系统弹出【填制凭证】窗口。
(7) 点击【保存】按钮,系统提示"已生成",生成的记账凭证如图 5-18 所示。

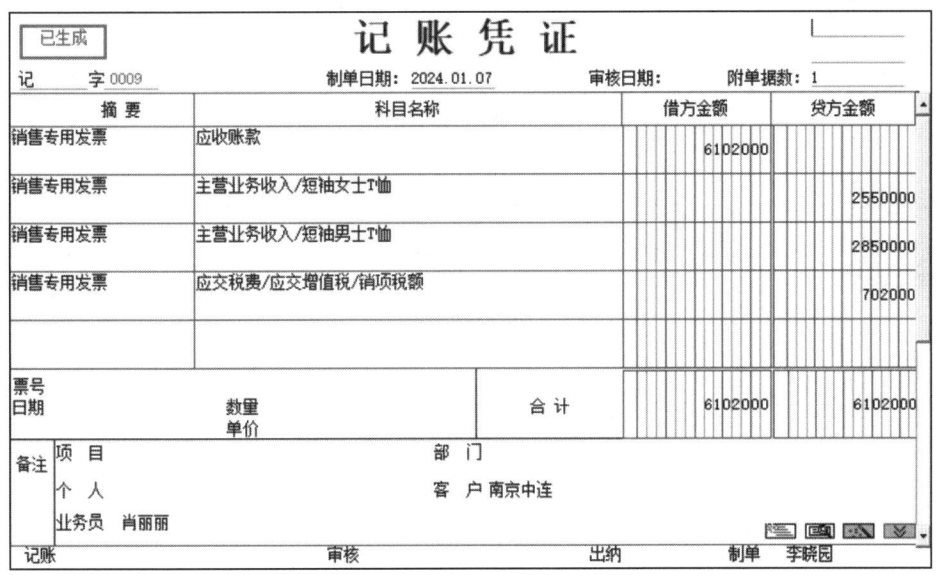

图 5-18 【记账凭证】窗口

> 提示:
> ⊙ 在录入销售发票后可以直接进行审核及立即制单,也可以在【应收单据审核】中审核,再在【制单处理】中制单。
> ⊙ 已审核的单据在未进行其他处理之前,可以取消审核后修改。

【业务 5-5】 2024年1月8日，销售部肖丽丽与南京飞鹤国际购物中心签订销售合同，发出商品，发生代垫运费一笔。相关业务单据如图5-19和图5-22所示。

购销合同

供货方：南通力宝美运动服饰有限公司 合同号：XS0002
购买方：南京飞鹤国际购物中心 签订日期：2024年01月08日

为保护买卖双方的合法权益，买卖双方根据《中华人民共和国民法典》合同编的有关规定，经友好协商，一致同意签订本合同并共同遵守：

一、货物名称、数量及金额。

序号	货物名称	数量（件）	单价（不含税）	金额（不含税）	税率	税额
1	男士春秋户外冲锋衣	400	320.00	128 000.00	13%	16 640.00
2	女士春秋户外冲锋衣	400	300.00	120 000.00	13%	15 600.00
	合　　计			¥248 000.00		¥32 240.00

二、合同总金额：人民币贰拾捌万零贰佰肆拾元整。
三、付款时间：2024年1月10日。
四、交货日期：2024年1月8日。
五、结算方式：电汇。
六、交货地点：南京市秦淮区汉中路8889号，南京飞鹤国际购物中心。
七、发运方式：公路运输，运费由供货方垫付。
八、本合同一式贰份，供需双方各执壹份。本合同自双方签字盖章后生效，至本合同全部条款执行完毕后失效。

供货方（盖章）：南通力宝美运动服饰有限公司　　购买方（盖章）：南京飞鹤国际购物中心
地址：南通市崇川区青年路668号　　　　　　　　地址：南京市秦淮区汉中路8889号
授权代表：陈方宝　　　　　　　　　　　　　　　授权代表：王小宝
联系电话：0513-85358899　　　　　　　　　　　联系电话：025-94708898

图 5-19 【业务 5-5】购销合同

电子发票（增值税专用发票）

发票号码：05134670
开票日期：2024年01月08日

购买方信息：
名称：南京飞鹤国际购物中心
统一社会信用代码/纳税人识别号：913201006086277655R

销售方信息：
名称：南通力宝美运动服饰有限公司
统一社会信用代码/纳税人识别号：91320623400105378A

项目名称	单位	数量	单价	金额	税率/征收率	税额
*男士春秋户外冲锋衣	件	400	320.00	128000.00	13%	16640.00
*女士春秋户外冲锋衣	件	400	300.00	120000.00	13%	15600.00
合　　计				¥248000.00		¥32240.00

价税合计（大写）：⊗贰拾捌万零贰佰肆拾元整　　（小写）¥280240.00

备注：

图 5-20 【业务 5-5】增值税专用发票

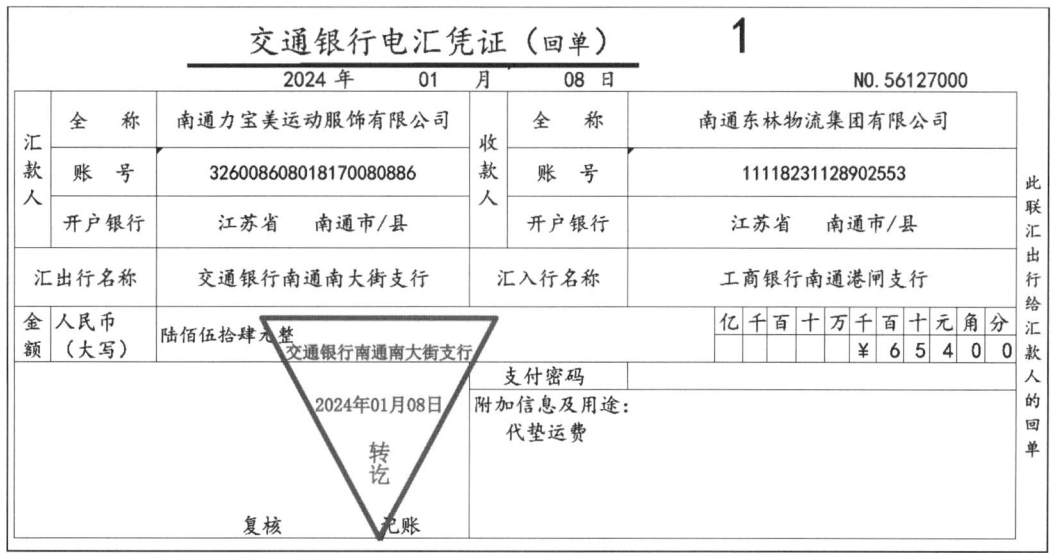

出 库 单									
提货单位：南京飞鹤国际购物中心				2024年1月8日			编号： 0002		
发出仓库	存货编码	存货名称	单位	数 量		单价	金额	备注	会计联
				应发	实发				
户外冲锋衣仓	0109	男士春秋户外冲锋衣	件	400	400				
户外冲锋衣仓	0110	女士春秋户外冲锋衣	件	400	400				
		合计		800	800				
部门经理：略			会计：略		仓库：略		经办人：略		

图 5-21 【业务 5-5】出库单

图 5-22 【业务 5-5】银行电汇凭证

操作步骤

1. 录入销售专用发票

（1）以"W02 李晓园"身份在应收款管理系统中，执行【应收单据处理】|【应收单据录入】命令，打开【单据类别】窗口。

（2）【单据名称】选择"销售发票"，【单据类型】选择"销售专用发票"，【方向】选择"正向"，点击【确定】按钮，打开【销售专用发票】窗口。

（3）点击【增加】按钮，录入发票号"05134670"，修改开票日期为"2024-01-08"，点击【客户简称】栏的【参照】按钮，选择"南京飞鹤"，【税率】录入"13"。点击【存货编码】的【参照】按钮，分别选择"男士春秋户外冲锋衣""女士春秋户外冲锋衣"，【数量】均录入"400"，【无税单价】分别录入"320"和"300"，如图 5-23 所示。

（4）点击【保存】按钮。

（5）点击【审核】按钮，系统弹出"是否立即制单？"提示框。

（6）点击【是】按钮，系统弹出【填制凭证】窗口。

销售专用发票

打印模版 销售专用发票打印模

表体排序

发票号 05134670　开票日期 2024-01-08　业务类型

销售类型　订单号 XS0002　发货单号

客户简称 南京飞鹤　销售部门 销售部　业务员 肖丽丽

付款条件　客户地址 南京市秦淮区汉中路8889号　联系电话 025-94708898

开户银行 农业银行南京金鹰支行　账号 101051010400003825 5　税号 91320100608627765R

币种 人民币　汇率 1　税率 13.00

备注

	仓库名称	存货编码	存货名称	规格型号	主计量	数量	报价	含税单价	无税单价	无税金额	税额	价税合计	税率(%)
1		0109	男士春秋户…		件	400	0.00	361.60	320.00	128 000.00	16 640.00	144 640.00	13.00
2		0110	女士春秋户…		件	400	0.00	339.00	300.00	120 000.00	15 600.00	135 600.00	13.00
3													
4													
5													
6													
7													
8													
9													
10													
11													
12													
合计						800.00				248000.00	32240.00	280240.00	

单位名称 南通力宝美运动服饰有限公司　本单位税号　本单位开户银行 交通银行南通南大街支行

制单人 李晓园　复核人 李晓园　银行账号 326008608018170080886

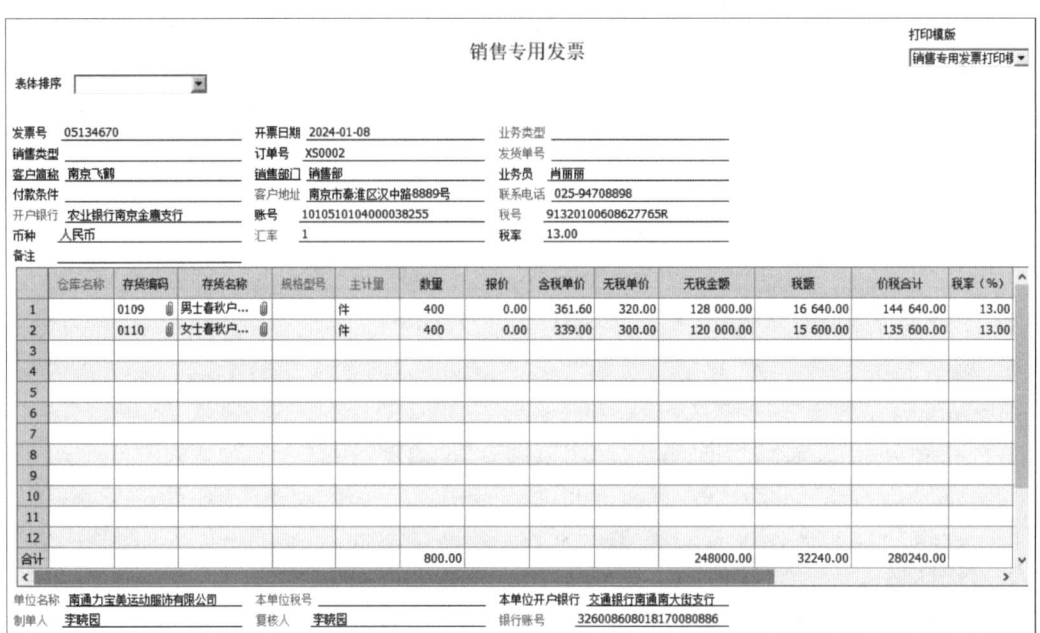

图 5-23 【销售专用发票】窗口

(7) 点击【保存】按钮,系统提示"已生成",如图 5-24 所示。

已生成

记账凭证

记　字 0010　制单日期: 2024.01.08　审核日期:　附单据数: 1

摘要	科目名称	借方金额	贷方金额
销售专用发票	应收账款	28024000	
销售专用发票	主营业务收入/男士春秋户外冲锋衣		12800000
销售专用发票	主营业务收入/女士春秋户外冲锋衣		12000000
销售专用发票	应交税费/应交增值税/销项税额		3224000
票号 日期　数量 单价	合计	28024000	28024000

备注　项目　部门

个人　客户 南京飞鹤

业务员 肖丽丽

记账　审核　出纳　制单 李晓园

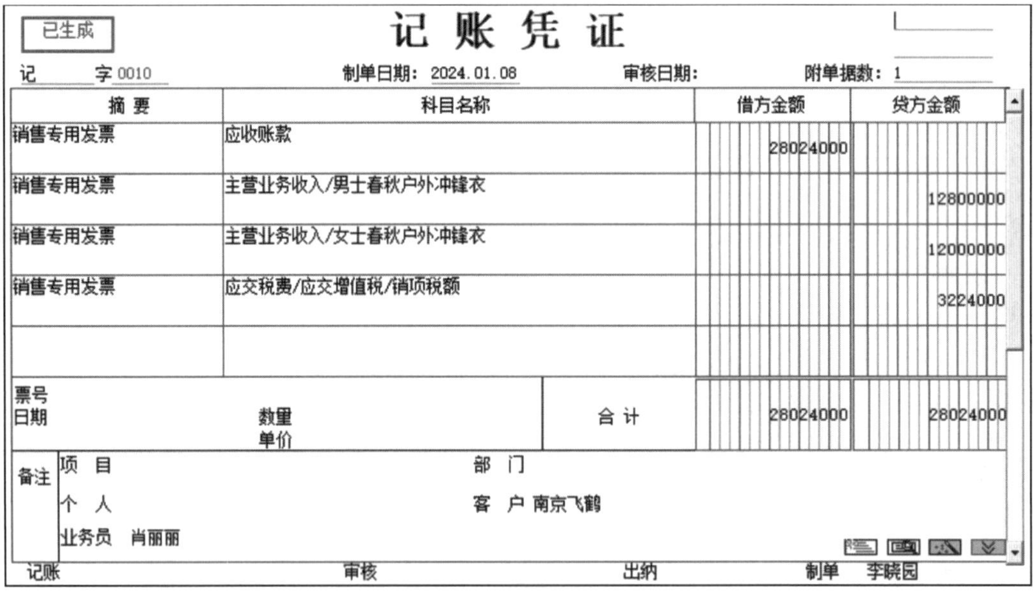

图 5-24 【记账凭证】窗口

2. 录入其他应收单

(1) 执行【应收单据处理】|【应收单据录入】命令,打开【单据类别】窗口。

(2)【单据名称】选择"应收单",【单据类型】选择"其他应收单",【方向】选择"正向",点击【确定】按钮,打开【应收单】窗口。

(3) 点击【增加】按钮，修改单据日期为"2024-01-08"，【客户】选择"南京飞鹤"，【金额】输入"654"，【摘要】输入"代垫销售冲锋衣运费"。

(4) 表体中【科目】选择"1002"，如图 5-25 所示。

图 5-25 【应收单】窗口

(5) 点击【保存】按钮。

(6) 点击【审核】按钮，系统弹出"是否立即制单?"提示框。

(7) 点击【是】按钮，系统弹出【填制凭证】窗口，修改"银行存款"的结算方式辅助项为"4 电汇"，票号为"56127000"，发生日期为"2024-01-08"，点击【确定】按钮，如图 5-26 所示。

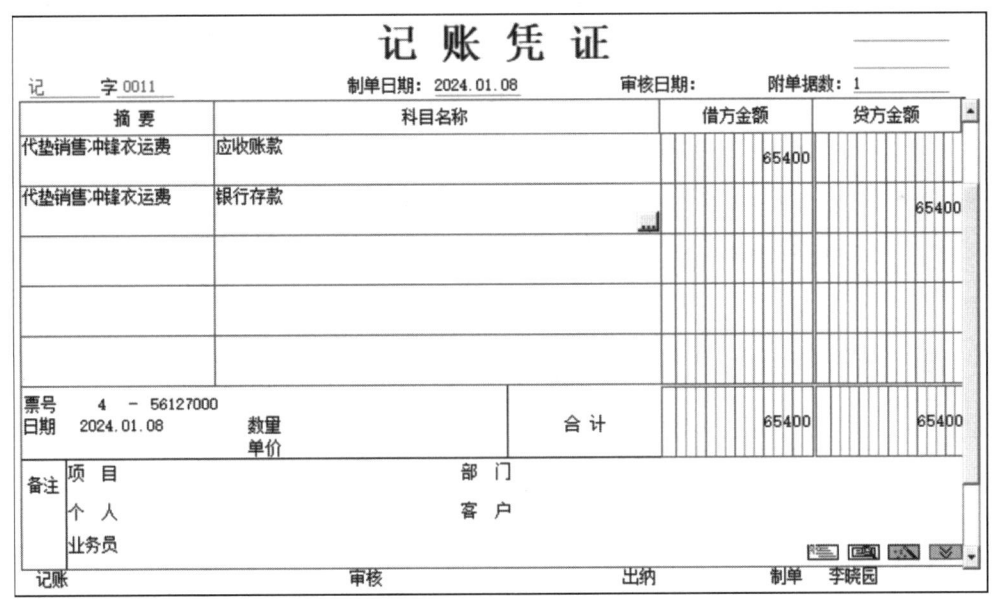

图 5-26 【记账凭证】窗口

(8) 点击【保存】按钮，系统提示"已生成"。

二、收款单据处理

收款单是企业收到客户交来的应收款、预收款、其他费用等款项时开具的收款单据。收款单据处理包括收款单录入、审核、与对应的应收单据核销。

1. 收款单录入

收款单录入是指对已交来应收款项的单据进行输入,由系统自动进行结算。在根据已收到应收款项的单据进行输入时,首先必须输入客户名称,在进行相应操作时,系统会自动显示相关客户的信息。其次必须输入结算科目、金额和相关部门、业务员等信息。

2. 收款单审核

收款单审核是指对收款单登记应收明细账,并在单据上填写审核日期、审核人的过程。系统提供3种审核方式:自动审批、批量审核、单张审核。收款单审核后才能进行后续处理,如制单、核销、预收冲应收、红票对冲等。

3. 单据核销

单据核销是指对往来已达账做删除处理的过程,表示本笔业务已经结清。即确定收款单与原始发票之间的对应关系后,进行机内自动冲销的过程。单据核销的作用是进行收回客商款项、核销该客商应收款的处理,建立收款与应收款的核销记录,监督应收款及时核销,加强往来款项的管理。明确核销关系后,可以进行精确的账龄分析,更好地管理应收账款。

【业务 5-6】 2024 年 1 月 9 日收到南京中连商场股份有限公司的货款(合同编号 XS0001)。相关业务单据如图 5-27 所示。

业务 5-6

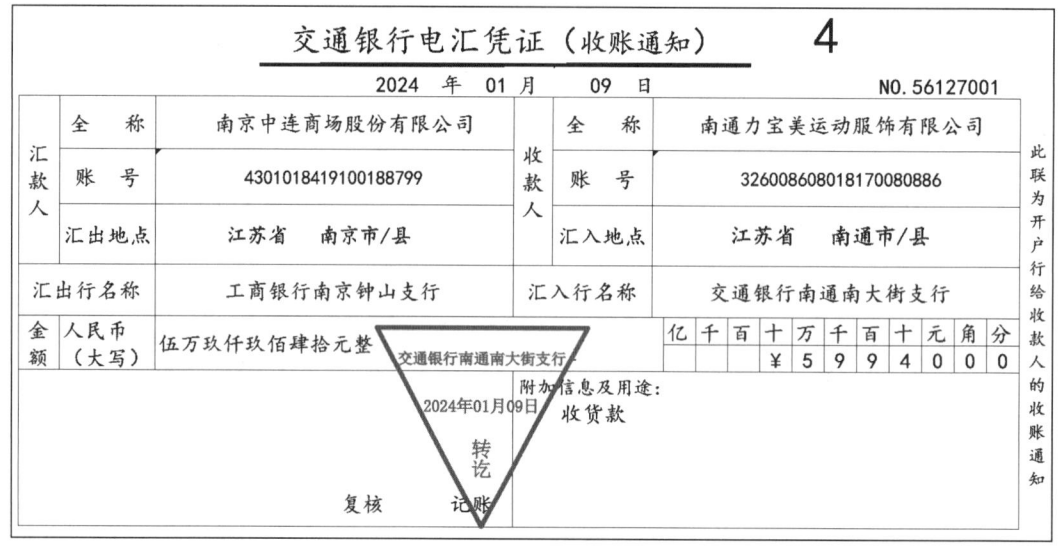

图 5-27 【业务 5-6】电汇收款凭证

操作步骤

1. 填制收款单

(1) 2024 年 1 月 9 日,以财务部"W03 王明涛"身份登录企业应用平台,执行【业务工作】|【财务会计】|【应收款管理】|【收款单据处理】|【收款单据录入】命令,打开【收款单】窗口。

(2) 点击【增加】按钮,录入电汇凭证的相关信息,在表体中款项类型选择"应收款",点击【保存】按钮,如图 5-28 所示。

图 5-28 【收款单】窗口

2. 收款单据审核

(1) 2024 年 1 月 9 日,以财务部"W02 李晓园"身份登录企业应用平台,执行【业务工作】|【财务会计】|【应收款管理】|【收款单据处理】|【收款单据审核】命令,打开【收款单据查询条件】窗口。

(2) 点击【确定】按钮,打开【收付款单列表】窗口,双击【选择】栏,如图 5-29 所示。

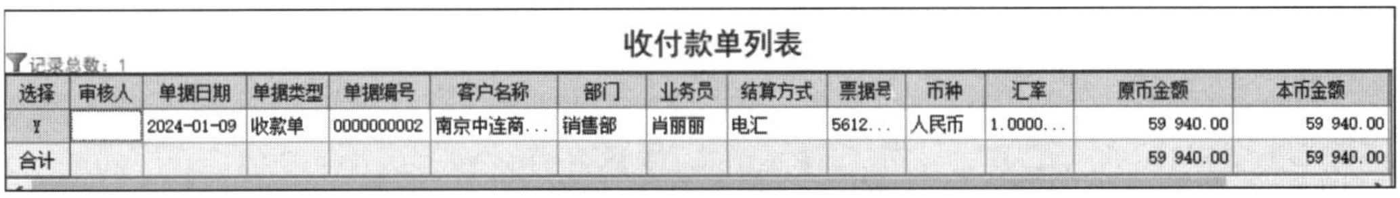

图 5-29 【收付款单列表】窗口

(3) 点击【审核】按钮,弹出"完成审核"提示窗口,点击【确定】按钮。

3. 核销

(1) 以"W02 李晓园"身份执行【核销处理】|【手工核销】命令,打开【核销条件】窗口,【客户】选择"003",如图 5-30 所示。

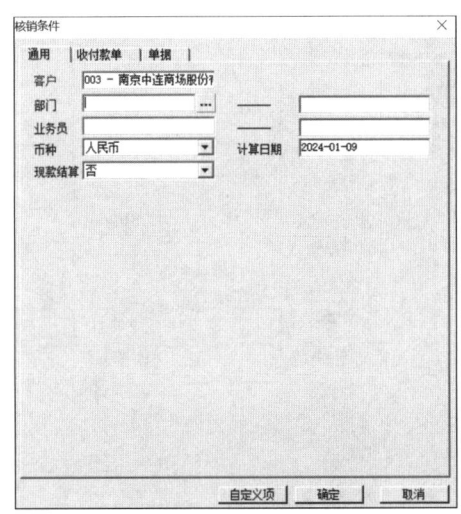

图 5-30 【核销条件】窗口

(2) 点击【确定】按钮,打开【单据核销】窗口,在下半部分【本次结算】输入"59 940.00",如图 5-31 所示,点击【保存】按钮。

单据日期	单据类型	单据编号	客户	款项类型	结算方式	币种	汇率	原币金额	原币余额	本次结算金额	订单号
2024-01-09	收款单	0000000002	南京中连	应收款	电汇	人民币	1.00000000	59 940.00	59 940.00	59 940.00	
合计									59 940.00	59 940.00	59 940.00

单据日期	单据类型	单据编号	到期日	客户	币种	原币金额	原币余额	可享受折扣	本次折扣	本次结算	订单号	凭证号
2024-01-07	销售专	05134669	2024-02-06	南京中连	人民币	61 020.00	61 020.00	1 220.40	1 080.00	59 940.00	XS0001	记-0009
合计						61 020.00	61 020.00	1 220.40	1 080.00	59 940.00		

图 5-31 【单据核销】窗口

> **提示:**
> ● 在保存核销内容后,【单据核销】窗口将不再显示已被核销的内容。
> ● 核销时,结算单列表中款项类型为应收款的记录默认本次结算金额为该记录上的原币金额;款项类型为预收款的记录默认的本次结算金额为空。核销时可以修改本次结算金额,但是不能大于该记录的原币金额。
> ● 一次只能对一种结算单类型进行核销,即手工核销的情况下需要将收款单和付款单分开核销。
> ● 手工核销保存时,若结算单列表的本次结算金额大于或小于被核销单据列表的本次结算金额合计,系统将提示结算金额不相等,不能保存。
> ● 如果核销后未进行其他处理,可以在期末处理中的【取消操作】功能中取消核销操作。

4. 制单

(1) 以"W02 李晓园"身份执行【制单处理】命令,打开【制单查询】窗口,勾选"收付款单制单"和"核销制单",如图 5-32 所示。

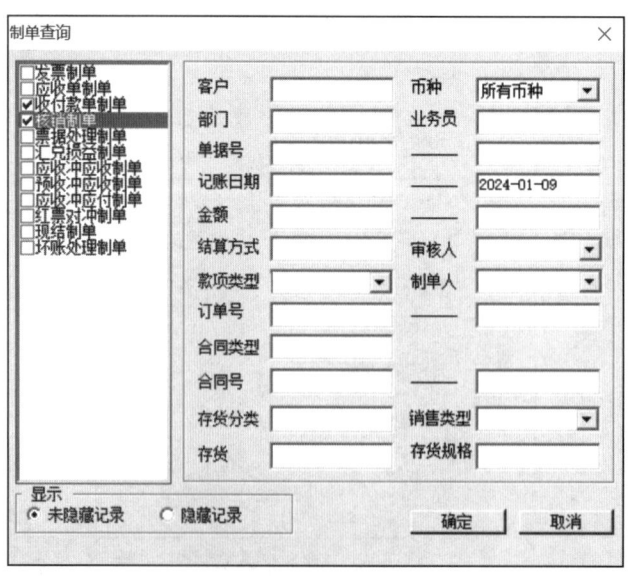

图 5-32 【制单查询】窗口

(2) 点击【确定】按钮,打开【应收制单】窗口,点击【合并】按钮,如图 5-33 所示。

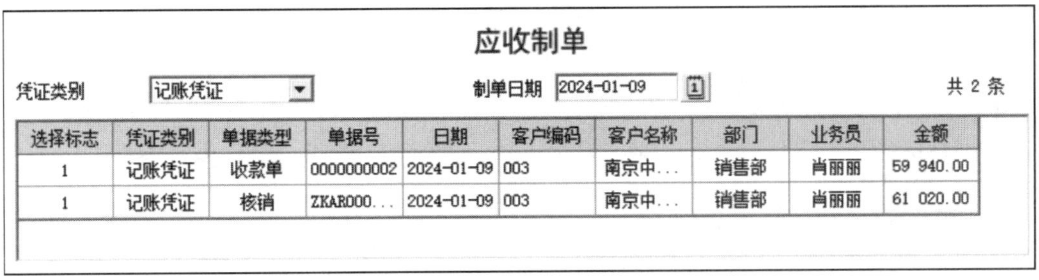

图 5-33 【应收制单】窗口

(3) 点击【制单】按钮,生成一张凭证,点击【保存】按钮,如图 5-34 所示。

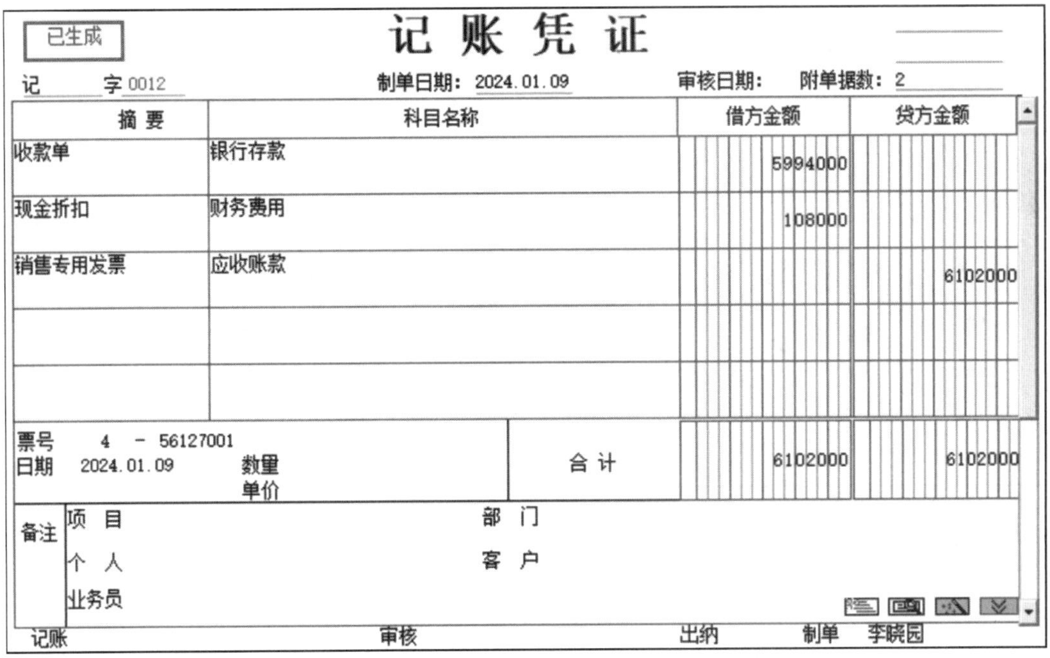

图 5-34 【记账凭证】窗口

【业务 5-7】 2024 年 1 月 9 日,销售部肖丽丽与南通四季青酒店管理有限公司签订销售合同。相关业务单据如图 5-35 和图 5-36 所示。

操作步骤

1. 填制收款单

(1) 2024 年 1 月 9 日,以财务部"W03 王明涛"身份登录企业应用平台,执行【业务工作】|【财务会计】|【应收款管理】|【收款单据处理】|【收款单据录入】命令,打开【收款单】窗口。

(2) 点击【增加】按钮,录入电汇凭证的相关信息,在表体中款项类型选择"预收款",点击【保存】按钮,如图 5-37 所示。

业务 5-7

购销合同

供货方：南通力宝美运动服饰有限公司　　　　　　　　　合 同 号：XS0003
购买方：南通四季青酒店管理有限公司　　　　　　　　　签订日期：2024年01月09日

　　为保护买卖双方的合法权益，买卖双方根据《中华人民共和国民法典》合同编的有关规定，经友好协商，一致同意签订本合同并共同遵守：

　　一、货物名称、数量及金额。

序号	货物名称	数量	单价（不含税）	金额（不含税）	税率	税额
1	长袖印花T恤	350	125.00	43 750.00	13%	5 687.50
2	短袖印花T恤	350	105.00	36 750.00	13%	4 777.50
合　　计				¥80 500.00		¥10 465.00

　　二、合同总金额：人民币玖万零玖佰陆拾伍整。
　　三、交货日期：2024年1月10日。
　　四、付款日期：合同签订之日由购买方向供货方支付订金人民币伍仟元整，尾款于2024年2月20日付清。
　　五、结算方式：电汇。
　　六、交货地点：南通市濠西路1号，南通四季青酒店管理有限公司。
　　七、发运方式：公路运输，运费由购买方承担。
　　八、本合同一式贰份，供需双方各执壹份。本合同自双方签字盖章后生效，至本合同全部条款执行完毕后失效。

供货方（盖章）：南通力宝美运动服饰有限公司　　　　购买方（盖章）：南通四季青酒店管理有限公司
地　　址：南通市崇川区×××路668号　　　　　　　　地　　址：南通市濠西路1号
授权代表：陈力宝　　　　　　　　　　　　　　　　　授权代表：李小海
联系电话：0513-85358899　　　　　　　　　　　　　联系电话：0513-95160209

图 5-35　【业务 5-7】购销合同

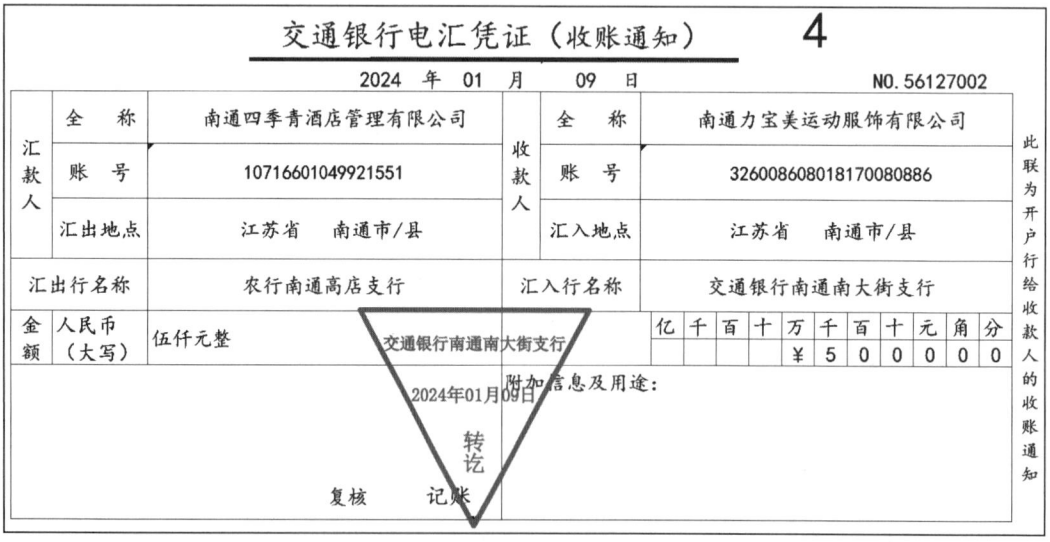

图 5-36　【业务 5-7】电汇收款凭证

项目五 应收款管理系统

图 5-37 【收款单】窗口

2．收款单据审核

(1) 2024 年 1 月 9 日,以财务部"W02 李晓园"身份登录企业应用平台,执行【业务工作】|【财务会计】|【应收款管理】|【收款单据处理】|【收款单据审核】命令,打开【收款单据查询条件】窗口。

(2) 点击【确定】按钮,打开【收付款单列表】窗口,双击【选择】栏,如图 5-38 所示。

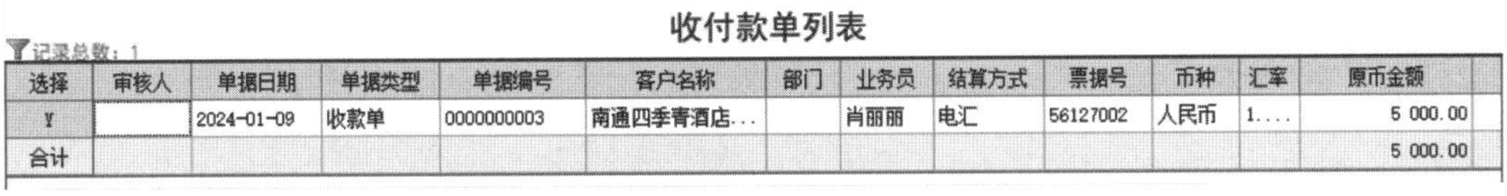

图 5-38 【收付款单列表】窗口

(3) 点击【审核】按钮,弹出"完成审核"提示窗口,点击【确定】按钮。

3．制单

(1) 以"W02 李晓园"身份执行【制单处理】命令,打开【制单查询】窗口,勾选"收付款单制单",如图 5-39 所示。

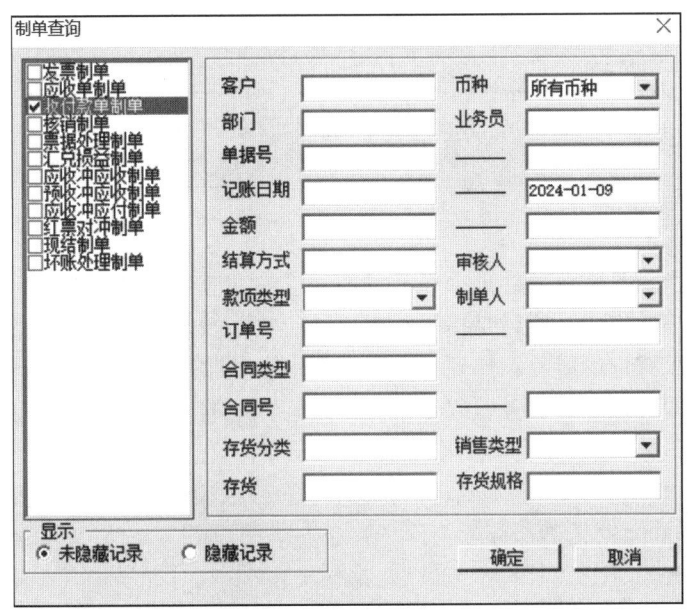

图 5-39 【制单查询】窗口

113

（2）点击【确定】按钮，打开【应收制单】窗口，点击【全选】按钮，如图5-40所示。

图5-40 【收付款单制单】窗口

（3）点击【制单】按钮，生成一张凭证，点击【保存】按钮，如图5-41所示。

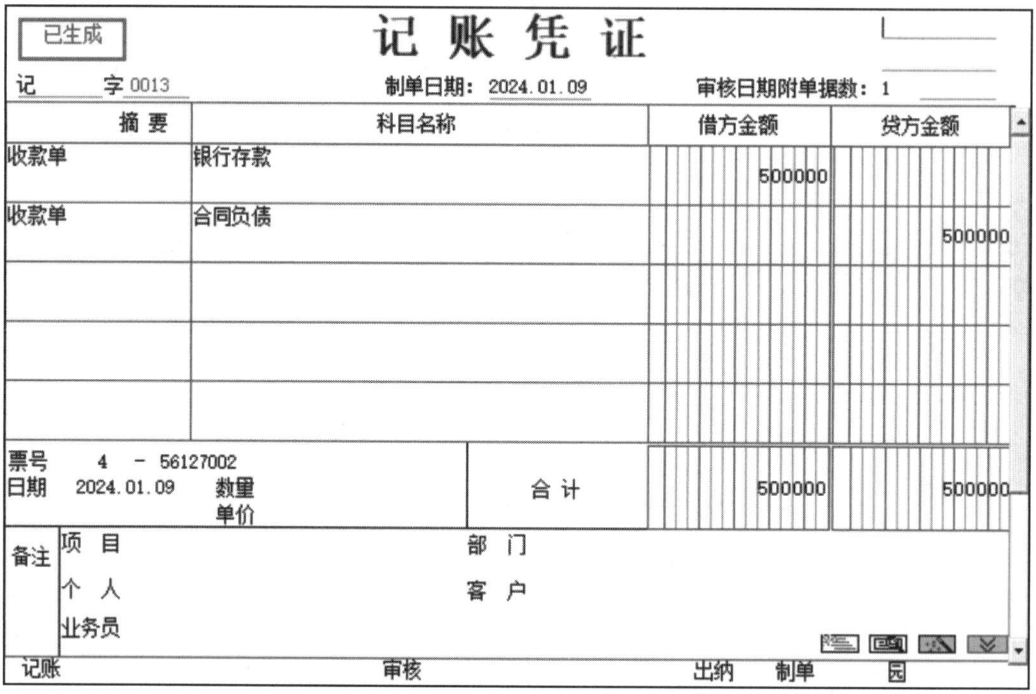

图5-41 【记账凭证】窗口

三、转账处理

转账处理是指在日常业务处理中经常发生的应收冲应付、应收冲应收、预收冲应收及红票对冲的业务处理。应收冲应付是指用某客户的应收账款冲抵某供应商的应付款项。应收冲应收是指将一家客户的应收款转到另一家客户中。预收冲应收是指处理客户的预收款和该客户应收欠款的转账核销业务。红票对冲是用某客户的红字应收单冲抵该客户的蓝字应收单。

【业务5-8】 2024年1月10日，向南通四季青酒店管理有限公司发出货物，将其1月9日的预收款5 000元冲抵其部分货款。相关业务单据如图5-42和图5-43所示。

业务5-8

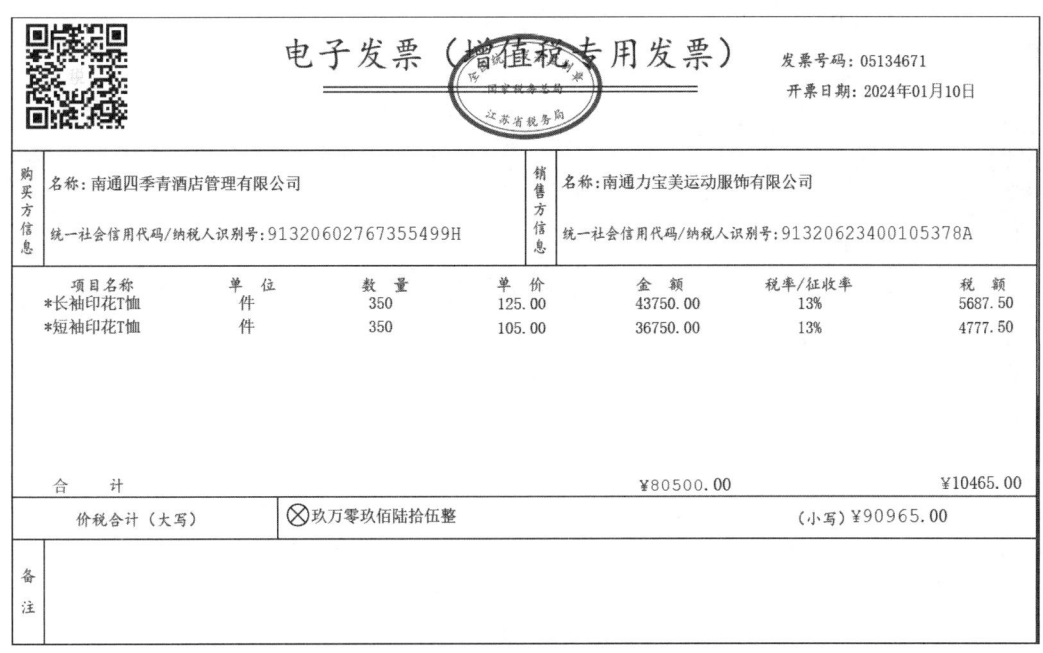

图 5-42 【业务 5-8】增值税专用发票

图 5-43 【业务 5-8】出库单

操作步骤

1. 录入销售专用发票

(1) 以"W02 李晓园"身份在应收款管理系统中,执行【应收单据处理】|【应收单据录入】命令,打开【单据类别】窗口。

(2)【单据名称】选择【销售发票】,【单据类型】选择"销售专用发票",【方向】选择"正向",点击【确定】按钮,打开【销售专用发票】窗口。

(3) 点击【增加】按钮,录入发票号"05134671",修改开票日期为"2024-01-10",点击【客户简称】栏的【参照】按钮,选择"南通四季青",【税率】录入"13"。点击【存货编码】的【参照】按钮,分别选择"长袖印花 T 恤""短袖印花 T 恤",【数量】均录入"350",【无税单价】分别录入"125"和"105",如图 5-44 所示。

115

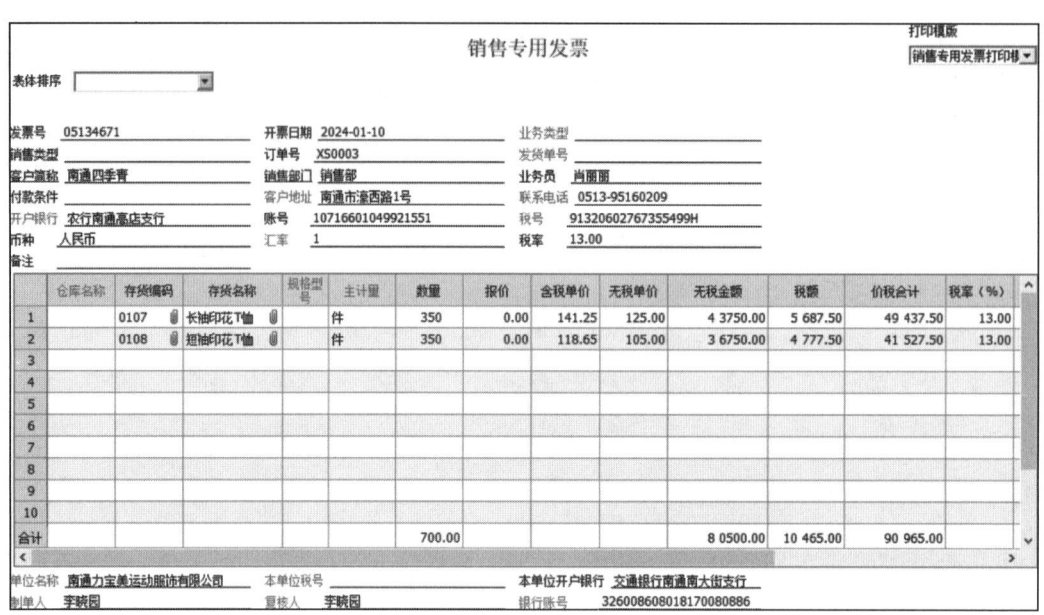

图 5-44 【销售专用发票】窗口

(4) 点击【保存】按钮。

(5) 点击【审核】按钮,系统弹出"是否立即制单?"提示框。

(6) 点击【是】按钮,系统弹出【填制凭证】窗口。

(7) 点击【保存】按钮,系统提示"已生成",如图 5-45 所示。

图 5-45 【记账凭证】窗口

2. 预收冲应收

(1) 以"W02 李晓园"身份执行【应收款管理】|【转账】|【预收冲应收】命令,打开【预收冲应收】窗口,点击【预收款】,【客户】选择"004",点击【过滤】按钮,第二行【转账金额】输入"5 000.00",如图 5-46 所示。

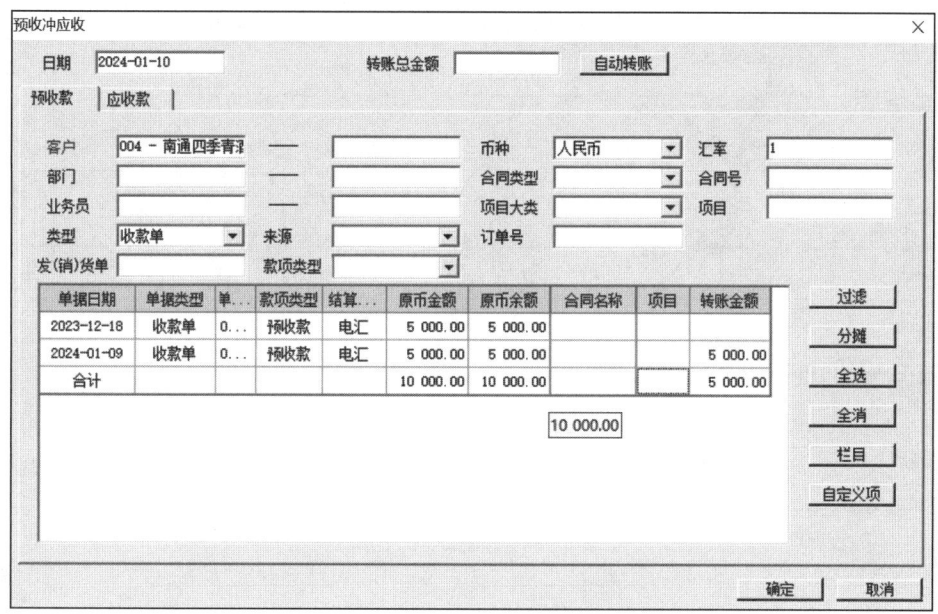

图 5-46 【预收冲应收】窗口

(2) 点击【应收款】,【客户】选择"004",点击【过滤】按钮,【转账金额】输入"5 000.00",如图 5-47 所示。

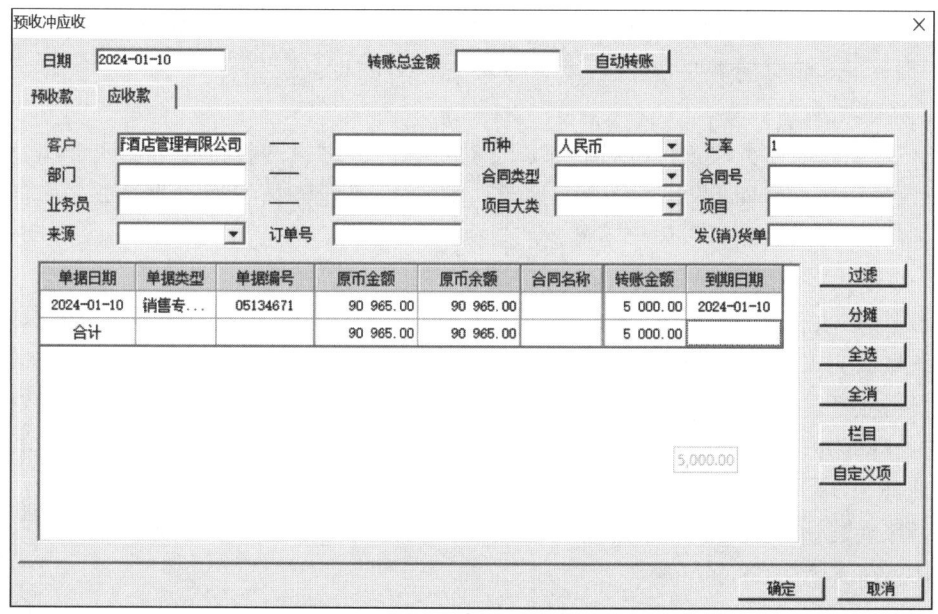

图 5-47 【预收冲应收】窗口

(3) 点击【确定】按钮，系统弹出"是否立即制单"提示框，点击【是】按钮，生成一张记账凭证，点击【保存】按钮，如图5-48所示。

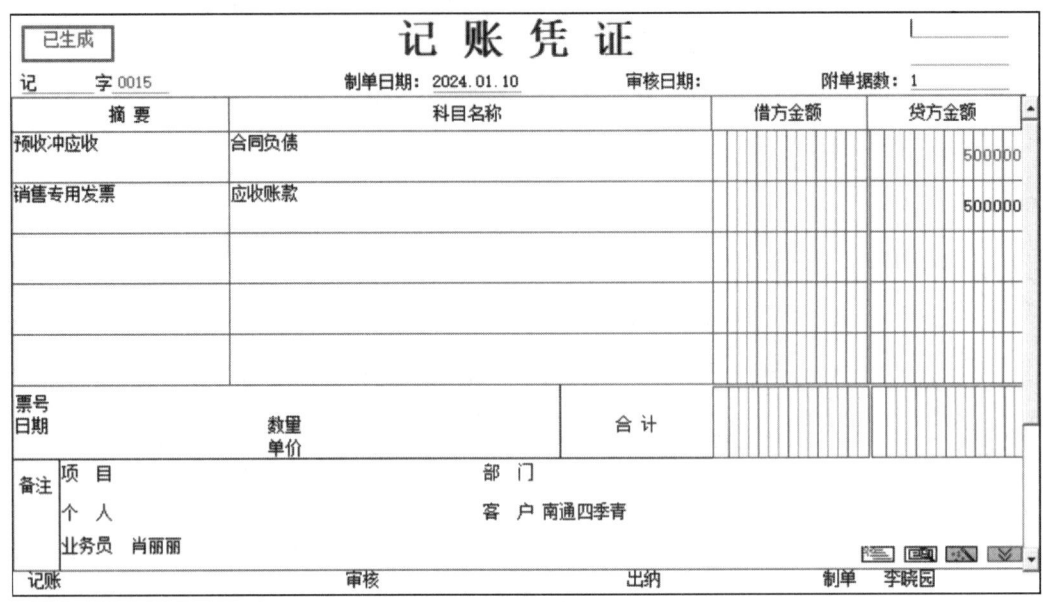

图5-48 【记账凭证】窗口

四、坏账处理

坏账是指购货方因某种原因不能付款，造成货款不能收回的情况。坏账处理就是对坏账采取的措施，主要包括计提坏账准备、坏账发生、坏账收回等。

1. 计提坏账准备

计提坏账准备的方法主要有应收余额百分比法、销售收入百分比法、账龄分析法。企业可以根据管理和核算的需要，在应收款管理系统参数中选择。

2. 坏账发生

发生坏账损失业务时，一般需输入以下内容：客户名称、日期（指发生坏账日期、该日期应大于已经记账的日期，小于当前业务日期）、业务员（指业务员编号或业务员名称）以及部门（指部门编号或部门名称，如果不输入部门，表示选择所有的部门）等。

3. 坏账收回

处理坏账收回业务时，一般需输入以下内容：客户名称、收回坏账日期（如果不输入日期，系统默认为当前系统日期。输入的日期应大于已经记账的日期，小于当前业务日期）、收回的金额、业务员编号或业务员名称、选择所需要的币种、结算单号（系统将调出该客户所有未经过处理的并且金额等于收回金额的收款单，可选择该次收回业务所形成的收款单）。

【业务5-9】 1月11日，经确认，南京飞鹤国际购物中心所欠的654元代垫运费无法收回，作坏账处理。

🖱️ 操作步骤

(1) 以"W02 李晓园"身份在应收款管理系统中，执行【坏账处理】|【坏账发生】命令，打

开【坏账发生】窗口。

(2)【客户】选择"002",如图 5-49 所示。

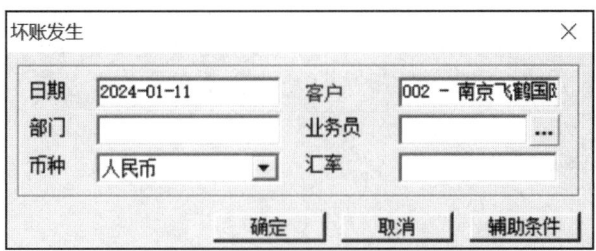

图 5-49 【坏账发生】窗口

(3) 点击【确定】按钮,打开【发生坏账损失】窗口。

(4) 在【本次发生坏账金额】栏第二行输入"654",如图 5-50 所示。

坏账发生单据明细

单据类型	单据编号	单据日期	合同号	合同...	到期日	余 额	部 门	业务员	本次发生坏账金额
销售专用发票	05134670	2024-01-08			2024-01-08	280 240.00	销售部	肖丽丽	
其他应收单	0000000001	2024-01-08			2024-01-08	654.00		肖丽丽	654
合 计						280 894.00			654.00

图 5-50 【坏账发生单据明细】窗口

(5) 点击【OK】确认按钮,系统弹出"是否立即制单"提示框,点击【是】按钮,生成发生坏账的记账凭证,如图 5-51 所示,点击【保存】按钮。

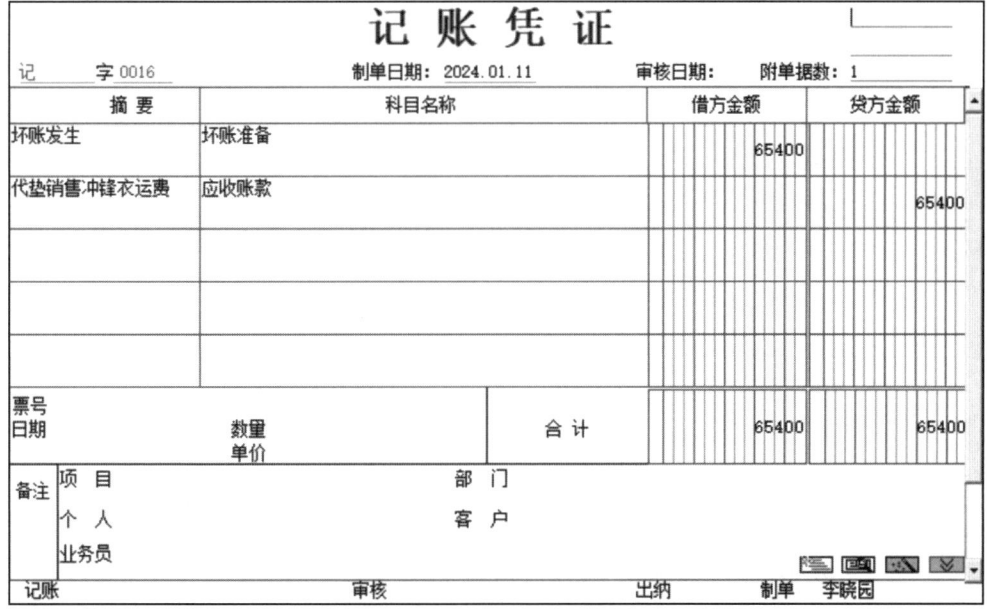

图 5-51 【坏账发生记账凭证】窗口

业务5-10

【业务5-10】 1月12日,收到南京飞鹤国际购物中心通过网银支付的款项654元,系已做坏账处理的代垫运费。

1. 填制收款单

(1) 2024年1月12日,以财务部"W03王明涛"身份登录企业应用平台,执行【业务工作】|【财务会计】|【应收款管理】|【收款单据处理】|【收款单据录入】命令,打开【收款单】窗口。

(2) 点击【增加】按钮,录入收款金额"654",在表体中款项类型选择"应收款",点击【保存】按钮,如图5-52所示。

图5-52 【收款单】窗口

2. 收回坏账并制单

(1) 以"W02李晓园"身份在应收款管理系统中,执行【坏账处理】|【坏账收回】命令,打开【坏账收回】窗口。

(2)【客户】录入"002",【结算单号】选择"0000000004",如图5-53所示。

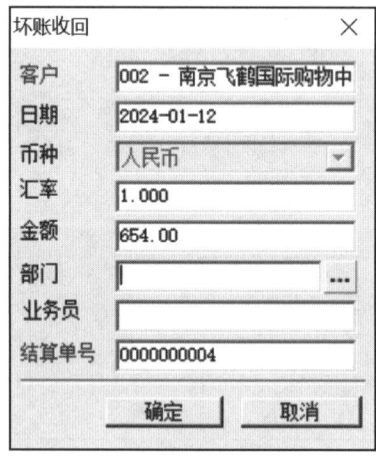

图5-53 【坏账收回】窗口

(3) 点击【确定】按钮,系统弹出"是否立即制单"提示框,点击【是】按钮,生成记账凭证,点击【保存】按钮,如图5-54所示。

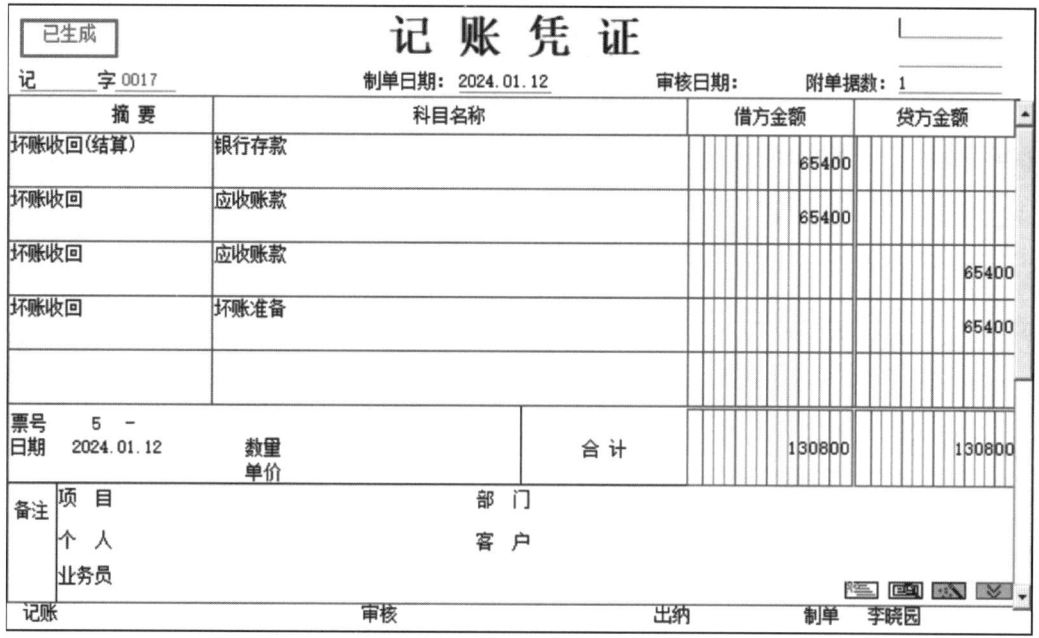

图 5-54 【坏账收回记账凭证】窗口

> **提示：**
> ⊙ "坏账收回"窗口中的"结算单号"是坏账收回时录入的收款单号，该收款单录入后，不作审核，才能在"坏账收回"中，通过选择"结算单号"查询到该收款单，进行坏账确认。如果进行了审核，系统则把该收款单当作普通收款单处理，在"坏账收回"中将无法选择"结算单号"，不能进行坏账确认。

【业务 5-11】 1 月 12 日（视同月末），计提坏账准备。

👆 操作步骤

（1）以"W02 李晓园"身份在应收款管理系统中，执行【坏账处理】|【计提坏账准备】命令，打开【应收账款百分比法】窗口，如图 5-55 所示。

业务 5-11

应收账款…	计提比率	坏账准备	坏账准备余额	本次计提
379 285.00	0.500%	1 896.42	1 400.00	496.42

图 5-55 【应收账款百分比法】窗口

（2）点击【OK】确认按钮，系统弹出"是否立即制单"提示框，点击【是】按钮，生成坏账准备的记账凭证，点击【保存】按钮，如图 5-56 所示。

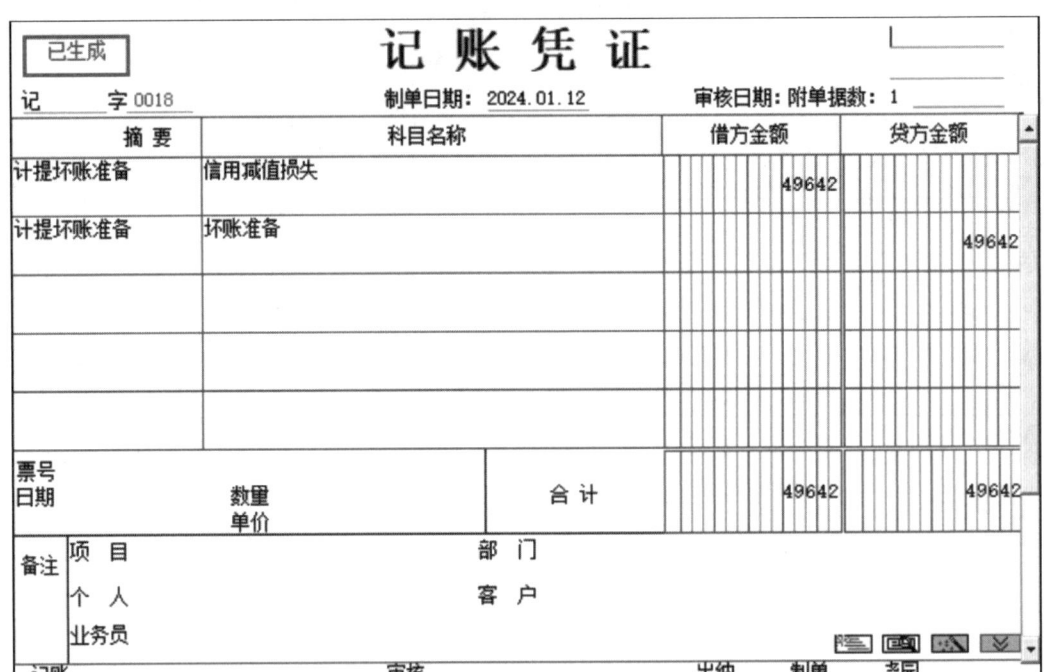

图 5-56 【计提坏账准备记账凭证】窗口

任务四 应收款系统期末处理

一、月末结账

月末结账是在本期业务全部处理完成后,系统对本期信息数据进行汇总计算,余额转入下期,以结束本期业务操作,开始下期业务处理的过程。月末结账后,本月不能再进行单据、票据、转账等任何业务的增加、删除、修改等处理。如果用户发现该月还有未完成的业务或月末结账有错误,可以取消月末结账。但取消结账操作只有在该月总账系统未结账时才能进行。

【业务5-12】 完成1月份应收款系统的结账。

操作步骤

(1)以"W02 李晓园"身份在应收款管理系统中,执行【期末处理】|【月末结账】命令,打开【月末处理】窗口。

(2)双击1月份的【结账标志】栏,如图5-57所示。

(3)点击【下一步】按钮,打开【月末处理—处理情况】窗口,如图5-58所示。

(4)点击【完成】按钮,系统弹出"1月份结账成功"提示框,如图5-59所示。

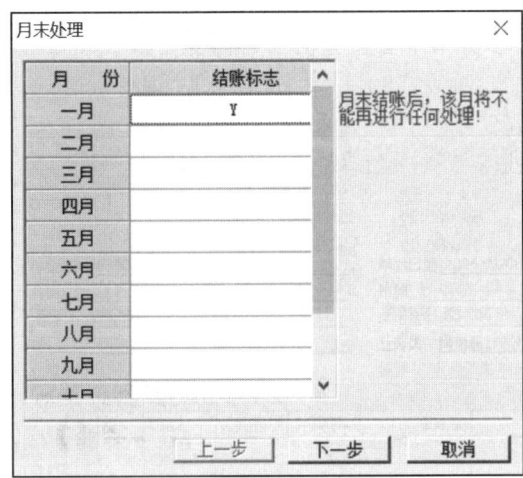

图 5-57 【月末处理】窗口

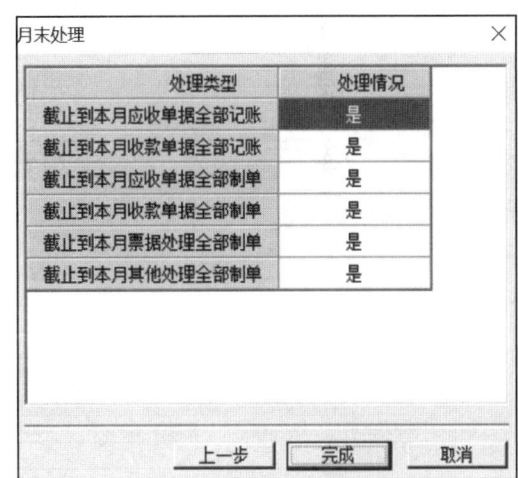

图 5-58 【月末处理—处理情况】窗口

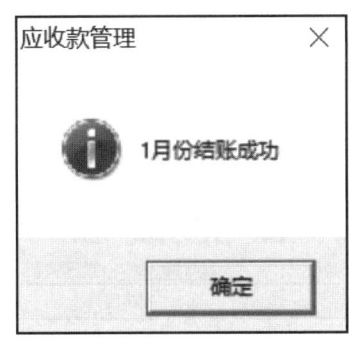

图 5-59 【1月份结账成功】提示框

(5) 将账套输出至【E:\100 账套备份\项目五】文件夹。

二、统计分析

对应收业务账表的统计分析,有利于及时了解应收账款的分布、资金占用状态,适时采取对应措施,加快资金回收,提高应收账款的管理效率。业务账表统计分析主要包括应收账龄分析、收款账龄分析、欠款分析、收款预测。

在统计分析功能中,可以按定义的账龄区间,进行一定期间内应收账龄分析、收款账龄分析、往来账龄分析,了解各个客户应收款周转天数、周转率,了解各个账龄区间内应收款、收款及往来情况,及时发现问题,加强对往来款项动态的监督管理。

【业务 5-13】 进行 1 月份应收账款欠款分析。

操作步骤

(1) 以"W02 李晓园"身份在应收款管理系统中,执行【账表管理】|【统计分析】|【欠款分析】命令,打开【欠款分析】窗口。

(2) 点击【确定】按钮,打开【欠款分析】窗口,如图 5-60 所示。

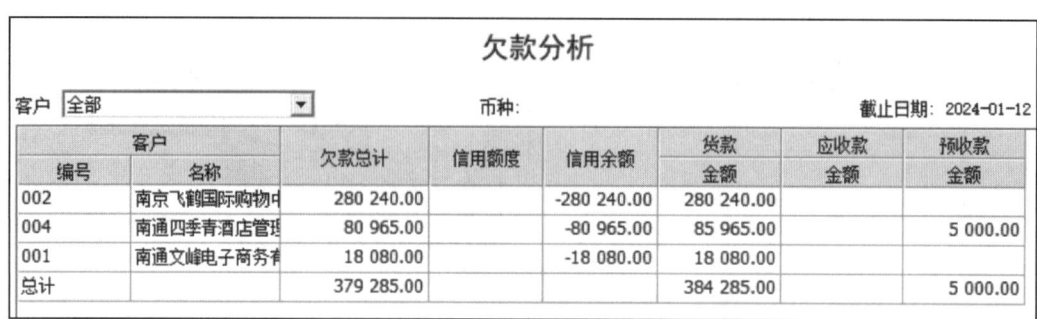

图 5-60 【欠款分析】窗口

三、单据及账表查询

单据查询主要包括对销售发票、应收单和收款单等原始单据的查询和凭证查询。账表查询可以进行业务总账、业务明细账、业务余额表和对账单的查询,并实现总账、明细账、单据之间的联查。

通过业务账表查询可以查看客户、部门、业务员等在一定期间所发生的应收款、收款以及余额情况。

【业务 5-14】 查询 1 月份应收业务余额表。

👆 操作步骤

(1) 以"W02 李晓园"身份在应收款管理系统中,执行【账表管理】|【业务账表】|【业务余额表】命令,打开【查询条件选择-应收余额表】窗口。

(2) 点击【确定】按钮,打开【应收余额表】窗口,如图 5-61 所示。

客户编码	客户名称	期初	本期应收	本期收回	余额	周转率	周转天数
		本币	本币	本币	本币	本币	本币
001	南通文峰电子商务…	18 080.00	0	0	18 080.00	0	0
(小计)…		18 080.00	0	0	18 080.00		
002	南京飞鹤国际购物…	0	281 548.00	1 308.00	280 240.00	2.01	14.93
(小计)…		0	281 548.00	1 308.00	280 240.00		
003	南京中连商场股份…	0	61 020.00	61 020.00	0	0	0
(小计)…		0	61 020.00	61 020.00	0		
004	南通四季青酒店管…	-5 000.00	90 965.00	5 000.00	80 965.00	2.39	12.55
(小计)…		-5 000.00	90 965.00	5 000.00	80 965.00		
总计		13 080.00	433 533.00	67 328.00	379 285.00		

图 5-61 【应收余额表】窗口

思政园地

中国税费优惠政策
提振民营企业信心

业财一体信息化应用职业技能等级要求(初级)

工作领域	工作任务	职业技能要求	
2. 业财一体信息化平台期初数据录入	2.1 财务期初数据录入	2.1.4	能够依据整理完毕的应收款、应付款期初余额表,在信息化平台上准确地录入企业应收账款、预收账款、应收应付票据等期初金额及明细信息
	2.3 业财期初数据核对	2.3.1	能够在信息化平台上熟练核对应收、收款期初余额与总账对应的科目余额,并能修正错误以确保账账相符
3. 业财一体信息化平台典型财务处理	3.2 典型应收应付业务处理	3.2.3	能够依据企业销售业务流程,在信息化平台上熟练、准确地查找销售发票并完成审核,生成应收类凭证
		3.2.4	能够根据《企业会计准则》,依据销售部门需求,在信息化平台应收管理模块中熟练、准确地填制收款单,并能进行正确核销,生成收款类凭证

项目六 应付款管理系统

知识目标

1. 理解应付款管理系统初始设置的作用。
2. 掌握应付款管理系统实施流程。

技能目标

1. 能够正确进行应付款管理系统初始设置。
2. 能够熟练填写应付款管理系统的各类单据并制单。

素养目标

1. 培养学生严肃认真、严谨细致的工作作风。
2. 培养学生分工协作、团队合作的精神。

任务一 应付款管理系统认知

应付款管理系统主要实现企业与供应商之间业务往来账款的核算与管理。应付款管理系统以采购发票、其他应付单等原始单据为依据,记录采购业务及其他业务所形成的往来款项,处理应付款项的支付、核销等情况,提供票据处理的功能,实现对应付款的管理。

1. 初始化设置

系统初始化设置包括系统参数设置、基础信息设置和期初数据录入。

2. 日常处理

日常处理是对应付款项业务的处理工作,主要包括应付单据处理、付款单据处理、票据管理、转账处理等内容。

(1) 应付单据处理。应付单据包括采购发票和其他应付单,是确认应付账款的主要依据。应付单据处理主要包括应付单据录入和应付单据审核。

(2) 付款单据处理。付款单据主要指付款单。付款单据处理包括付款单据的录入、审核和核销。单据核销的主要作用是解决在支付供应商的付款项后,对该供应商应付款的核销处理,建立付款与应付款的核销记录。

(3) 票据管理。票据管理主要是对银行承兑汇票和商业承兑汇票进行管理。票据管理可以提供票据登记簿,记录票据的利息、贴现、背书、结算和转出等信息。

(4) 转账处理。转账处理是指日常业务处理中经常发生的应付冲应收、应付冲应付、预付冲应付以及红票对冲的业务处理。

3. 信息查询和系统分析

信息查询和系统分析是指用户对信息的查询以及在各种查询结果的基础上所进行的各项分析。信息查询包括单据查询、凭证查询以及账款查询等。统计分析包括欠款分析、账龄分析、综合分析以及付款预测分析等。信息查询有助于用户及时发现问题,加强对往来款项动态的监督管理。

4. 期末处理

期末处理是指用户在月末进行的结算汇兑损益以及月末结账工作。如果企业有外币往来,在月末需要计算外币单据的汇兑损益并对其进行相应的处理。如果当月业务已全部处理完毕,就需要执行月末结账处理;只有月末结账后,才可以开始下月工作。月末处理主要包括汇兑损益和月末结账。

任务二 应付款管理系统初始设置

一、应付款管理系统选项设置

不同企业对应付款项的管理和核算方法存在差异,在运行应付款管理系统前,应先设置运行所需要的账套参数,以便系统根据所设定的参数进行相应的处理。

【业务6-1】 设置应付款管理系统单据审核日期依据单据日期;自动计算现金折扣;受控科目制单方式明细到单据;采购科目依据为按存货。

👆 操作步骤

(1) 以账套主管"A01 刘慧清"身份进入企业应用平台,执行【财务会计】|【应付款管理】|【设置】|【选项】命令,打开【账套参数设置】窗口,点击【编辑】按钮。

业务6-1

(2) 点击【常规】选项卡,点击【单据审核日期依据】栏目的下拉三角按钮选择"单据日期";勾选【自动计算现金折扣】复选框,如图6-1所示。

(3) 点击【凭证】选项卡,点击【受控科目制单方式】栏目的下拉三角按钮选择"明细到单据",【采购科目依据】选择"按存货",如图6-2所示,点击【确定】按钮完成设置。

二、应付款管理系统科目设置

初始设置是将手工核算的相关内容和规则录入应付款管理系统,以便在系统中按照企业需要进行应付款业务的处理。凭证科目设置是指依据用户定义的科目,依据不同的业务类型,生成凭证时将业务对应的会计科目自动带出。

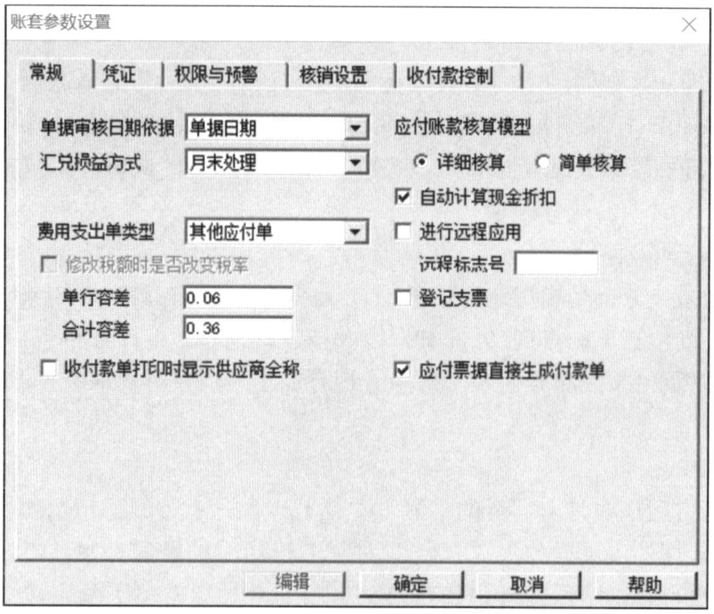

图 6-1 【常规】选项卡

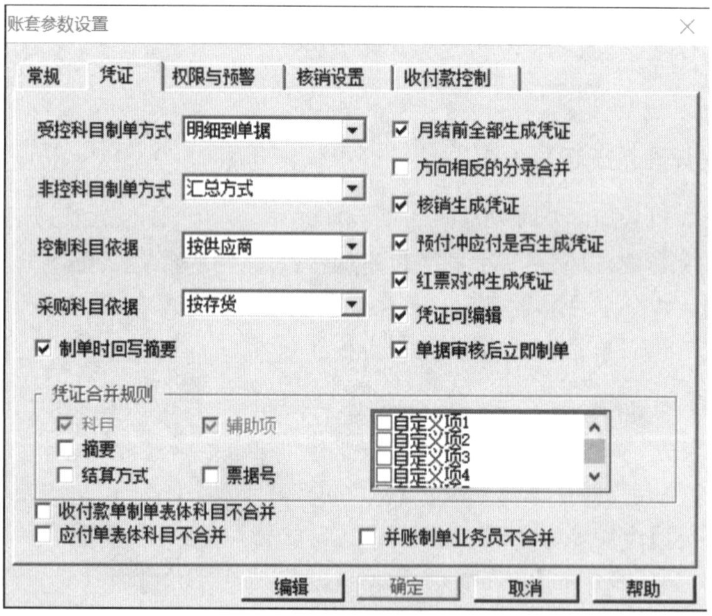

图 6-2 【凭证】选项卡

业务 6-2

【业务 6-2】 对应付款管理系统进行科目设置。

(1) 基本科目设置:应付科目为"220201",预付科目为"1123",税金科目为"22210101",现金折扣科目为"6603"。

(2) 控制科目设置:应付科目为"220201",预付科目为"1123"。

(3) 产品科目设置：采购科目为存货对应的库存商品科目，采购税金科目为"22210101"。

(4) 结算方式科目设置：现金对应"1001"，现金支票、转账支票、电汇、其他均对应"1002"。

👆 操作步骤

1. 基本科目设置

执行【财务会计】|【应付款管理】|【设置】|【初始设置】命令，打开【初始设置】窗口。点击【设置科目】|【基本科目设置】|【增加】，根据要求完成基本科目设置，如图6-3所示。

基础科目种类	科目	币种
应付科目	220201	人民币
预付科目	1123	人民币
税金科目	22210101	人民币
现金折扣科目	6603	人民币

图6-3 【基本科目设置】窗口

2. 控制科目设置

执行【财务会计】|【应付款管理】|【设置】|【初始设置】命令，打开【初始设置】窗口。点击【设置科目】|【控制科目设置】，根据要求完成控制科目设置，如图6-4所示。

供应商编码	供应商简称	应付科目	预付科目
001	上海天宁	220201	1123
002	上海奥悦	220201	1123
003	南通特伦布	220201	1123
004	南通安力	220201	1123
005	东林物流	220201	1123

图6-4 【控制科目设置】窗口

3. 产品科目设置

执行【财务会计】|【应付款管理】|【设置】|【初始设置】命令，打开【初始设置】窗口。点击【设置科目】|【产品科目设置】，根据要求完成产品科目设置，如图6-5所示。

4. 结算方式科目设置

执行【财务会计】|【应付款管理】|【设置】|【初始设置】命令，打开【初始设置】窗口。点击

图 6-5 【产品科目设置】窗口

【设置科目】|【结算方式科目设置】,根据要求完成结算方式科目设置,如图6-6所示。

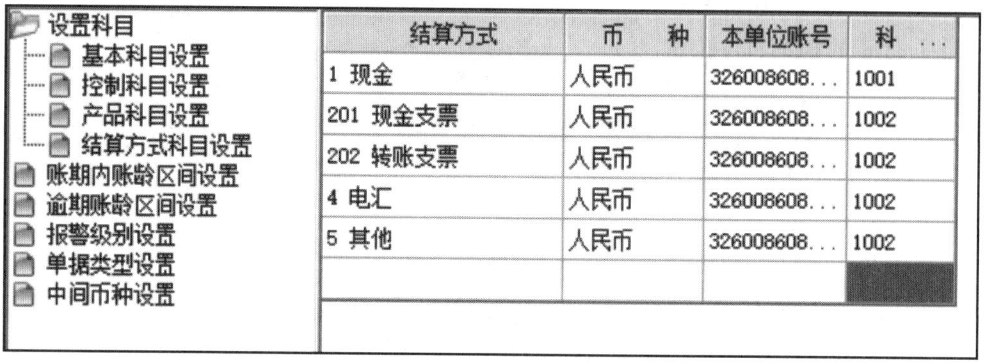

图 6-6 【结算方式科目设置】窗口

三、应付款管理系统期初余额录入

在启用应付系统之前,将账套启用会计期间以前的未处理完的应付、付款、预付单据录入到系统中,系统对其可进行后续处理。录入完成后,应进行期初对账工作,查看应付款管理系统与总账系统的期初余额是否平衡,如果不平衡,需检查录入是否有误,修改错误达到平衡方可。

【业务 6-3】 录入应付款管理系统的期初余额,如表 6-1 和表 6-2 所示。

业务 6-3

表 6-1 应付账款——一般应付款(220201)期初余额

日期	供应商名称	摘要	方向	余额
2023-12-20	南通特伦布户外用品有限公司	杨智采购短袖印花T恤200件,不含税单价52元/件,票号41102598	贷	11 752.00

表 6-2 预付账款(1123)期初余额

日期	供应商名称	摘要	方向	余额
2023-12-10	上海奥悦体育用品有限公司	采购女士春秋户外冲锋衣,电汇,票号43155646	借	8 000.00

👆 **操作步骤**

(1) 执行【财务会计】|【应付款管理】|【设置】|【期初余额】命令,打开【期初余额—查询】窗口。点击【确定】按钮,打开【期初余额明细表】,点击【增加】按钮,打开【单据类别】窗口,【单据名称】选择"采购发票",【单据类型】选择"采购专用发票",【方向】选择"正向",如图6-7所示。

(2) 点击【确定】按钮,打开【采购专用发票】窗口,点击【增加】按钮,录入表6-1的信息,单击【保存】按钮,如图6-8所示。

图 6-7 【单击类别】窗口

图 6-8 【期初采购专用发票】窗口

(3) 单击【增加】按钮,打开【单据类别】窗口。【单据名称】选择"预付款",【单据类型】选择"付款单",【方向】选择"正向",如图6-9所示。

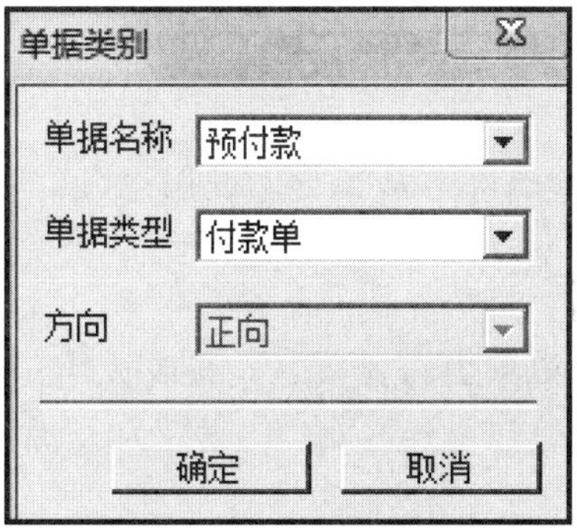

图 6-9 【单据类别】窗口

(4) 点击【确定】按钮,打开【期初付款单录入】窗口。点击【增加】按钮,录入表 6-2 的信息,单击【保存】按钮,如图 6-10 所示。

付款单

打印模版 应付付款单打印模

表体排序

单据编号 0000000001 日期 2023-12-10 供应商 上海贵悦
结算方式 电汇 结算科目 1002 币种 人民币
汇率 1 金额 8 000.00 本币金额 8 000.00
供应商银行 中国银行上海蒙自路支行 供应商账号 43385922045645 票据号 43155646
部门 采购部 业务员 戚诚 项目
摘要

	款项类型	供应商	科目	金额	本币金额	部门	业务员
1	预付款	上海贵悦	1123	8 000.00	8 000.00	采购部	戚诚
2							
3							
4							
5							
6							
7							

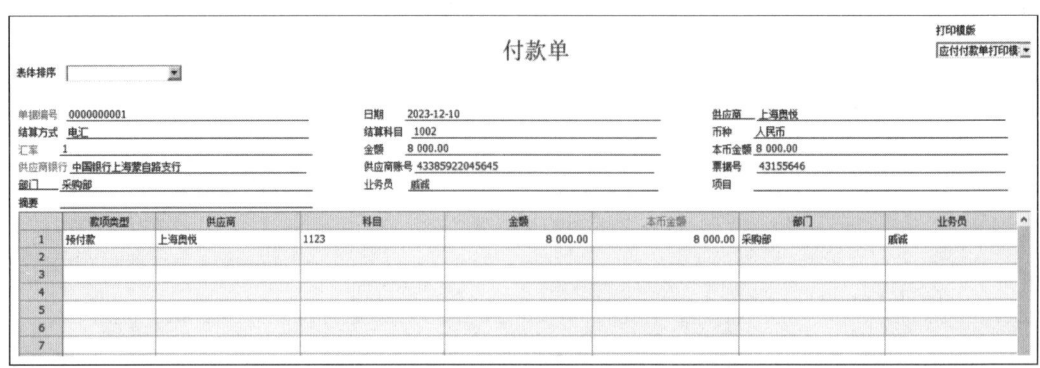

图 6-10 【期初付款单】窗口

(5) 在【期初余额明细表】窗口中,单击【对账】按钮,打开【期初对账】窗口,如图 6-11 所示。

科目		应付期初		总账期初		差额	
编号	名称	原币	本币	原币	本币	原币	本币
1123	预付账款	-8 000.00	-8 000.00	-8 000.00	-8 000.00	0	0
220201	一般应付款	11 752.00	11 752.00	11 752.00	11 752.00	0	0
	合计		3 752.00		3 752.00		0

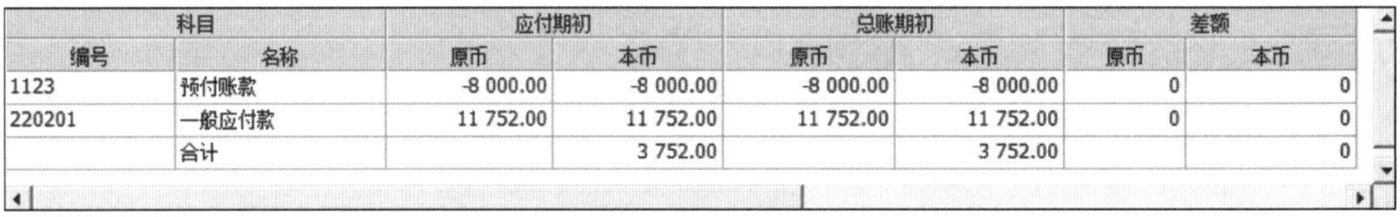

图 6-11 【期初对账】窗口

提示:

⊙ 应付单记录采购业务之外的应付款情况。在本功能中,可以将应付单划分为不同的类型,以区分应付货款之外的其他应付款。

任务三　应付款管理系统日常业务处理

一、应付单据处理

应付单据包括因采购业务而开具的各种发票和非采购业务涉及的其他应付单,它们是应付业务的起点,是应付款管理系统日常核算的原始单据。应付单据处理包括应付单据录入、单据审核和制单处理。

1. 单据录入

单据录入是对未付款项的单据进行录入。录入时先用代码输入供应商名称,与供应商相关的内容由系统自动显示;然后进行货物名称、数量和金额等内容的输入。

2. 单据审核

单据审核是单据保存后对单据的正确性进一步审核确认。单据输入后必须经过审核才能参与结算。审核人和制单人可以是同一个人。单据被审核后,将从单据处理功能中消失。但可以通过"单据查询"功能查看。

3. 单据制单

单据制单是根据发生的各项应付款业务的原始单据,进行记账凭证生成的过程。在应付款管理系统中生成的凭证将由系统自动传送到账务处理子系统中,并由有关人员进行审核和记账等账务处理工作。

【业务6-4】 2024年1月12日,采购部戚诚与上海奥悦体育用品有限公司签订采购合同。取得相关业务单据如图6-12至图6-14所示。

业务6-4

购销合同

供货方：上海奥悦体育用品有限公司　　　　　　　　　　　合同号：CG0001
购买方：南通力宝美运动服饰有限公司　　　　　　　　　　签订日期：2024年01月12日

为保护买卖双方的合法权益,买卖双方根据《中华人民共和国民法典》合同编的有关规定,经友好协商,一致同意签订本合同并共同遵守：

一、货物名称、数量及金额。

序号	货物名称	数量	单价 (不含税)	金额 (不含税)	税率	税额
1	春秋款女士运动服	300	130.00	39 000.00	13%	5 070.00
2	春秋款男士运动服	300	140.00	42 000.00	13%	5 460.00
	合　计			¥81 000.00		¥10 530.00

二、合同总金额：人民币玖万壹仟伍佰叁拾元整。
三、付款时间：2024年01月13日。
四、结算方式：电汇。
五、交货日期：2024年01月12日。
六、交货地点：上海市长宁区昭化路66号,上海奥悦体育用品有限公司。
七、发运方式：公路运输,运费由销售方承担。
八、本合同一式贰份,供需双方各执壹份。本合同自双方签字盖章后生效,至本合同全部条款执行完毕后失效。

供货方（盖章）：上海奥悦体育用品有限公司　　　购买方（盖章）：南通力宝美运动服饰有限公司
地　　址：上海市长宁区昭化路66号　　　　　　 地　　址：南通市崇川区二香路6号
授权代表：李道平　　　　　　　　　　　　　　　授权代表：陈力宝
联系电话：021-93231314　　　　　　　　　　 　联系电话：0513-85358899

图6-12 【业务6-4】购销合同

操作步骤

(1) 以"W02 李晓园"身份在应付款管理系统中,执行【应付单据处理】|【应付单据录入】命令,打开【单据类别】窗口。

(2) 【单据名称】选择"采购发票",【单据类型】选择"采购专用发票",【方向】选择"正向",点击【确定】按钮,打开【采购专用发票】窗口。

(3) 点击【增加】按钮,录入发票号"44788231",修改开票日期为"2024-01-12",点击【供应商】栏的【参照】按钮,选择"上海奥悦",【税率】录入"13"。点击【存货编码】的【参照】按钮,

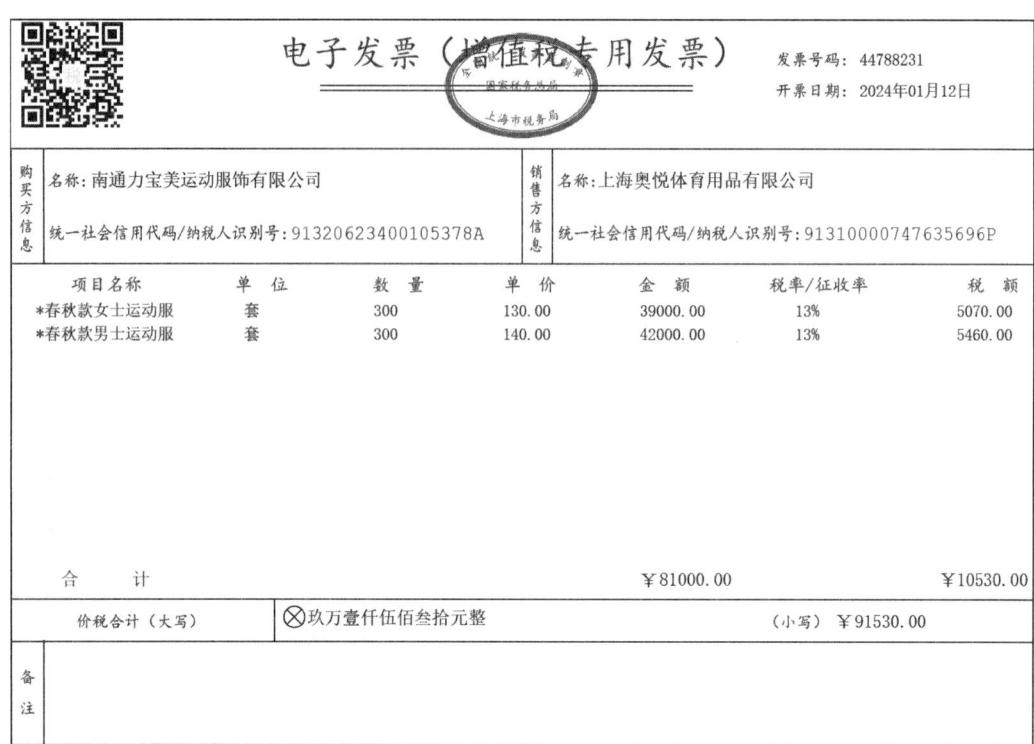

图 6-13 【业务 6-4】增值税专用发票

图 6-14 【业务 6-4】入库单

分别选择"0101""0102",【数量】均录入"300",【原币单价】分别录入"130"和"140",如图 6-15 所示。

(4) 点击【保存】按钮。
(5) 点击【审核】按钮,系统弹出"是否立即制单?"提示框。
(6) 点击【是】按钮,系统弹出【填制凭证】窗口。
(7) 点击【保存】按钮,系统提示"已生成",如图 6-16 所示。

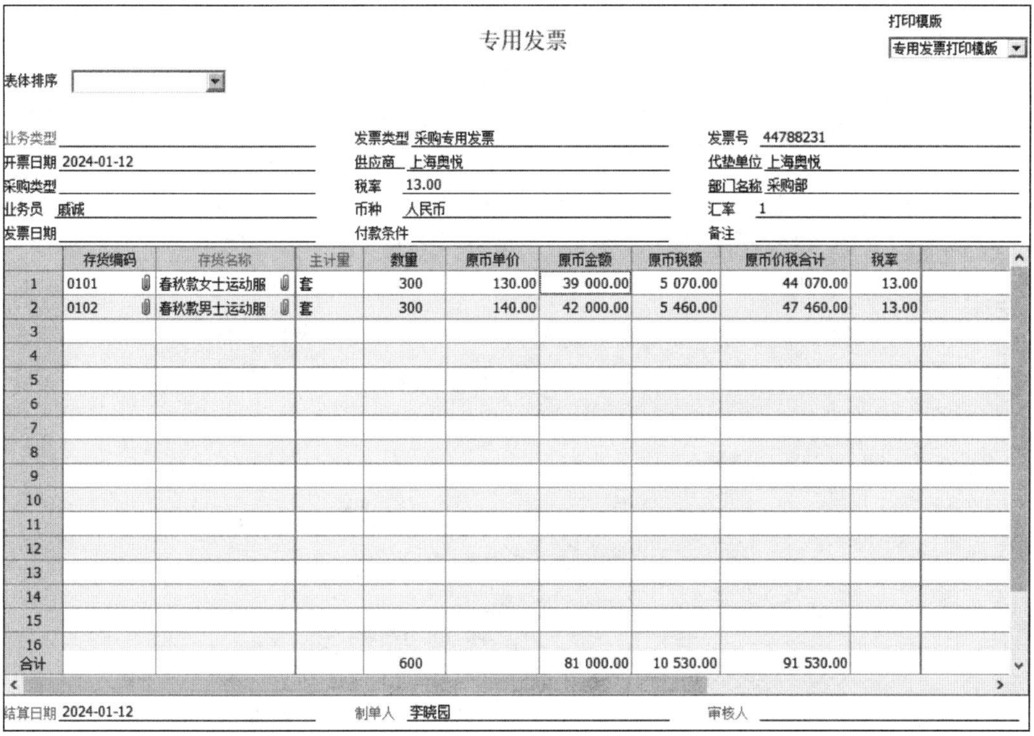

专用发票

打印模版 专用发票打印模版

表体排序

业务类型　　发票类型 采购专用发票　　发票号 44788231

开票日期 2024-01-12　　供应商 上海奥悦　　代垫单位 上海奥悦

采购类型　　税率 13.00　　部门名称 采购部

业务员 戚诚　　币种 人民币　　汇率 1

发票日期　　付款条件　　备注

	存货编码	存货名称	主计量	数量	原币单价	原币金额	原币税额	原币价税合计	税率
1	0101	春秋款女士运动服	套	300	130.00	39 000.00	5 070.00	44 070.00	13.00
2	0102	春秋款男士运动服	套	300	140.00	42 000.00	5 460.00	47 460.00	13.00
3									
4									
5									
6									
7									
8									
9									
10									
11									
12									
13									
14									
15									
16									
合计				600		81 000.00	10 530.00	91 530.00	

结算日期 2024-01-12　　制单人 李晓园　　审核人

图 6-15　【专用发票】窗口

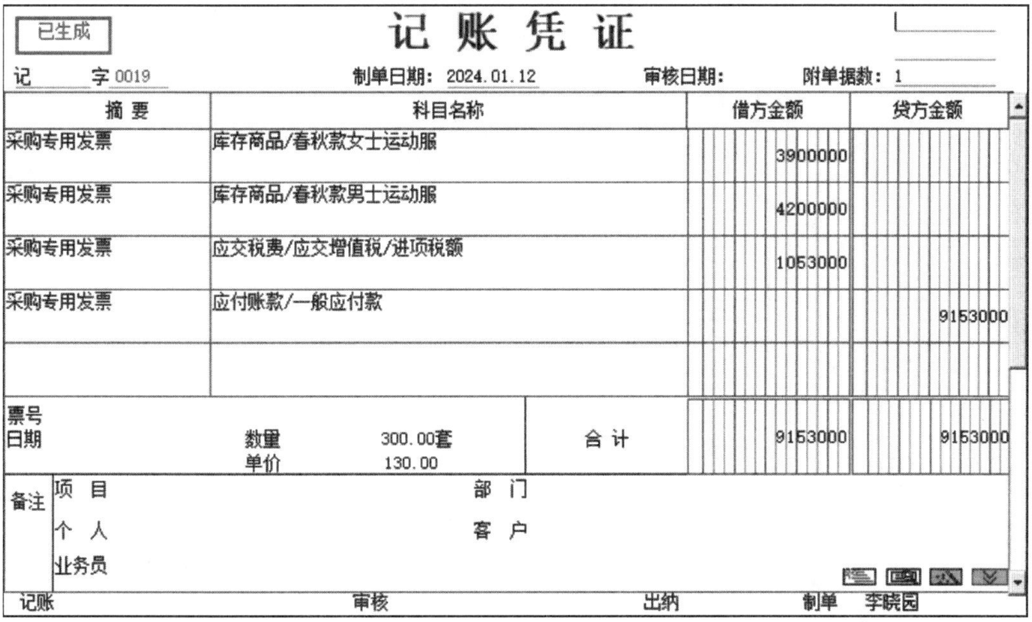

已生成

记账凭证

记　字 0019　　制单日期：2024.01.12　　审核日期：　　附单据数：1

摘要	科目名称	借方金额	贷方金额
采购专用发票	库存商品/春秋款女士运动服	3900000	
采购专用发票	库存商品/春秋款男士运动服	4200000	
采购专用发票	应交税费/应交增值税/进项税额	1053000	
采购专用发票	应付账款/一般应付款		9153000
票号 日期　数量 300.00套 单价 130.00	合计	9153000	9153000

备注　项　目　　部　门

个　人　　客　户

业务员

记账　　审核　　出纳　　制单 李晓园

图 6-16　【记账凭证】窗口

二、付款单据处理

付款单是企业支付给供应商的应付款、预付款、其他费用等的原始单据。付款单据处理包括付款单录入、单据审核、单据核销及制单处理,以下主要介绍付款单录入和单据核销。

1. 付款单录入

付款单录入是对支付供应商往来款项的单据进行输入,款项性质包括应付款、预付款、其他费用等。其中应付款、预付款性质的付款单将与发票、应付单、付款单进行核销处理。

2. 单据核销

单据核销是对往来已达账做删除处理的过程,表示本笔业务已经结清。即确定付款单与原始发票之间的对应关系后,进行机内自动冲销的过程。明确核销关系后,可以进行精确的账龄分析,更好地管理应付账款。

【业务6-5】 2024年1月13日,支付上海奥悦体育用品有限公司货款,相关业务单据如图6-17所示。

图6-17 【业务6-5】银行电汇凭证

操作步骤

1. 填制付款单

(1) 2024年1月13日,以财务部"W03王明涛"身份登录企业应用平台,执行【业务工作】|【财务会计】|【应付款管理】|【付款单据处理】|【付款单据录入】命令,打开【付款单】窗口。

(2) 点击【增加】按钮,录入电汇单的相关信息,点击【保存】按钮,如图6-18所示。

2. 付款单据审核

(1) 2024年1月13日,以财务部"W02李晓园"身份登录企业应用平台,执行【业务工作】|【财务会计】|【应付款管理】|【付款单据处理】|【付款单据审核】命令,打开【付款单据查询条件】窗口。

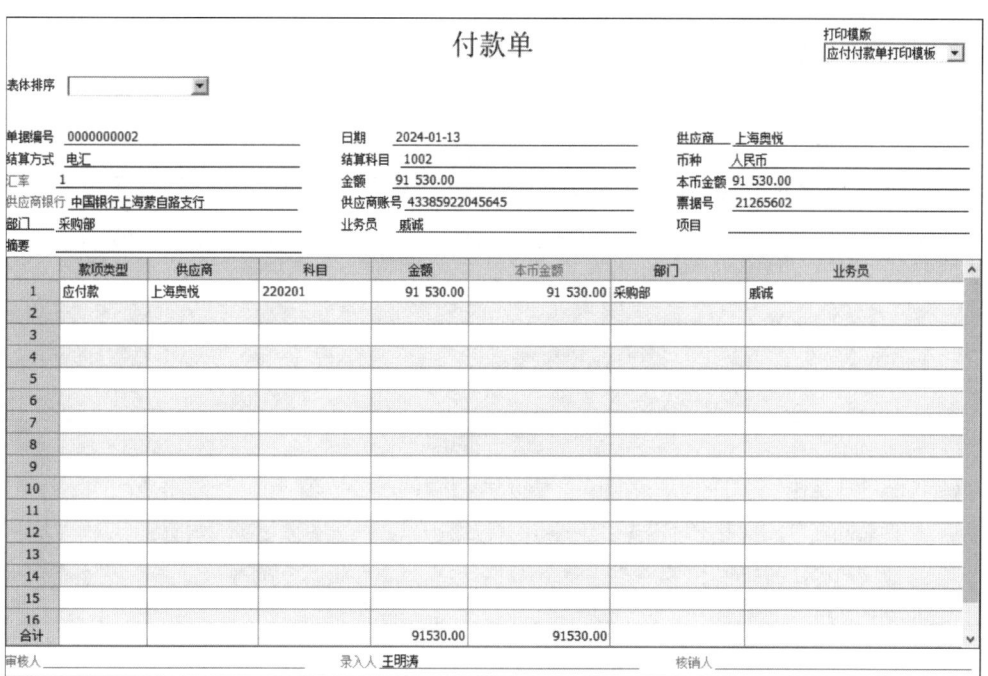

图 6-18 【付款单】窗口

(2) 点击【确定】按钮,打开【收付款单列表】窗口,双击【选择】栏,如图 6-19 所示。

图 6-19 【收付款单列表】窗口

(3) 点击【审核】按钮,弹出"完成审核"提示框,点击【确定】按钮。

3. 核销

(1) 以"W02 李晓园"身份执行【核销处理】|【手工核销】命令,打开【核销条件】窗口,【供应商】选择"002",如图 6-20 所示。

(2) 点击【确定】按钮,打开【单据核销】窗口,在下半部分【本次结算】输入"91 530.00",如图 6-21 所示,点击【保存】按钮。

4. 制单

(1) 以"W02 李晓园"身份点击【制单处理】,打开【制单查询】窗口,勾选【收付款单制单】和【核销制单】。

(2) 点击【确定】按钮,打开【应收制单】窗

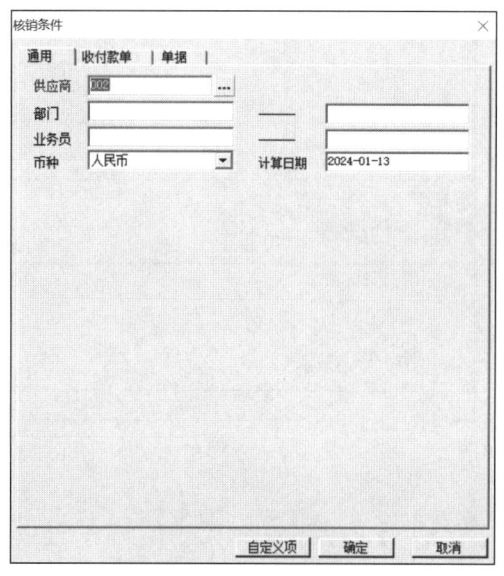

图 6-20 【核销条件】窗口

单据日期	单据类型	单据编号	供应商	款项...	结算方式	币种	汇率	原币金额	原币余额	本次结算	订单号
2023-12-10	付款单	0000000001	上海奥悦	预付款	电汇	人民币	1.00000000	8 000.00	8 000.00		
2024-01-13	付款单	0000000002	上海奥悦	应付款	电汇	人民币	1.00000000	91 530.00	91 530.00	91 530.00	
合计								99 530.00	99 530.00	91 530.00	

单据日期	单据类型	单据编号	到期日	供应商	币种	原币金额	原币余额	可享受折扣	本次折扣	本次结算	订单号	凭证号
2024-01-12	采购专...	44788231	2024-01-12	上海奥悦	人民币	91 530.00	91 530.00	0	0	91 530.00		记-0019
合计						91 530.00	91 530.00	0		91 530.00		

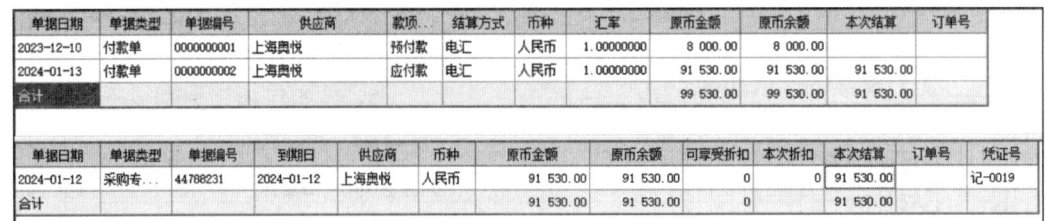

图 6-21 【单据核销】窗口

口,点击【合并】按钮,如图 6-22 所示。

应付制单

凭证类别 记账凭证　　制单日期 2024-01-13　　共 2 条

选择标志	凭证类别	单据类型	单据号	日期	供应商编码	供应商名称	部门	业务员	金额
1	记账凭证	付款单	0000000002	2024-01-13	002	上海奥...	采购部	戚诚	91 530.00
1	记账凭证	核销	0000000002	2024-01-13	002	上海奥...	采购部	戚诚	91 530.00

图 6-22 【应付制单】窗口

(3) 点击【制单】按钮,生成一张凭证,点击【保存】按钮,如图 6-23 所示。

记 账 凭 证

已生成

记　字 0020　　制单日期: 2024.01.13　　审核日期:　附单据数: 2

摘 要	科目名称	借方金额	贷方金额
采购专用发票	应付账款/一般应付款	9153000	
付款单	银行存款		9153000
票号 日期 2024.01.12　数量 单价	合 计	9153000	9153000

备注　项 目　　部 门

个 人　　供应商 上海奥悦

业务员 戚诚

记账　　审核　　出纳　　制单 ×晓园

图 6-23 【记账凭证】窗口

业务 6-6

【业务 6-6】 2024 年 1 月 14 日,采购部戚诚与上海天宁体育用品有限公司签订采购合同。相关业务单据如图 6-24 和图 6-25 所示。

项目六　应付款管理系统

购销合同

供货方：上海天宁体育用品有限公司　　　　　　　　　合同号：CG0002
购买方：南通力宝美运动服饰有限公司　　　　　　　　签订日期：2024年01月14日

为保护买卖双方的合法权益，买卖双方根据《中华人民共和国民法典》合同编的有关规定，经友好协商，一致同意签订本合同并共同遵守：

一、货物名称、数量及金额。

序号	货物名称	数量	单价（不含税）	金额（不含税）	税率	税额
1	长袖女士T恤	300	50.00	15 000.00	13%	1 950.00
2	长袖男士T恤	300	55.00	16 500.00	13%	2 145.00
	合　　计			¥31 500.00		¥4 095.00

二、合同总金额：人民币叁万伍仟伍佰玖拾伍元整。
三、付款日期：2024年1月14日，合同签订之日由南通力宝美运动服饰有限公司预付叁仟元（¥3000.00）定金
四、交货日期：2024年1月15日。
五、结算方式：电汇。
六、交货地点：上海市嘉定区公安路49号，上海天宁体育用品有限公司。
七、发运方式：公路运输，运费由销售方承担。
八、本合同一式贰份，供需双方各执壹份。本合同自双方签字盖章后生效，至本合同全部条款执行完毕后失效。

供货方（盖章）：上海天宁体育用品有限公司　　　购买方（盖章）：南通力宝美运动服饰有限公司
地址：上海市嘉定区公安路49号　　　　　　　　　地址：南通市崇川区青香路6号
授权代表：刘志山　　　　　　　　　　　　　　　授权代表：陈力宝
联系电话：021-93267366　　　　　　　　　　　　联系电话：0513-85358895

图 6-24　【业务 6-6】购销合同

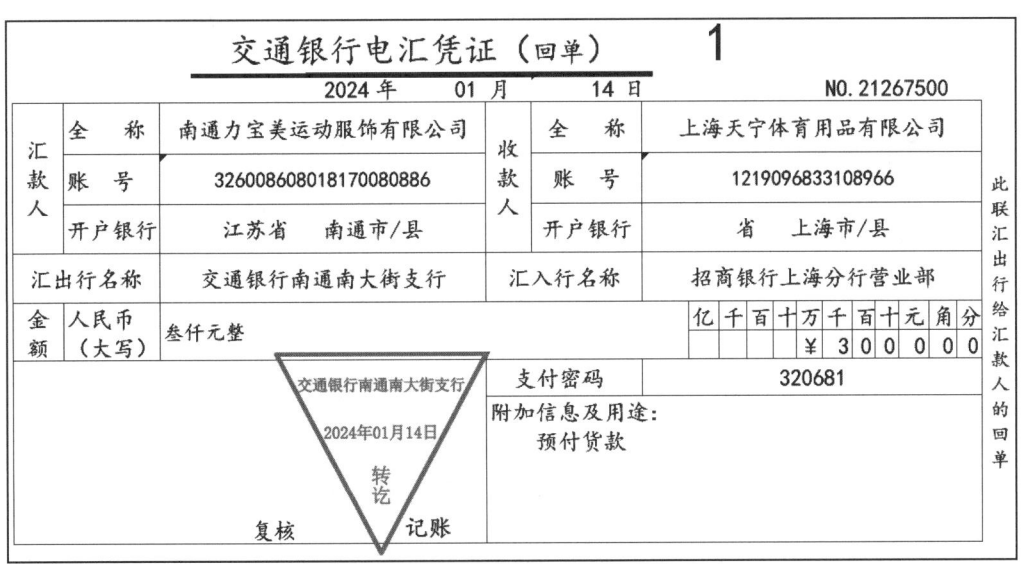

图 6-25　【业务 6-6】电汇凭证

操作步骤

1. 填制付款单

（1）2024 年 1 月 14 日，以财务部"W03 王明涛"身份登录企业应用平台，执行【业务工

作】|【财务会计】|【应付款管理】|【付款单据处理】|【付款单据录入】命令,打开【付款单】窗口。

(2) 点击【增加】按钮,录入电汇凭证的相关信息,在表体中款项类型选择"预付款",点击【保存】按钮,如图6-26所示。

图6-26 【付款单】窗口

2. 付款单据审核

(1) 2024年1月14日,以财务部"W02李晓园"身份登录企业应用平台,执行【业务工作】|【财务会计】|【应付款管理】|【付款单据处理】|【付款单据审核】命令,打开【付款单据查询条件】窗口。

(2) 点击【确定】按钮,打开【收付款单列表】窗口,双击【选择】栏,如图6-27所示。

图6-27 【收付款单列表】窗口

(3) 点击【审核】按钮,弹出"完成审核"提示框,点击【确定】按钮。

3. 制单

(1) 以"W02李晓园"身份点击【制单处理】,打开【制单查询】窗口,勾选【收付款单制单】。

(2) 点击【确定】按钮,打开【应付制单】窗口,点击【全选】按钮,如图6-28所示。

(3) 点击【制单】按钮,生成一张凭证,点击【保存】按钮,如图6-29所示。

项目六 应付款管理系统

图 6-28 【应付制单】窗口

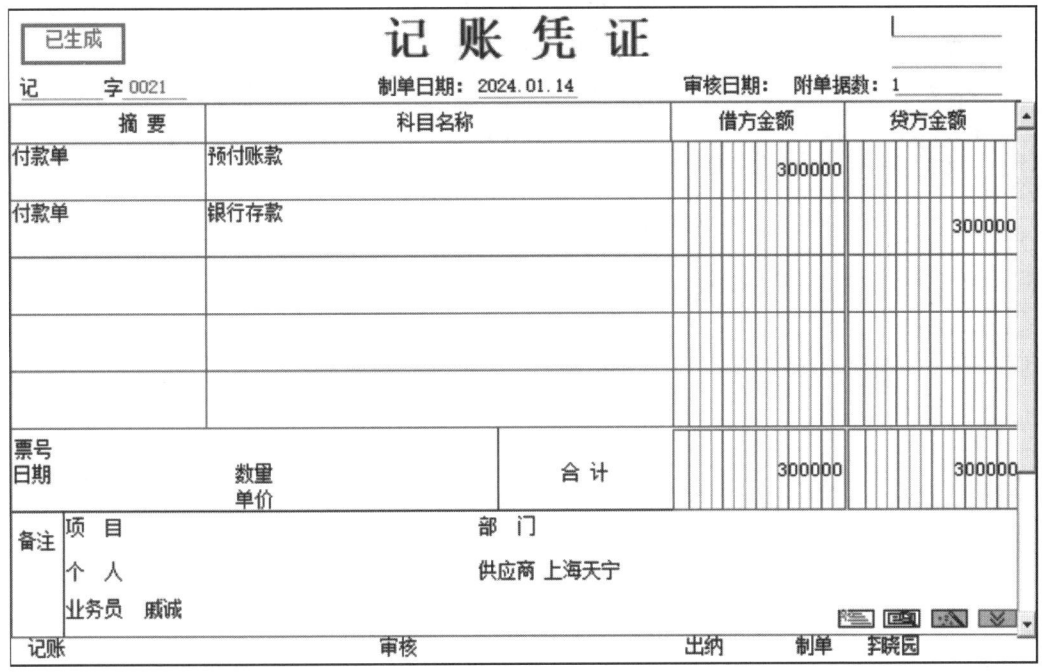

图 6-29 【记账凭证】窗口

三、转账处理

在实际工作中往来单位之间有可能互为供应单位,往来款项业务十分复杂,双方单位之间经常出现既有应收账款又有预收账款,既有应收账款又有应付账款的情况。因此,在实际工作中可以根据不同情况将预付账款冲抵应付账款,将应付账款冲抵应付账款,将应付账款冲抵应收账款等。转账处理功能就是完成往来业务相互冲抵操作的功能。

应付系统的转账处理包括如下几种:

(1) 预付冲应付。预付冲应付就是将预付款和应付款进行勾对。该功能可将预付供应商款项和所欠供应商的货款进行转账核销处理。预付冲应付一般用于预付款业务。

(2) 应付冲应收。这是用对某供应商的应付账款,冲抵对某客户的应收账款。通过应付冲应收功能将应付款业务在客户和供应商之间进行转账,实现应付业务的调整,进行应收债权同应付债务的冲抵。

(3) 应付冲应付。应付冲应付也称并账,是指将某一供应商的应付款转入另一供应商账中,实现债务转移。通过该功能将应付款业务在供应商之间进行转入、转出,实现应付业务的调整,解决应付款业务在不同供应商间入错户或合并户问题。

（4）红票对冲。红票对冲就是用某供应商的红字发票与其蓝字发票进行冲抵。红票对冲类似于核销的作用,在发生退货及收到红字发票业务的时候,红票对冲操作可以准确地反映对某供应商的应付款情况,进行精确的账龄分析。

【业务6-7】 2024年1月15日,收到上海天宁体育用品有限公司发来的T恤和发票,将1月14日预付的3 000元冲抵部分货款。取得相关业务单据如图6-30和图6-31所示。

业务6-7

电子发票（增值税专用发票）				发票号码：44794388	
				开票日期：2024年01月15日	
购买方信息	名称：南通力宝美运动服饰有限公司		销售方信息	名称：上海天宁体育用品有限公司	
	统一社会信用代码/纳税人识别号：91320623400105378A			统一社会信用代码/纳税人识别号：913101145762751583	
项目名称	单位	数量	单价	金额	税率/征收率	税额
*长袖女士T恤	件	300	50.00	15000.00	13%	1950.00
*长袖男士T恤	件	300	55.00	16500.00	13%	2145.00
合计				¥31500.00		¥4095.00
价税合计（大写）	⊗叁万伍仟伍佰玖拾伍元整			（小写）¥35595.00	
备注					

图6-30 【业务6-7】增值税专用发票

入库单									
供应商：上海天宁体育用品有限公司				2024年1月15日			编号：0002		
验收仓库	存货编码	存货名称	单位	数量		单价	金额	备注	
				应收	实收				
运动T恤库	0103	长袖女士T恤	件	300	300				
运动T恤库	0104	长袖男士T恤	件	300	300				
合计				600	600				
部门经理：略			会计：略		仓库：略		经办人：略		

图6-31 【业务6-7】入库单

操作步骤

1. 填制采购发票

（1）以"W02李晓园"身份在应付款管理系统中,执行【应付单据处理】|【应付单据录入】

命令,打开【单据类别】窗口。

(2)【单据名称】选择"采购发票",【单据类型】选择"采购专用发票",【方向】选择正向,点击【确定】按钮,打开【采购专用发票】窗口。

(3)点击【增加】按钮,录入发票号"44794388",修改开票日期为"2024-01-15",点击【供应商】栏的【参照】按钮,选择"上海天宁",【税率】录入"13"。点击【存货编码】的【参照】按钮,分别选择"0103""0104",【数量】均录入"300",【原币单价】分别录入"50"和"55",如图6-32所示。

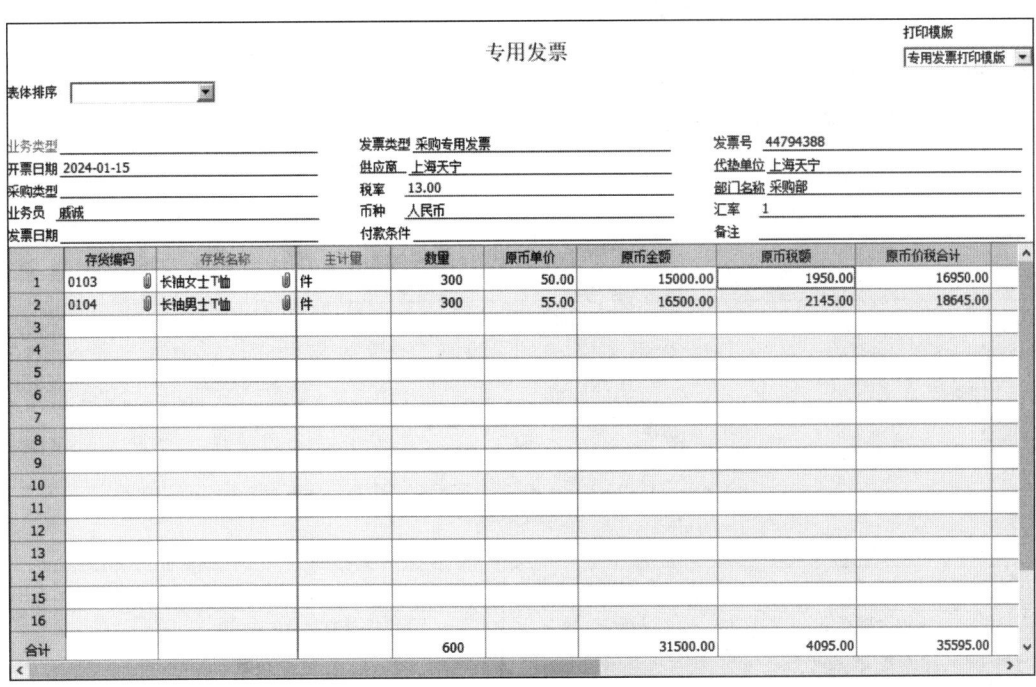

图6-32 【专用发票】窗口

(4)点击【保存】按钮。
(5)点击【审核】按钮,系统弹出"是否立即制单?"提示框。
(6)点击【是】按钮,系统弹出【填制凭证】窗口。
(7)点击【保存】按钮,系统提示"已生成",如图6-33所示。

2. 预付冲应付

(1)点击【转账】|【预付冲应付】,弹出【预付冲应付】窗口,点击【预付款】,【供应商】选择"001上海天宁",点击【过滤】按钮,【转账金额】录入"3 000.00",如图6-34所示。

(2)点击【应付款】,【供应商】选择"001上海天宁",点击【过滤】按钮,【转账金额】录入"3 000.00",如图6-35所示。

(3)点击【确定】按钮,弹出"是否立即制单"提示框,点击【是】按钮,生成一张凭证,点击【保存】按钮,如图6-36所示。

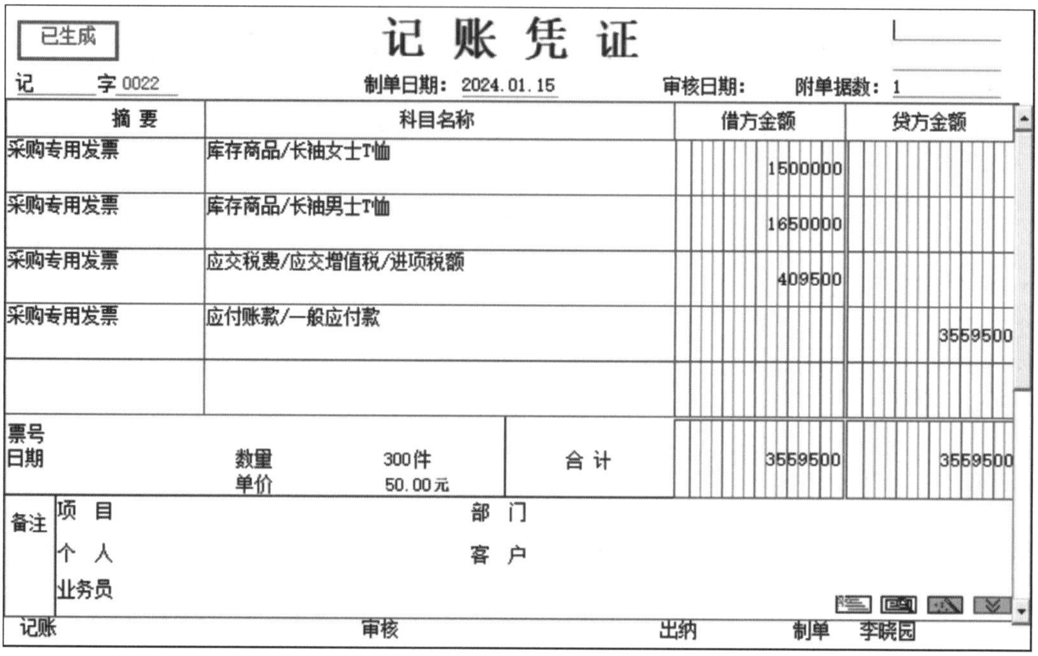

```
┌─────┐                    记 账 凭 证
│已生成│
└─────┘
   记    字 0022        制单日期:2024.01.15    审核日期:         附单据数:1
       摘  要              科目名称                      借方金额          贷方金额
   采购专用发票        库存商品/长袖女士T恤                1500000
   采购专用发票        库存商品/长袖男士T恤                1650000
   采购专用发票        应交税费/应交增值税/进项税额         409500
   采购专用发票        应付账款/一般应付款                                  3559500

   票号
   日期              数量    300件            合  计    3559500          3559500
                    单价    50.00元
   备注   项  目                     部  门
          个  人                     客  户
          业务员
   记账                   审核                     出纳           制单  李晓园
```

图 6-33 【记账凭证】窗口

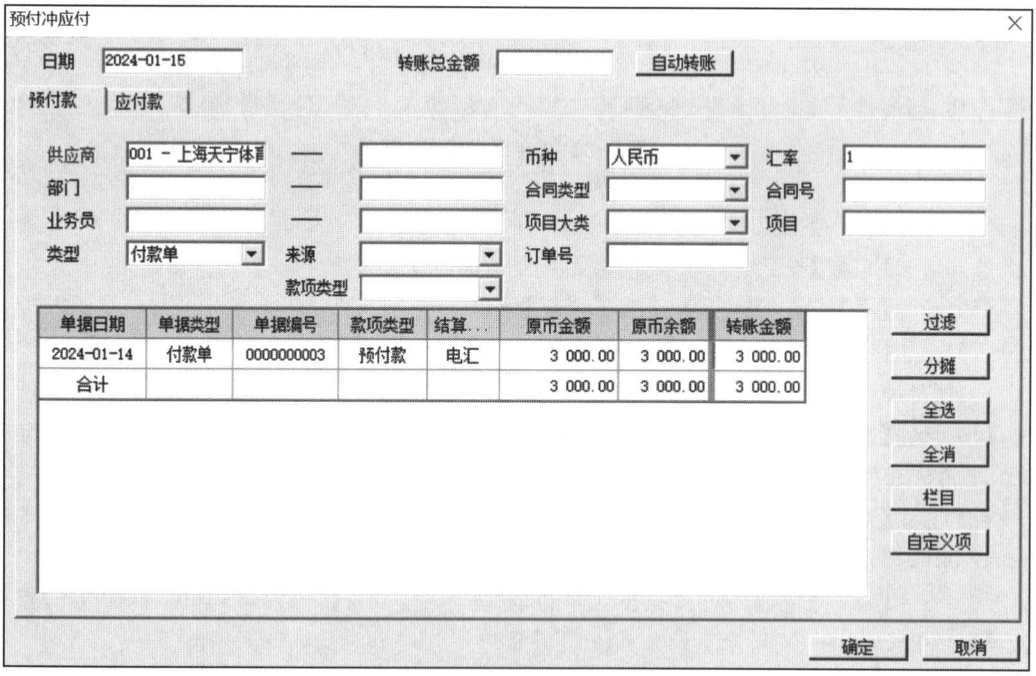

预付冲应付

日期 2024-01-15   转账总金额   自动转账

| 预付款 | 应付款 |

供应商 001 - 上海天宁体育   币种   人民币   汇率 1
部门   合同类型   合同号
业务员   项目大类   项目
类型   付款单   来源   订单号
                    款项类型

单据日期	单据类型	单据编号	款项类型	结算...	原币金额	原币余额	转账金额
2024-01-14	付款单	0000000003	预付款	电汇	3 000.00	3 000.00	3 000.00
合计					3 000.00	3 000.00	3 000.00

过滤 分摊 全选 全消 栏目 自定义项

确定 取消

图 6-34 【预付冲应付-预付款】窗口

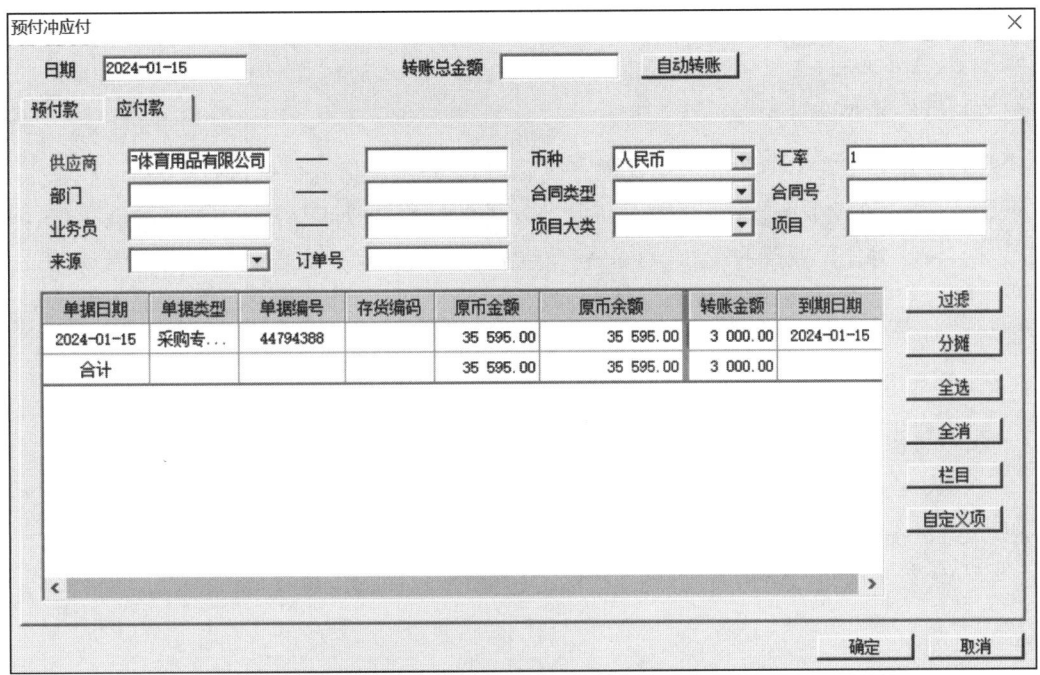

图 6-35 【预付冲应付-应付款】窗口

图 6-36 【记账凭证】窗口

任务四 应付款系统期末处理

一、月末结账

月末结账是指在本期业务全部处理完成后,系统对本期信息数据进行汇总计算,余额转入下期,以结束本期业务操作,开始下期业务处理的过程。月末结账后,本月不能再进行单据、票据、转账等任何业务的增加、删除、修改等处理。如果用户发现该月还有未完成的业务或月末结账有错误,可以取消月末结账。但取消结账操作只有在该月总账系统未结账时才能进行。

【业务 6-8】 完成 1 月份应付款系统的结账。

操作步骤

(1)以"W02 李晓园"身份在应付款管理系统中,执行【期末处理】|【月末结账】命令,打开【月末处理】窗口。

(2)双击 1 月份的【结账标志】栏,如图 6-37 所示。

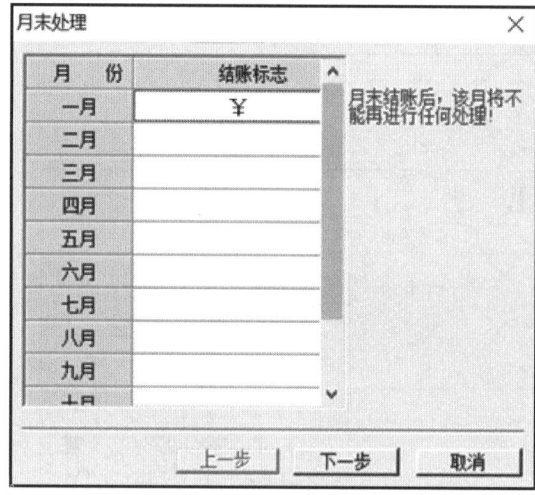

图 6-37 【月末处理】窗口

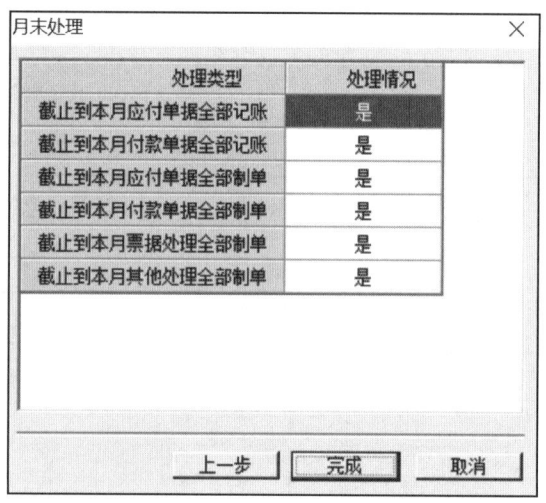

图 6-38 【月末处理—处理情况】窗口

(3)单击【下一步】按钮,打开【月末处理—处理情况】窗口,如图 6-38 所示。

(4)点击【完成】按钮,系统弹出"1 月份结账成功"提示框。

(5)将账套输出至【E:\100 账套备份\项目六】文件夹。

二、统计分析

对应付业务账表的统计分析,有利于及时了解应付账款的分布、了解各个账龄区间内应付款、付款及往来情况,及时发现问题,适时采取措施应对错误,加强对往来款项动态的监督管理。业务账表统计分析主要包括应付账龄分析、付款账龄分析、欠款分析、付款预测。

【业务6-9】 进行1月份应付账款欠款分析。

操作步骤

(1) 以"W02 李晓园"身份在应付款管理系统中,执行【账表管理】|【统计分析】|【欠款分析】命令,打开【欠款分析】窗口。

(2) 点击【确定】按钮,打开【欠款分析】窗口,如图6-39所示。

业务6-9

供应商		欠款总计	信用额度	信用余额	货款金额	应付款金额	预付款金额
编号	名称						
001	上海天宁体育用品有…	32 595.00		-32 595.00	32 595.00		
003	南通特伦布户外用品…	11 752.00		-11 752.00	11 752.00		
002	上海奥悦体育用品有…	-8 000.00		8 000.00			8 000.00
总计		36 347.00			44 347.00		8 000.00

供应商:全部　币种:　截止日期:2024-01-15

图6-39 【欠款分析】窗口

三、单据及账表查询

单据查询主要包括对采购发票、应付单和付款单等原始单据的查询和凭证查询。账表查询可以进行业务总账、业务明细账、业务余额表和对账单的查询,并实现总账、明细账、单据之间的联查。

【业务6-10】 查询科目明细账。

操作步骤

(1) 在应付款管理系统中,执行【账表管理】|【科目账查询】|【科目明细账】命令,打开【供应商往科目明细账】窗口。

业务6-10

(2) 选择【科目明细账】,点击【确定】按钮,打开【科目明细账】窗口,如图6-40所示。

科目明细账　金额式

科目:全部　期间:2024.01-202..

年	月	日	凭证号	科目编号	科目名称	供应商编号	供应商名称	摘要	借方本币	贷方本币	方向	余额本币
2024	01	14	记-0021	1123	预付账款	001	上海天宁	付款单	3 000.00		借	3 000.00
2024	01	15	记-0023	1123	预付账款	001	上海天宁	预付冲应付		-3 000.00	平	
2024	01			1123	预付账款	001	上海天宁	本月合计			平	
2024	01			1123	预付账款	001	上海天宁	本年累计			平	
				1123	预付账款	002	上海奥悦	期初余额			借	8 000.00
				1123	预付账款			合 计			借	8 000.00
				1123	预付账款			累 计			借	8 000.00
2024	01	15	记-0022	220201	一般应付款	001	上海天宁	采购专用发票		35 595.00	贷	35 595.00
2024	01	15	记-0023	220201	一般应付款	001	上海天宁	采购专用发票	3 000.00		贷	32 595.00
2024	01			220201	一般应付款	001	上海天宁	本月合计	3 000.00	35 595.00	贷	32 595.00
2024	01			220201	一般应付款	001	上海天宁	本年累计	3 000.00	35 595.00	贷	32 595.00
2024	01	12	记-0019	220201	一般应付款	002	上海奥悦	采购专用发票		91 530.00	贷	91 530.00
2024	01	13	记-0020	220201	一般应付款	002	上海奥悦	采购专用发票	91 530.00		平	
2024	01			220201	一般应付款	002	上海奥悦	本月合计	91 530.00	91 530.00	平	
2024	01			220201	一般应付款	002	上海奥悦	本年累计	91 530.00	91 530.00	平	
				220201	一般应付款	003	南通特伦布	期初余额		11 752.00	贷	11 752.00
				220201	一般应付款			合 计	94 530.00	127 125.00	贷	44 347.00
				220201	一般应付款			累 计	94 530.00	127 125.00	贷	44 347.00
								合 计	94 530.00	127 125.00	贷	36 347.00
								累 计	94 530.00	127 125.00	贷	36 347.00

图6-40 【科目明细账】窗口

 **思政园地**

党的二十大报告——
弘扬诚信文化、健全
诚信建设长效机制

业财一体信息化应用职业技能等级要求(初级)

工作领域	工作任务	职业技能要求	
2. 业财一体信息化平台期初数据录入	2.1 财务期初数据录入	2.1.4	能够依据整理完毕的应收款、应付款期初余额表,在信息化平台上准确地录入企业应收账款、预收账款、应收应付票据等期初金额及明细信息
	2.3 业财期初数据核对	2.3.2	能够在信息化平台上熟练核对应付、付款期初余额与总账对应的科目余额,并能修正错误以确保账账相符
3. 业财一体信息化平台典型财务处理	3.2 典型应收应付业务处理	3.2.1	能够依据企业采购业务流程,在信息化平台上熟练、准确地查找采购发票并完成审核,生成应付类凭证
		3.2.2	能够根据《企业会计准则》,依据采购部门需求,在信息化平台应付款管理模块中熟练、准确地填制付款单,并能匹配采购发票进行正确核销,生成付款类凭证

项目七 固定资产管理系统

知识目标

1. 了解固定资产管理系统的相关规定。
2. 掌握固定资产管理系统的业务流程。

技能目标

1. 能够进行固定资产管理系统的初始化工作。
2. 能够进行资产增减、计提折旧操作。

素养目标

1. 培养学生诚信为本、不做假账的职业道德。
2. 培养学生合理合法的职业判断能力。

任务一 固定资产管理系统认知

固定资产管理系统适用于各类企业和行政事业单位进行固定资产管理、计提折旧等功能。固定资产管理主要包括原始设备的管理、新增资产的管理、资产减少的处理、资产变动的处理等,并提供资产评估及计提固定资产减值准备功能,支持折旧方法的变更。固定资产管理系统可同时为总账系统提供折旧凭证,为成本管理系统提供固定资产的折旧费用依据。具体包括以下内容。

1. 初始设置

初始设置是指根据用户的具体情况,建立一个合适的固定资产子账套的过程。初始设置包括系统初始化、部门设置、类别设置、使用状况定义、增减方式定义、折旧方法定义、卡片项目定义、卡片样式定义等。

2. 卡片管理

固定资产管理在企业中分为两部分:一是固定资产卡片台账管理;二是固定资产的会计

处理。固定资产系统提供了卡片管理的功能,主要从卡片、变动单及资产评估三方面来实现卡片管理,主要包括卡片录入、卡片修改、卡片删除、资产增加及资产减少等功能,不仅实现了固定资产文字资料的管理,而且还实现了固定资产的图片管理。

3. 折旧管理

自动计提折旧生成折旧清单和折旧分配表,折旧分配表更灵活全面,包括部门折旧分配表和类别折旧分配表,各表均按辅助核算项目汇总。按分配表自动制作记账凭证,并传递到总账系统。

4. 输出账表

通过"我的账表"对系统所能提供的全部账表进行管理,资产管理部门可随时查询分析表、统计表、折旧表,提高资产管理效率。

任务二 固定资产管理系统初始设置

一、固定资产管理系统参数设置

固定资产管理系统参数设置是使用固定资产管理系统管理资产的首要操作,是根据单位的具体情况,建立一个适合的固定资产子账套的过程,主要包括:约定及说明、启用月份、折旧信息、编码方式、账务接口和完成设置六部分。

【业务7-1】 2024年1月1日,以账套主管"A01 刘慧清"身份登录企业应用平台,设置固定资产管理系统参数,如表7-1所示。

表7-1　　　　　　　　　固定资产管理系统参数

控制参数	参数说明
约定及说明	我同意
启用月份	2024年1月
折旧信息	本账套计提折旧 折旧方法:平均年限法(一) 折旧汇总分配周期:1个月
编码方式	资产类别的编码方式:2-1-1-2 自动编码:类别编号+序号
账务接口	固定资产对账科目:1601 固定资产 累计折旧对账科目:1602 累计折旧 在对账不平情况下允许固定资产月末结账
与账务系统接口	固定资产缺省入账科目:1601 固定资产 累计折旧缺省入账科目:1602 累计折旧 减值准备缺省入账科目:1603 固定资产减值准备 增值税进项税额缺省入账科目:22210101 进项税额 固定资产清理缺省入账科目:1606 固定资产清理

业务7-1

操作步骤

(1) 以账套主管"A01 刘慧清"登录企业应用平台,执行【业务工作】|【财务会计】|【固定资产】命令,系统弹出"这是第一次打开此账套,还未进行初始化,是否进行初始化?"提示框,

如图 7-1 所示。

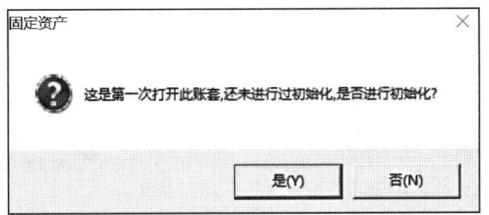

图 7-1 【固定资产】提示框

(2) 点击【是(Y)】按钮,打开【初始化账套向导—约定及说明】窗口,勾选"我同意",如图 7-2 所示。

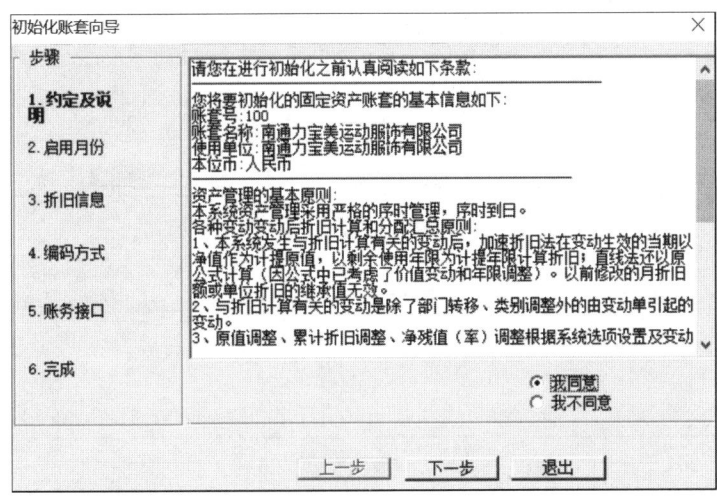

图 7-2 【初始化账套向导—约定及说明】窗口

(3) 点击【下一步】按钮,打开固定资产【初始化账套向导—启用月份】窗口,系统默认账套启用月份"2024.01",如图 7-3 所示。

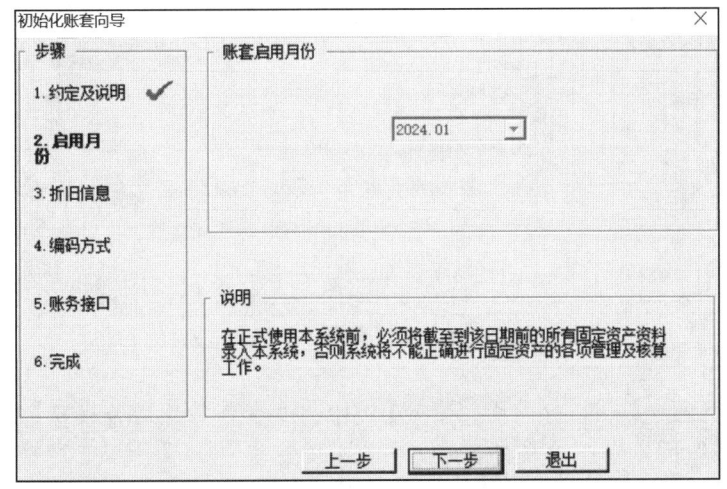

图 7-3 【初始化账套向导—启用月份】窗口

(4)点击【下一步】按钮,打开固定资产【初始化账套向导—折旧信息】窗口,勾选"本账套计提折旧",选择主要折旧方法为"平均年限法(一)",折旧汇总分配周期"1个月",如图7-4所示。

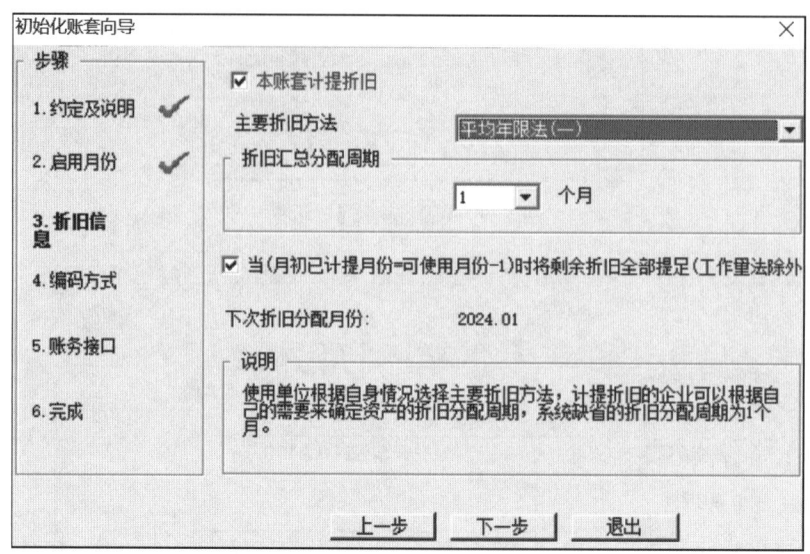

图7-4 【初始化账套向导—折旧信息】窗口

(5)点击【下一步】按钮,打开固定资产【初始化账套向导—编码方式】窗口,资产类别的编码方式长度默认;选择固定资产编码方式"自动编码"及"类别编号+序号、序号长度5",如图7-5所示。

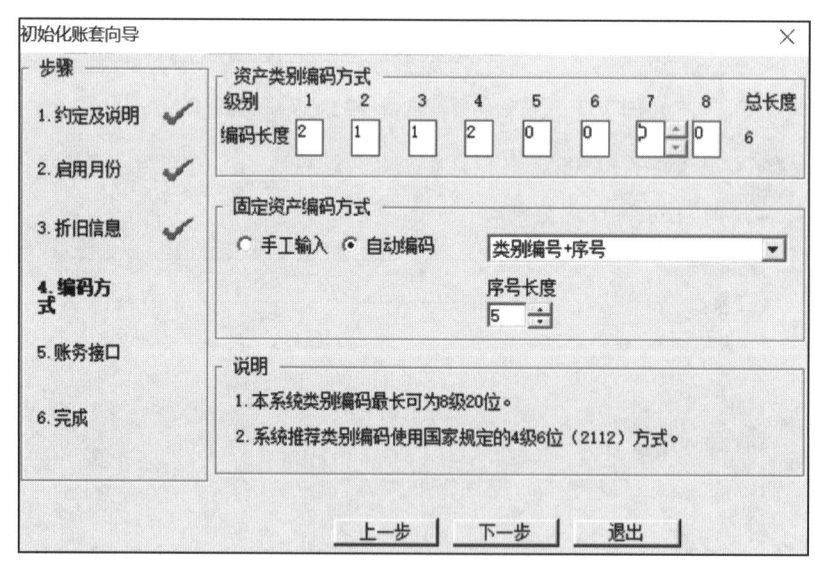

图7-5 【初始化账套向导—编码方式】窗口

(6)点击【下一步】按钮,打开固定资产【初始化账套向导—账务接口】窗口,勾选"与账务系统进行对账";固定资产对账科目录入"1601 固定资产",累计折旧对账科目录入"1602 累计折旧";勾选"在对账不平情况下允许固定资产月末结账",如图7-6所示。

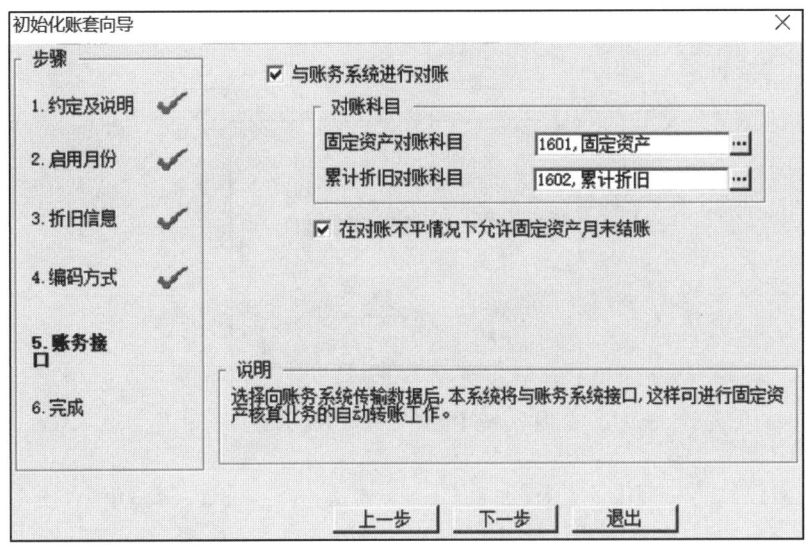

图 7-6 【初始化账套向导—账务接口】窗口

（7）点击【下一步】按钮，打开固定资产【初始化账套向导—完成】窗口，如图 7-7 所示。

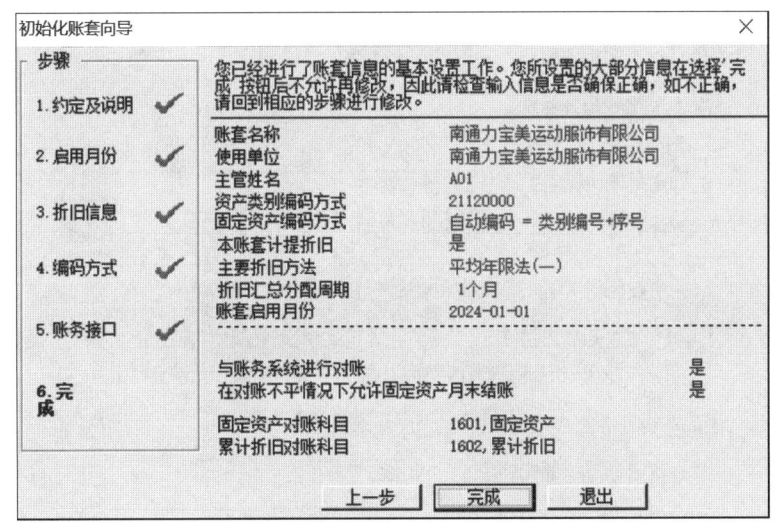

图 7-7 【初始化账套向导—完成】窗口

（8）点击【完成】按钮，系统弹出"已经完成了新账套的所有设置工作，是否确定所设置的信息完全正确并保存对新账套的所有设置？"提示框，如图 7-8 所示。

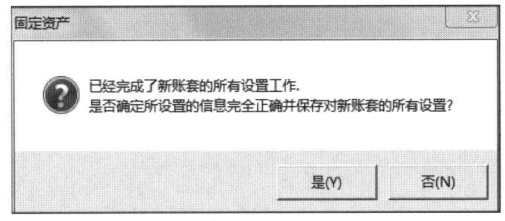

图 7-8 【固定资产】提示框

(9) 点击【是(Y)】按钮,系统弹出"已成功初始化本固定资产账套!"提示框,如图7-9所示,点击【确定】按钮。

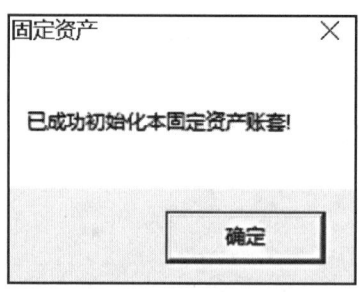

图7-9 【初始化完成】提示框

(10) 执行【固定资产】|【设置】|【选项】|【与账务系统接口】|【编辑】命令,固定资产缺省入账科目选择"1601 固定资产";累计折旧缺省入账科目选择"1602 累计折旧";固定资产减值准备缺省入账科目选择"1603 固定资产减值准备";增值税进项税额缺省入账科目选择"22210101 进项税额";固定资产清理缺省入账科目选择"1606 固定资产清理",如图7-10所示。

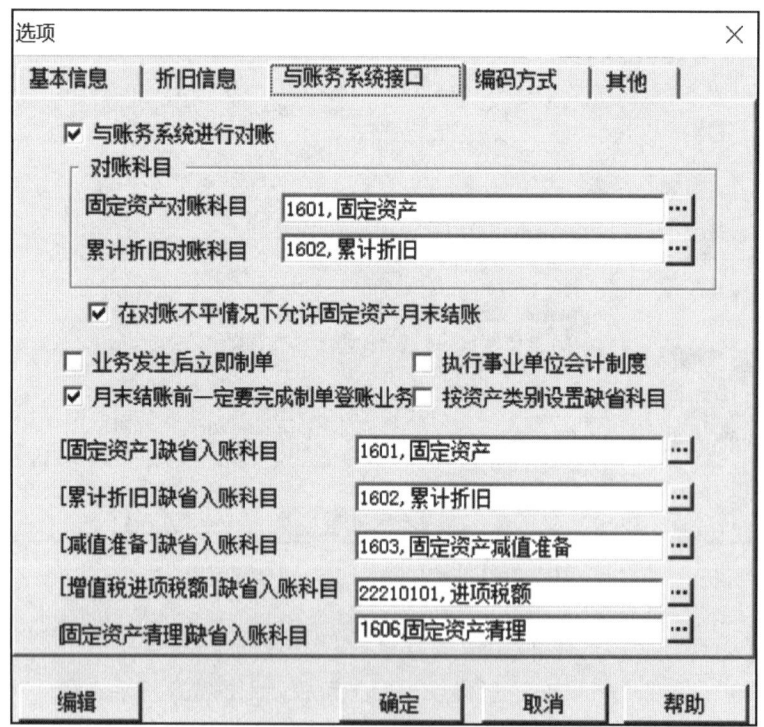

图7-10 【选项】窗口

> **提示:**
>
> ● 在固定资产【初始化向导-启用月份】窗口中所列示启用月份只能查看不能修改。启用日期确定后,在该日期前的所有固定资产都将作为期初数据,自启用月份开始计提折旧。

⊙ 在固定资产【初始化向导-折旧信息】窗口中,"当(月初已计提月份=可使用月份－1)时将剩余折旧全部提足(工作量法除外)"是指除工作量法外,只要满足上述条件,则该月折旧净额=净值－净残值,并且不能手工修改;如果不选该项,则该月不提足折旧,并且可手工修改,但当以后各月按照公式计算的月折旧率或折旧额是负数时,认定公式无效,令折旧率＝0,月折旧额=净值－净残值。

⊙ 固定资产编码方式包括"手工输入"和"自动编码"两种方式。自动编码方式包括"类别编号＋序号""部门编号＋序号""类别编号＋部门编号＋序号""部门编号＋类别编号＋序号",类别编号中的序号长度可自由设定为1~15位。

⊙ 资产类别编码方式设定以后,一旦设定某一级类别,则该级的长度不能修改,未使用过的各级长度可以修改。每个账套的自动编码方式只能选择一种,一经设定,该自动编码方式不得修改。

⊙ 固定资产对账科目和累计折旧对账科目应与账务系统内的对应科目一致。

⊙ 对账不平不允许结账是指在存在对应的账务账套的情况下,本系统在月末结账前自动执行一次对账,给出对账结果。如果不平,说明两系统出现偏差,应予以调整。

二、固定资产基础设置

(一)设置部门对应折旧科目

固定资产计提折旧后必须把折旧归入成本或费用,根据不同使用者的具体情况按部门或按类别归集。当按部门归集折旧费用时,某一部门所属的固定资产折旧费用将归集到一个比较固定的科目,所以部门对应折旧科目设置就是给部门选择一个折旧科目,录入卡片时,该科目自动显示在卡片中,不必逐一输入,可提高工作效率。在生成部门折旧分配表时每一部门按折旧科目汇总,生成记账凭证。

在使用本功能前,必须已建立好部门档案,可在基础设置中设置,也可在本系统的【部门档案】中完成。

【业务7-2】 在固定资产系统中设置固定资产部门对应折旧科目,如表7-2所示。

表7-2　　　　　　　　　　固定资产部门对应折旧科目

部门名称	对应折旧科目
总经办、财务部、采购部、仓管部	660207 管理费用——折旧费
销售部	660106 销售费用——折旧费

业务7-2

👉 操作步骤

(1)打开固定资产系统,执行【设置】|【部门对应折旧科目】命令,进入列表视图,如图7-11所示。

(2)点击【总经办】,点击【修改】按钮,打开单张视图对话框,【折旧科目】录入"660207",如图7-12所示。

(3)点击【保存】按钮,以同样的方式把其他部门对应折旧科目全部录入,结果如图7-13所示。

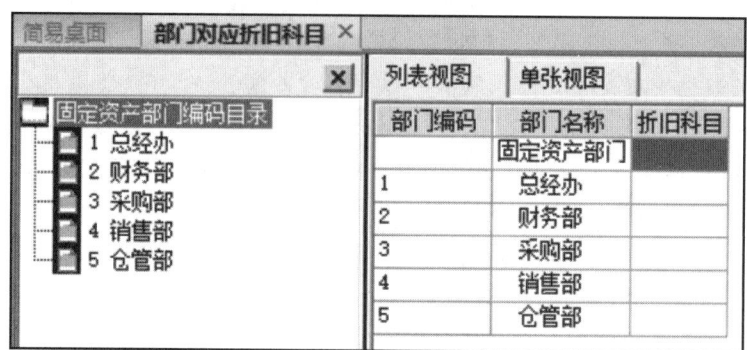

图 7-11 【部门对应折旧科目】列表视图窗口

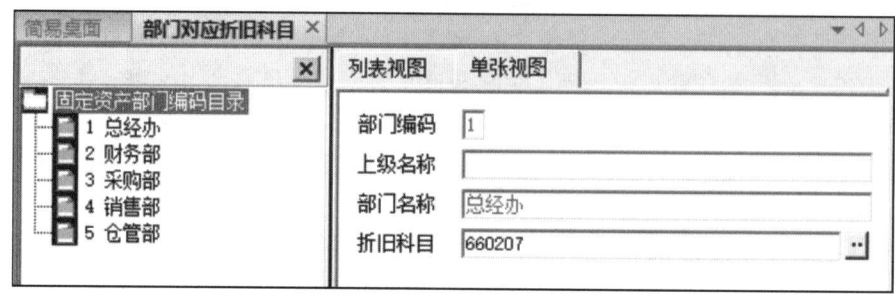

图 7-12 【部门对应折旧科目】单张视图窗口

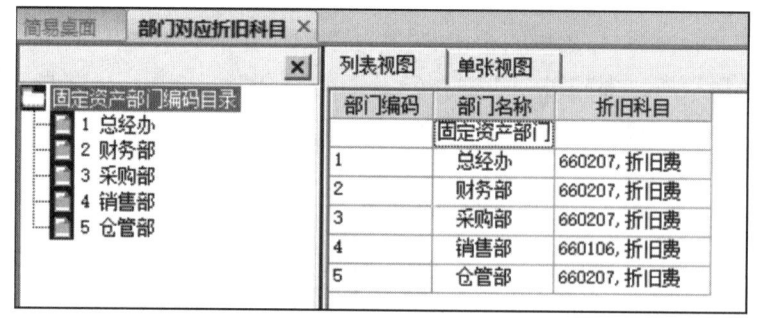

图 7-13 【部门对应折旧科目】完成窗口

(二)设置固定资产类别

固定资产的种类繁多,规格不一,要强化固定资产管理,及时、准确地做好固定资产核算,必须建立科学的固定资产分类体系,为核算和统计管理提供依据。企业可根据自身的特点和管理要求,确定一个较为合理的资产分类方法。

【业务 7-3】 在固定资产系统中设置固定资产类别,如表 7-3 所示。

业务 7-3

表 7-3　　　　　　　　　　　　　固定资产类别

编码	类别名称	折旧年限	净残值率	计提属性	折旧方法	卡片样式
1	房屋及建筑物	30 年	5%	正常计提	平均年限法(一)	含税卡片样式
2	运输设备	10 年	2%	正常计提	平均年限法(一)	含税卡片样式
3	办公设备	3 年	2%	正常计提	平均年限法(一)	含税卡片样式

操作步骤

（1）打开固定资产系统，执行【设置】|【资产类别】命令，进入资产类别列表视图，如图7-14所示。

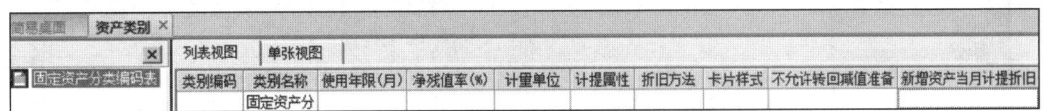

图 7-14 【资产类别】列表视图窗口

（2）点击【增加】按钮，进入资产类别单张视图，如图7-15所示。

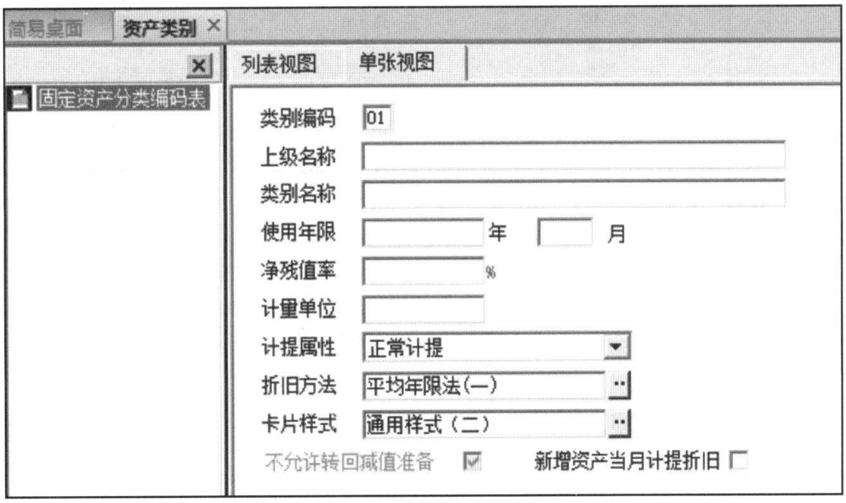

图 7-15 【资产类别】单张视图窗口

（3）【类别名称】输入"房屋及建筑物"；【使使用年限】输入"30年"；【净残值率】输入"5"，如图7-16所示。

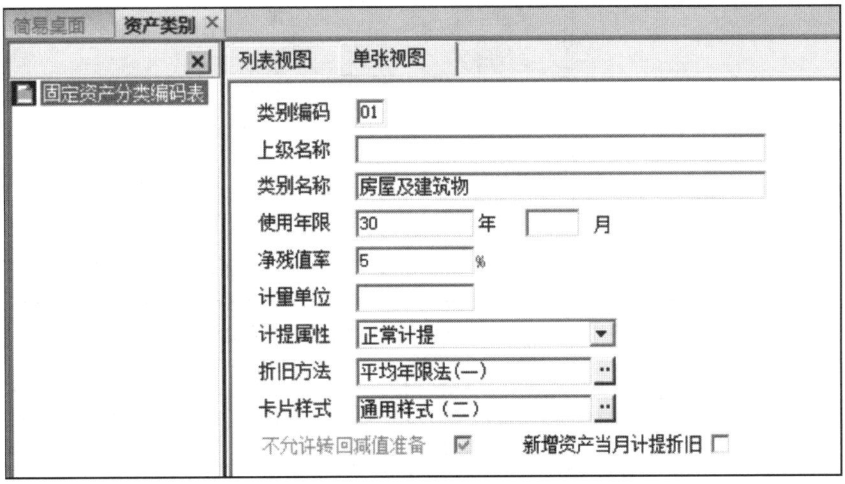

图 7-16 【资产类别】单张视图录入信息窗口

(4) 点击【卡片样式】选项卡，打开【卡片样式参照】窗口，选择"含税卡片样式"，如图 7-17 所示。

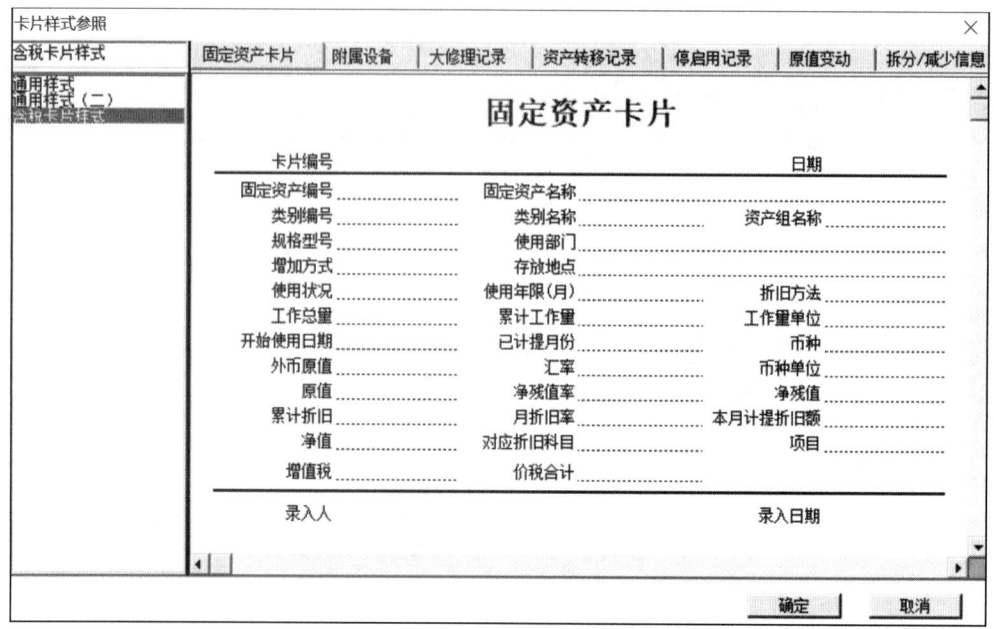

图 7-17 【卡片样式参照】窗口

(5) 点击【确定】按钮，再点击【保存】按钮，如图 7-18 所示。

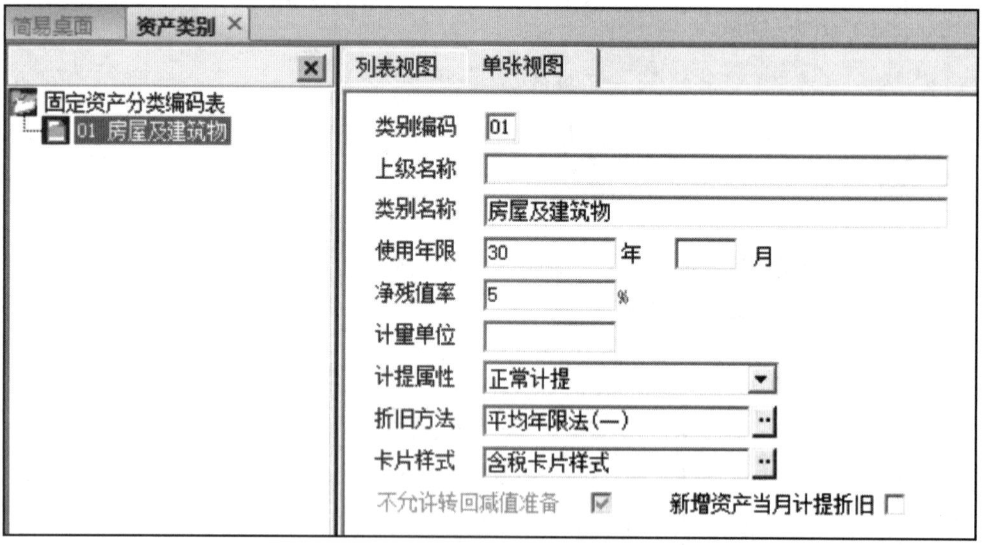

图 7-18 【资产类别单张视图】完成窗口

(6) 以同样的方法继续录入运输设备、办公设备的相关信息并保存，结果如图 7-19 所示。

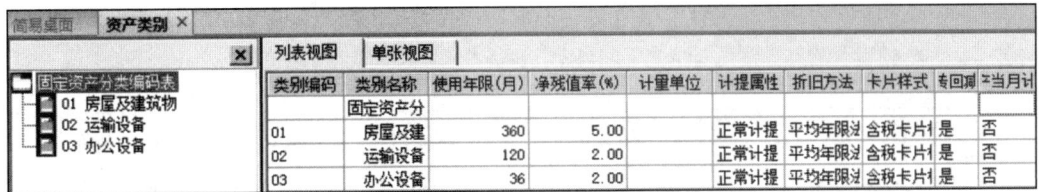

图 7-19 【资产类别】录入完成窗口

提示:

- 类别编码、名称、计提属性及卡片样式不能为空。
- 非明细级别类别编码不能修改和删除,明细级别类别编码修改时只能修改本级的编码。
- 使用过的类别的计提属性不能修改。
- 系统已使用的类别不允许增加下级和删除。

(三) 设置固定资产增减方式及对应入账科目

企业固定资产增加、减少的方式有很多种,常见的增加的方式主要有:直接购入、在建工程转入。常见的减少的方式主要有:出售、报废、毁损等。

【业务 7-4】 在固定资产系统中设置固定资产增减方式及对应入账科目,如表 7-4 所示。

表 7-4　　　　　　　　　　固定资产增减方式对应入账科目

增加方式	对应入账科目	减少方式	对应入账科目
直接购入	1002 银行存款	出售	1606 固定资产清理
在建工程转入	1604 在建工程	盘亏	1901 待处理财产损溢
		报废	1606 固定资产清理

业务 7-4

操作步骤

(1) 打开固定资产系统,执行【设置】|【增减方式】命令,进入增减方式列表视图,如图 7-20 所示。

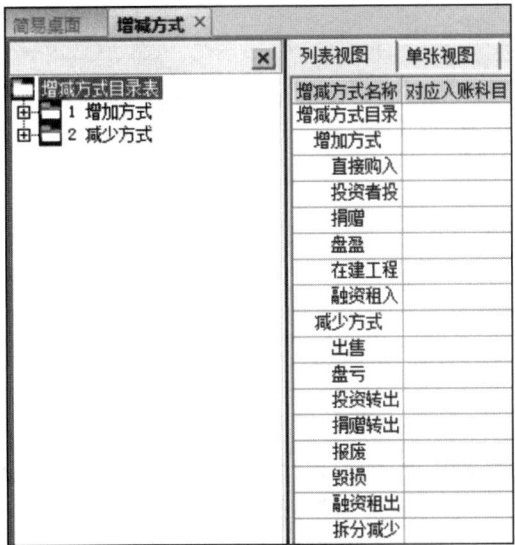

图 7-20 【增减方式】列表视图窗口

(2) 选择【直接购入】，点击【修改】按钮，进入增减方式单张视图，【对应入账科目】录入"1002 银行存款"并保存，结果如图 7-21 所示。

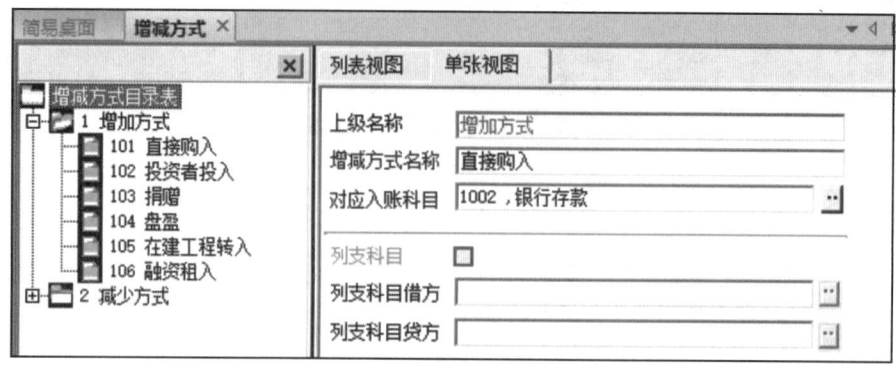

图 7-21 【增减方式】单张视图窗口

(3) 以同样的方法继续录入其他增减方式对应入账科目相关信息并保存，结果如图 7-22 所示。

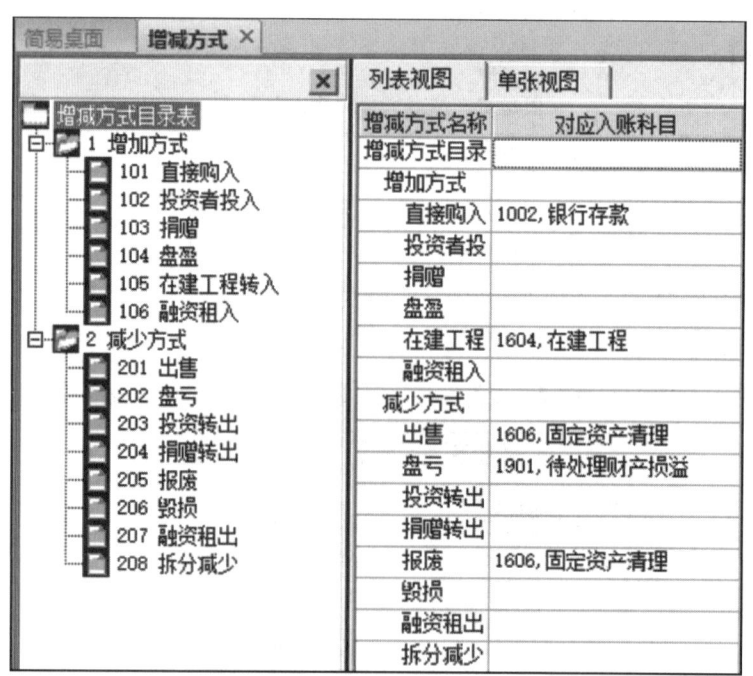

图 7-22 【增减方式】录入完成窗口

提示：

- 在资产增减方式中设置的对应入账科目是为了生成凭证时自动带出会计科目。
- 非明细增减方式不能删除；已使用的增减方式不能删除。
- 生成凭证时，如果入账科目发生了变化，可以及时修改。

（四）原始卡片录入

原始卡片是指卡片记录的资产开始使用日期的月份先于其录入系统的月份，即已使用过并已计提折旧的固定资产卡片。

在使用固定资产系统进行核算前，必须将原始卡片资料录入系统，保持历史资料的连续性。原始卡片的录入不限制必须在第一个会计期间结账前，任何时候都可以录入原始卡片。为了保证输入原始卡片数据的准确无误，应该在开始输入前对固定资产进行全面的清查盘点，做到账实相符。

【业务 7-5】 在固定资产系统中录入固定资产原始卡片，如表 7-5 所示。

表 7-5　　　　　　　　　　　　固定资产原始卡片

业务 7-5

固定资产编号	固定资产名称	类别编号	所在部门	增加方式	可使用年限	开始使用日期	单位	数量	使用状况	原值	累计折旧	净残值率
0100001	办公楼	1	总经办、财务部、采购部、销售部（各占25%）	在建工程转入	30	2022-5-1	栋	1	在用	1 064 550.91	53 375.4	5.00%
0100002	仓库	1	仓管部	在建工程转入	30	2023-4-1	栋	1	在用	568 421.05	12 000	5.00%
0200001	东方货车	2	销售部	直接购入	10	2022-10-1	辆	1	在用	190 364.43	21 765	2.00%
0300001	打印机	3	财务部	直接购入	3	2022-9-1	台	1	在用	3 000	1 225	2.00%
0300002	华为电脑	3	总经办	直接购入	3	2022-9-1	台	1	在用	6 000	2 450	2.00%
0300003	华为电脑	3	财务部	直接购入	3	2022-9-1	台	1	在用	6 000	2 450	2.00%
0300004	华为电脑	3	销售部	直接购入	3	2022-9-1	台	1	在用	6 000	2 450	2.00%
0300005	打印机	3	销售部	直接购入	3	2023-12-1	台	1	在用	1 822.61	0	2.00%

 操作步骤

（1）打开固定资产系统，执行【卡片】|【录入原始卡片】命令，进入固定资产类别档案，如图 7-23 所示。

（2）选中"01 房屋及建筑物"，点击【确定】按钮，打开【固定资产卡片】录入界面。点击【使用部门】，弹出本资产部门使用方式，选择"多部门使用"，如图 7-24 所示。点击【确定】按钮进入【使用部门】窗口，点击【增加】按钮，录入相应【使用部门】及【使用比例】如图 7-25 所示，点击【确定】按钮返回。

（3）【固定资产名称】录入"办公楼"；【增加方式】录入"在建工程转入"；【开始使用日期】录入"2022-05-01"；【使用状况】录入"在用"；【原值】录入"1 064 550.91"；【累计折旧】录入"53 375.40"；其他默认，如图 7-26 所示。点击【保存】按钮，系统提示"数据保存成功"，点击【确定】按钮。

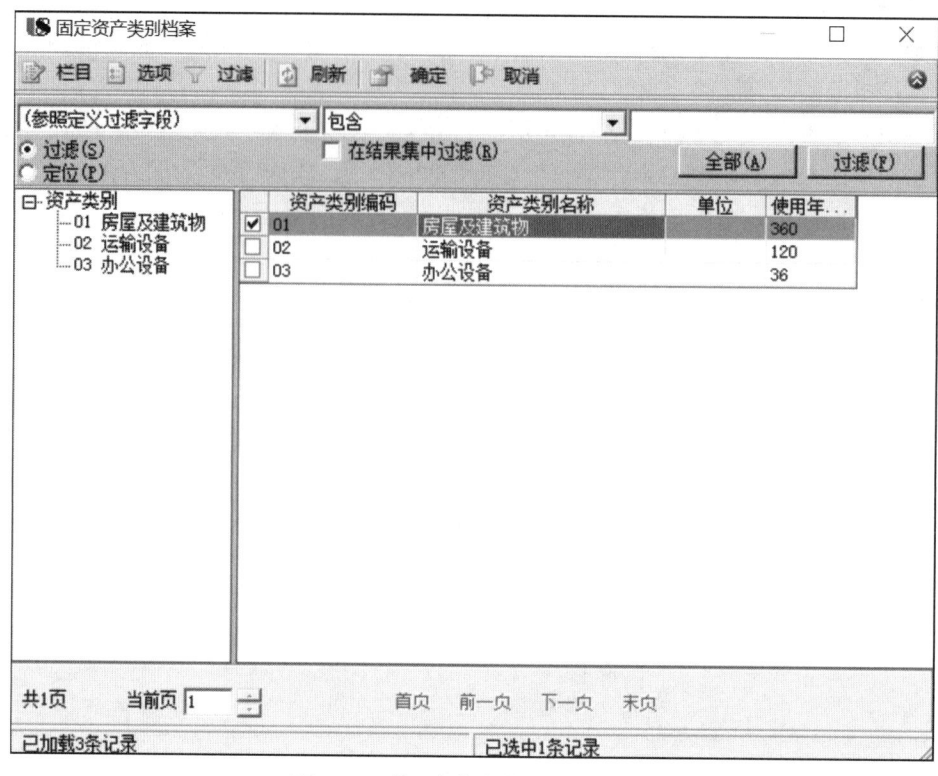

图 7-23 【固定资产类别档案】窗口

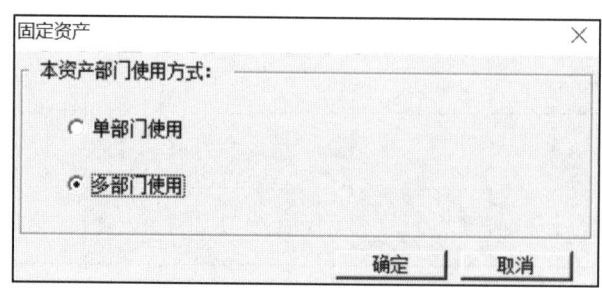

图 7-24 【部门使用方式】选择窗口

（4）以同样的方法继续录入其他固定资产卡片相关信息并保存，打开固定资产系统，执行【卡片】|【卡片管理】命令，打开【查询条件选择——卡片管理】窗口，【开始使用日期】输入"2022-5-1"，点击【确定】按钮，查询信息如图 7-27 所示。

> **提示：**
>
> ⊙ 在执行原始卡片录入或资产增加功能时，可以为一个资产选择多个使用部门。当资产为多部门使用时，原值、累计折旧等数据可以在多部门之间按预先设置的比例进行分摊。
>
> ⊙ 录入完成后，要查询已录入的固定资产原始卡片的信息，可执行【卡片管理】命令进行查询。

图7-25 【使用部门】窗口

图7-26 【固定资产卡片】窗口

图7-27 【卡片管理】窗口

（五）固定资产期初对账

系统在运行过程中，应保证本系统管理的固定资产的价值和账务系统中固定资产科目

163

的数值相等。而两个系统的资产价值是否相等,通过执行本系统提供的对账功能实现,对账操作不限制执行的时间,任何时候均可进行对账。

【业务7-6】 执行固定资产期初对账。

操作步骤

(1)打开固定资产系统,执行【处理】|【对账】命令,弹出"与账务对账结果"提示框,如图7-28所示。

(2)点击【确定】按钮,退出【与账务对账结果】提示框。

图7-28 【与账务对账结果】提示框

任务三　固定资产管理日常业务处理

一、固定资产增加

固定资产增加是指通过购入、在建工程转入等途径增加企业固定资产。在业务发生时根据实际业务要求,在固定资产卡片中选择输入新增固定资产的信息内容。具体操作方法与输入固定资产原始卡片相同。当固定资产开始使用日期的会计期间等于录入会计期间时,才能通过资产增加录入。

【业务7-7】 2024年1月16日,因业务需要采购部购入一台打印机。相关业务单据如图7-29至图7-31所示。

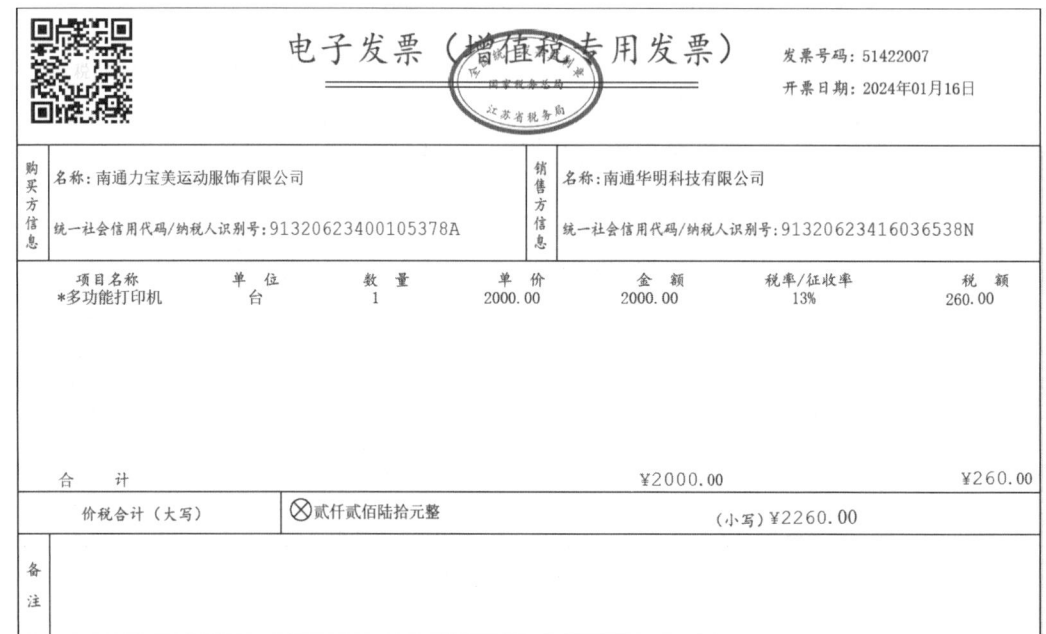

图7-29 【业务7-7】增值税专用发票

```
         付 款 单 据
      时间：2024 年 01 月 16 日   现金付讫
收款单位  南通华明科技有限公司   付款事由 购买打印机
人 民 币（大写） 贰仟贰佰陆拾元整（小写）￥ 2 260
记账：略    审核：略    出纳：略    经办：略
```

图 7-30 【业务 7-7】付款单据

固定资产验收交接单							
固定资产类别：办公设备							
固定资产项目名称	多功能打印机	型号及规格		供货商	南通华明科技有限公司	取得来源	直接购入
原值（元）	2000.00	其中安装费		预计净残值率		2%	
建造日期		验收日期	2024.01.16	开始使用日期	2024.01.16	预计使用年限(年)	3
年折旧额		年折旧率		月折旧额		月折旧率	
投入日期	2024.01.16	投入时已使用年限		尚能使用年限		投入时已提折旧额	
验收意见	符合规定质量标准，验收合格。				负责人：略 2024.01.16		
移交单位			接受单位负责人		略	移交人	略
接管单位	采购部		接管单位负责人		略	移交人	略

图 7-31 【业务 7-7】固定资产验收交接单

操作步骤

（1）以"W02 李晓园"身份打开固定资产系统，执行【卡片】|【资产增加】命令，进入固定资产类别档案，选择"03 办公设备"。

（2）点击【确定】按钮，根据固定资产验收交接单录入对应信息，如图 7-32 所示。点击【保存】按钮，系统提示"数据保存成功"，点击【确定】按钮。

```
              固定资产卡片
卡片编号      00009              日期       2024-01-16
固定资产编号  0300006    固定资产名称      多功能打印机
类别编号         03     类别名称  办公设备   资产组名称
规格型号                使用部门                    采购部
增加方式       直接购入  存放地点
使用状况         在用    使用年限(月)  36  折旧方法 平均年限法(一)
开始使用日期 2024-01-16  已计提月份     0  币种          人民币
原值         2 000.00   净残值率       2%  净残值         40.00
累计折旧           0    月折旧率       0   本月计提折旧额     0
净值         2 000.00   对应折旧科目 660207,折旧费  项目
增值税        260.00   价税合计    2 260.00
录入人        李晓园              录入日期    2024-01-16
```

图 7-32 【固定资产卡片】

(3) 执行【处理】|【批量制单】命令,打开【批量制单】窗口,双击选择需要生成凭证的业务对应的选择栏,打上"Y"标识,如图 7-33 所示。

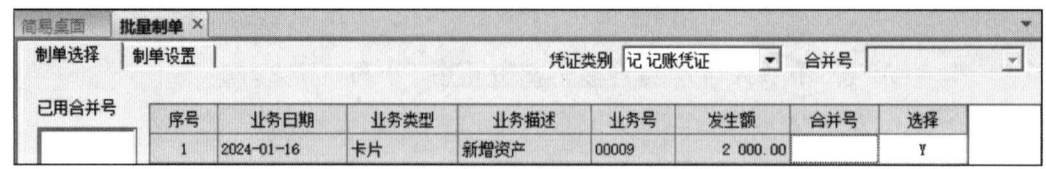

图 7-33 【批量制单】窗口

(4) 点击【制单设置】,修改贷方科目为"1001 库存现金",如图 7-34 所示。

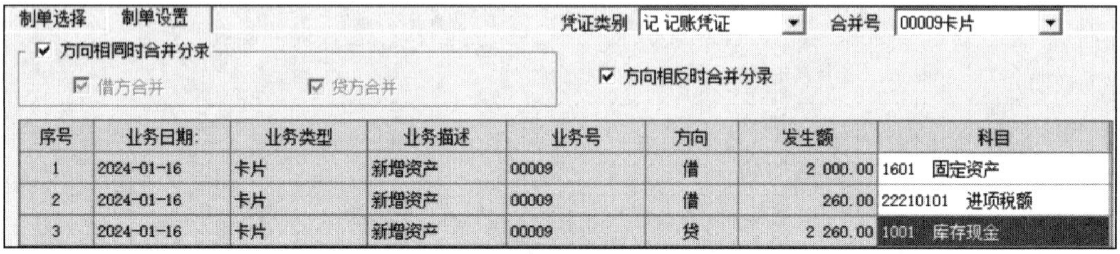

图 7-34 【制单设置】窗口

(5) 点击【凭证】按钮,生成凭证,点击【保存】按钮,如图 7-35 所示。

图 7-35 【记账凭证】窗口

 提示:

⊙ 新卡片录入的第一个月不计提折旧,折旧额为空或零。

⊙ 如果录入的累计折旧、累计工作量大于零，说明是旧资产，该累计折旧或累计工作量是进入本单位前的值。

⊙【资产增加】操作与【原始卡片录入】操作相对应。资产通过哪种方式录入，取决于固定资产的开始使用日期，只有当开始使用日期的期间等于录入的期间时，才能通过【资产增加】录入。

⊙ 只有在【选项】中勾选了"业务发生后立即制单"复选框，系统才能在新增固定资产卡片后，自动弹出【填制凭证】窗口，否则需在【批量制单】窗口进行凭证处理。

⊙ 如果发现凭证有错误，可以在固定资产管理系统的凭证查询窗口，找到错误的凭证，点击【编辑】按钮进行修改。

⊙ 如果是因为卡片的错误而导致凭证错误，则需要删除凭证，修改卡片后，再次生成正确的凭证。

二、固定资产变动处理

固定资产在使用过程中，可能会发生原值变动、部门转移、使用状况变动、使用年限调整、折旧方法调整等需要对固定卡片中的项目进行调整的情况，这些变动需要通过【变动单】进行操作。资产在使用过程中，因内部调配而发生的部门变动，通过部门转移功能实现。

【业务 7-8】 1月18日，东方货车的使用部门由"销售部"变更为"采购部"。

👆 操作步骤

打开固定资产系统，执行【卡片】|【变动单】|【部门转移】命令，打开【固定资产变动单】窗口。【卡片编号】选择"00003"；【变动后部门】录入"采购部"；【变动原因】填写"业务需要"，如图 7-36 所示。点击【保存】按钮，提示"数据保存成功！"。

业务 7-8

图 7-36 【固定资产变动单】窗口

三、计提固定资产折旧

计提折旧是固定资产系统的主要功能之一。系统每期计提折旧一次，根据录入系统的资料自动计算每项资产的折旧,并自动生成折旧分配表,然后制作记账凭证,将本期的折旧费用自动登账。执行此功能后,系统将自动计提各个资产当期的折旧额,并将当期的折旧额自动累加到累计折旧项目。

本系统在一个期间内可以多次计提折旧,每次计提折旧后,只是将计提的折旧累加到月初的累计折旧,不会重复累计。如果上次计提折旧已制单把数据传递到账务系统,则必须删除该凭证才能重新计提折旧。计提折旧后又对账套进行了影响折旧计算或分配的操作,必须重新计提折旧,否则系统不允许结账。如果自定义的折旧方法月折旧率或月折旧额出现负数,自动中止计提。

【业务7-9】 1月20日,计提本月固定资产折旧。

业务7-9

👆 操作步骤

(1) 打开固定资产系统,执行【处理】|【计提本月折旧】命令,弹出"是否要查看折旧清单?"提示框,如图7-37所示。

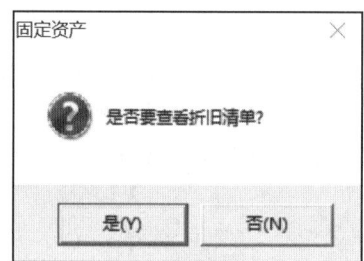

图7-37 "是否要查看折旧清单?"提示框

(2) 点击【是(Y)】按钮,弹出"本操作将计提本月折旧,并花费一定时间,是否要继续?"提示框,如图7-38所示。

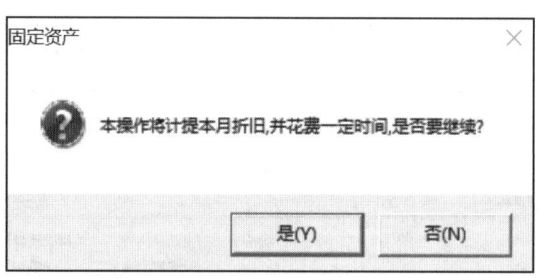

图7-38 【固定资产】提示框

(3) 点击【是(Y)】按钮,打开【折旧清单】窗口,如图7-39所示。
(4) 点击【退出】按钮,系统弹出"计提折旧完成!"提示框,如图7-40所示。
(5) 点击【确定】按钮,打开【折旧分配表】窗口,如图7-41所示。
(6) 点击【凭证】,生成凭证,修改凭证类别为"记账凭证",点击【保存】按钮,如图7-42所示。

卡片编号	资产编号	资产名称	原值	计提原值	本月计提折旧额	累计折旧	本年计提折旧	减值准备	净值	净残值	折旧率
00001	0100001	办公楼	550.91	1 064 550.91	2 767.83	56 143.23	2 767.83	0	407.68	3 227.55	0.0026
00002	0100002	仓库	421.05	568 421.05	1 477.89	13 477.89	1 477.89	0	943.16	8 421.05	0.0026
00003	0200001	东方货车	364.43	190 364.43	1 560.99	23 325.99	1 560.99	0	038.44	3 807.29	0.0082
00004	0300001	打印机	000.00	3 000.00	81.60	1 306.60	81.60	0	693.40	60.00	0.0272
00005	0300002	华为电脑	000.00	6 000.00	163.20	2 613.20	163.20	0	386.80	120.00	0.0272
00006	0300003	华为电脑	000.00	6 000.00	163.20	2 613.20	163.20	0	386.80	120.00	0.0272
00007	0300004	华为电脑	000.00	6 000.00	163.20	2 613.20	163.20	0	386.80	120.00	0.0272
00008	0300005	打印机	822.61	1 822.61	49.57	49.57	49.57	0	773.04	36.45	0.0272
合计			159.00	1 846 159.00	6 427.48	102 142.88	6 427.48	0	016.12	5 912.34	

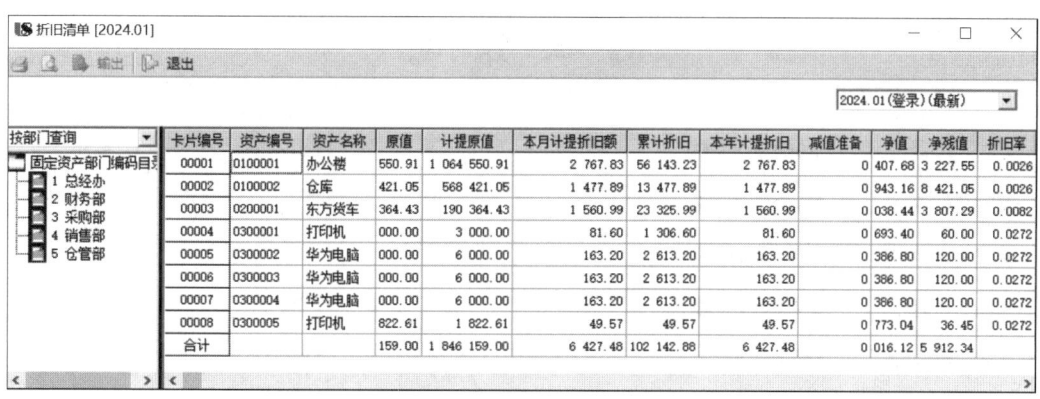

图 7-39 【折旧清单】窗口

图 7-40 “计提折旧完成”提示框

部门编号	部门名称	项目编号	项目名称	科目编号	科目名称	折 旧 额
1	总经办			660207	折旧费	855.16
2	财务部			660207	折旧费	936.76
3	采购部			660207	折旧费	2 252.95
4	销售部			660106	折旧费	904.72
5	仓管部			660207	折旧费	1 477.89
合计						6 427.48

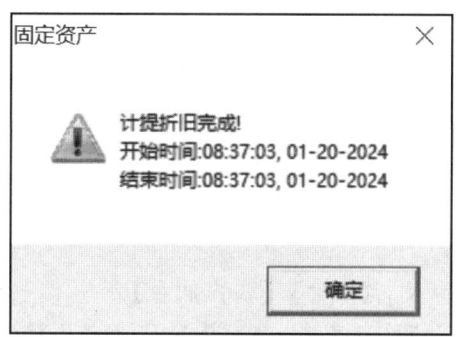

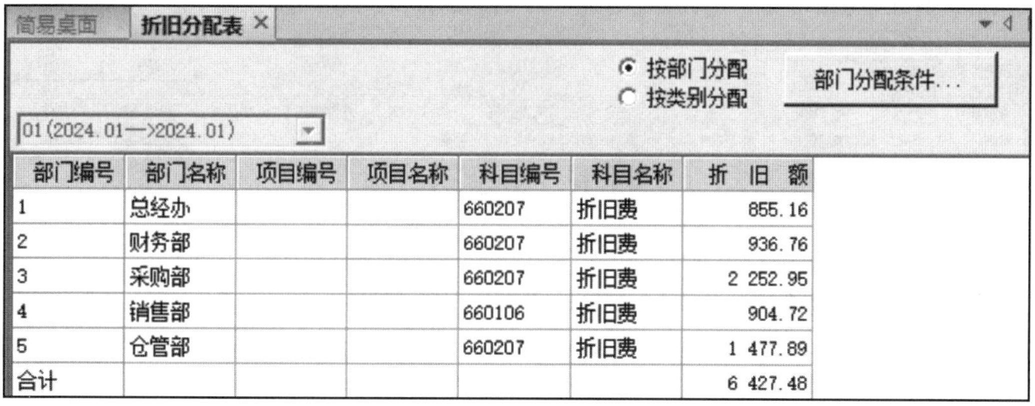

图 7-41 【折旧分配表】窗口

四、固定资产减少

固定资产减少是指在使用过程中,毁损、出售、盘亏等各种原因引起的资产减少。对该部分资产,需要在固定资产管理系统里做资产减少。

【业务 7-10】 1 月 21 日,将总经办的电脑报废,残值收入 800 元。

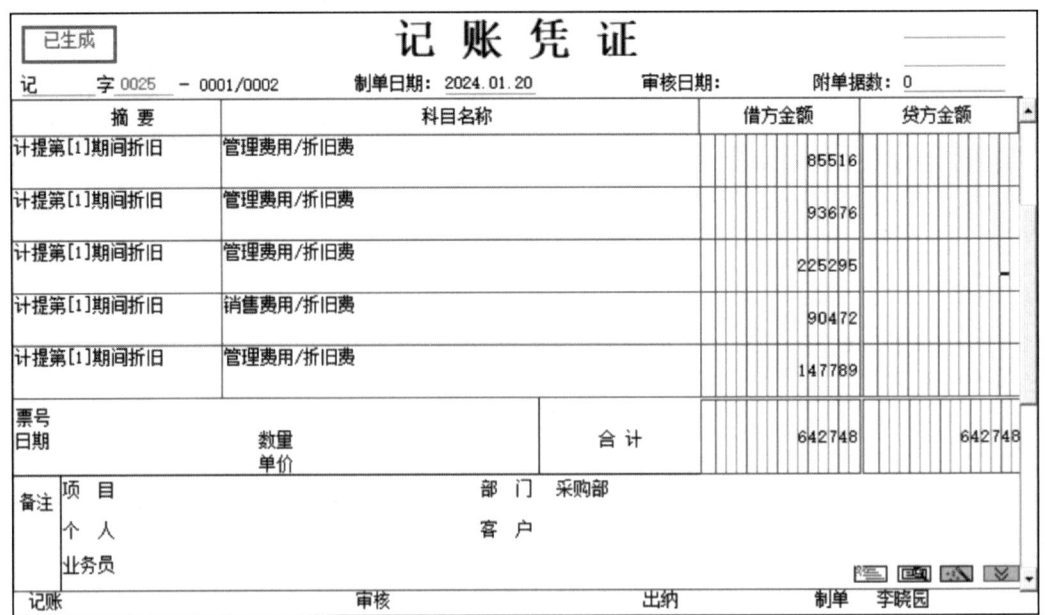

图 7-42 【记账凭证】窗口

业务 7-10

操作步骤

(1) 打开固定资产系统,执行【卡片】|【资产减少】命令,打开【资产减少】窗口,【卡片编号】选择"00005"。点击【增加】按钮,【减少方式】选择"报废",【清理原因】录入"无法使用",如图 7-43 所示。

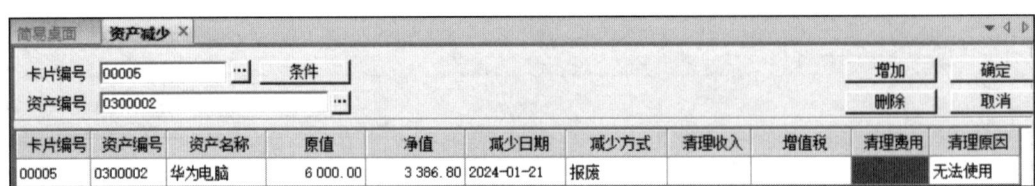

图 7-43 【资产减少】窗口

(2) 点击【确定】按钮,弹出"所选择的卡片已经减少成功"提示框,点击【确定】按钮。

(3) 执行【处理】|【批量制单】命令,打开【查询条件选择-批量制单】窗口,点击【确定】按钮,进入【批量制单】对话框,双击选择需要生成凭证的业务对应的选择栏,打上"Y"标识,打开【制单设置】,点击【凭证】,生成一张记账凭证,点击【保存】按钮,如图 7-44 所示。

(4) 打开总账系统,执行【凭证】|【填制凭证】|【增加】命令,填制固定资产清理收入凭证,如图 7-45 所示。

(5) 继续点击【增加】按钮,填制结转固定资产清理凭证,如图 7-46 所示。

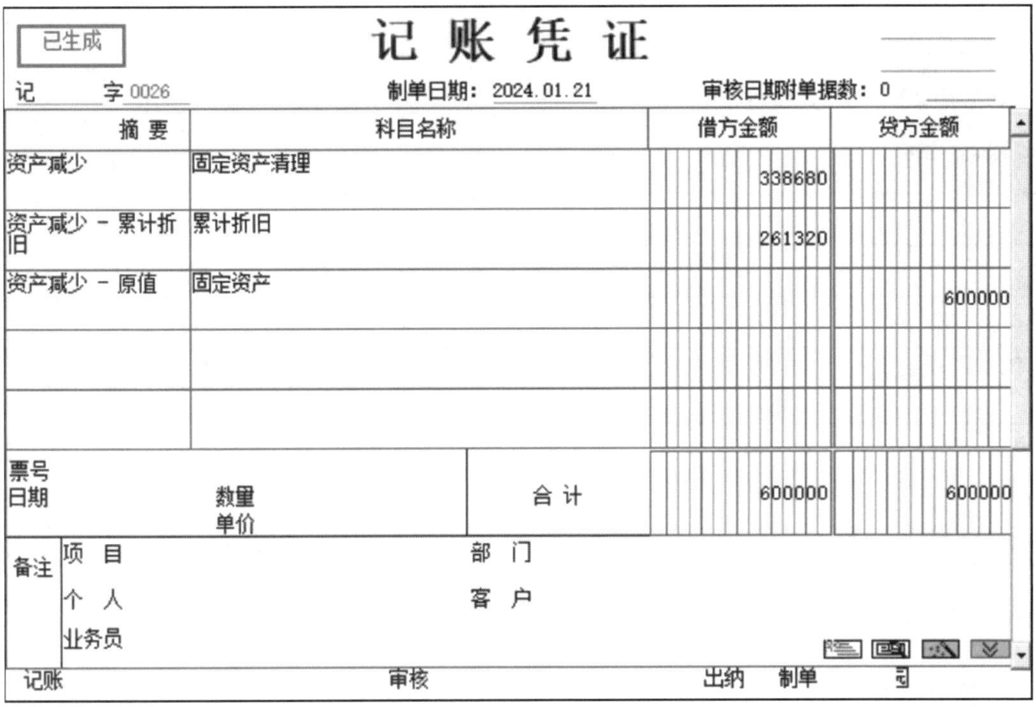

已生成

记账凭证

记 字 0026　　制单日期：2024.01.21　　审核日期附单据数：0

摘要	科目名称	借方金额	贷方金额
资产减少	固定资产清理	338680	
资产减少 - 累计折旧	累计折旧	261320	
资产减少 - 原值	固定资产		600000
票号 日期 数量 单价	合计	600000	600000

备注　项目　部门
个人　客户
业务员

记账　审核　出纳　制单

图 7-44　资产减少记账凭证

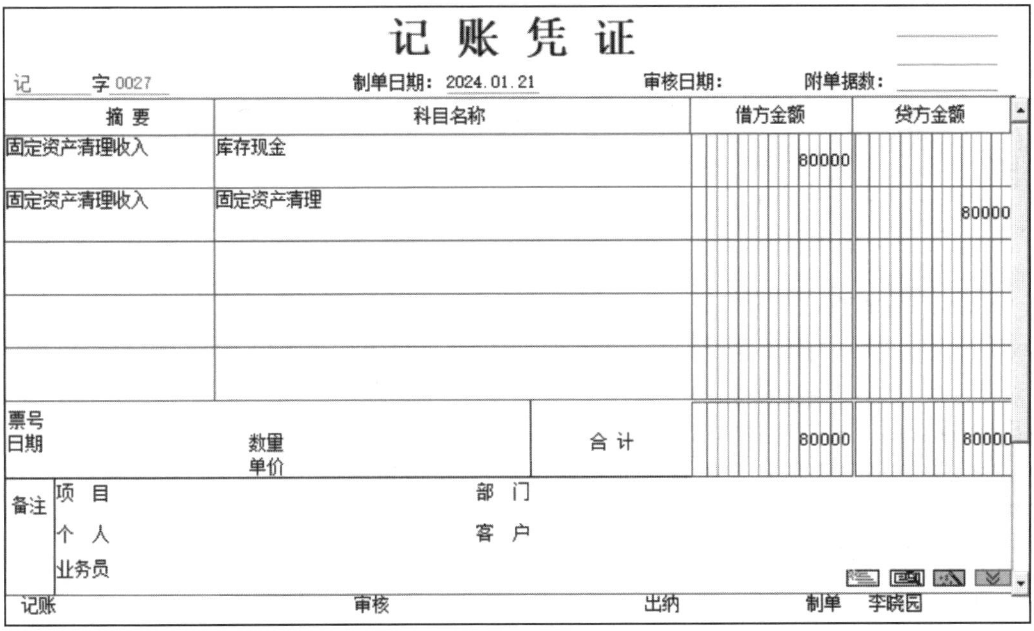

记账凭证

记 字 0027　　制单日期：2024.01.21　　审核日期：　　附单据数：

摘要	科目名称	借方金额	贷方金额
固定资产清理收入	库存现金	80000	
固定资产清理收入	固定资产清理		80000
票号 日期 数量 单价	合计	80000	80000

备注　项目　部门
个人　客户
业务员

记账　审核　出纳　制单　李晓园

图 7-45　固定资产清理收入凭证

图 7-46　结转固定资产清理凭证

> **提示：**
> ⦿ 只有当资产在当月计提折旧后，才可以使用资产减少功能，否则，减少资产只能通过删除卡片来完成。

任务四　固定资产期末处理及账表管理

一、对账与结账

系统在运行过程中，应保证本系统管理的固定资产价值和账务系统中的固定资产科目的数值相等。两个系统的资产价值是否相等，可以通过执行本系统提供的对账功能判定，对账操作不限制执行的时间，任何时候均可进行对账。系统在执行月末结账时自动对账一次，给出对账结果，并根据初始化或选项中的判断确定不平情况是否允许结账。

固定资产管理系统完成本月全部制单业务后，可以进行月末结账，月末结账每月只能进行一次，结转后当期数据不能修改。结账后，如果发现结账前的数据有误，就必须修改结账前的数据。可通过系统提供的"恢复月末结账前状态"功能反结账，然后再进行相应的修改。

【业务 7-11】对固定资产管理系统对账、结转。

业务 7-11

　操作步骤

（1）以出纳"W03 王明涛"身份执行【凭证】|【出纳签字】命令，对所有凭证进行出纳

签字。

(2) 以财务主管"W01 陈丽梅"身份执行【凭证】|【审核凭证】命令,对所有凭证进行审核。

(3) 以会计"W02 李晓园"身份执行【凭证】|【记账】命令,完成凭证记账。

(4) 以"W02 李晓园"身份执行【固定资产】|【处理】|【对账】命令,弹出"与账务对账结果"提示框,系统提示"结果:平衡",如图 7-47 所示。

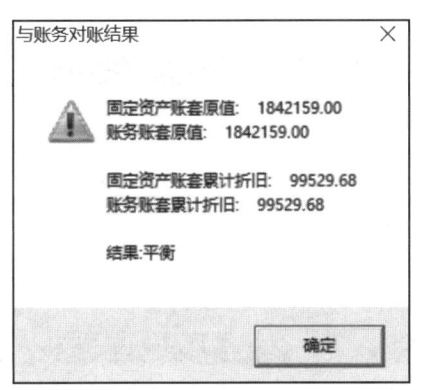

图 7-47 【与账务对账结果】提示框

图 7-48 【月末结账成功完成!】提示框

(5) 执行【固定资产】|【处理】|【月末结账】命令,弹出"月末结账"提示框。

(6) 执行【开始结账】命令,弹出"与账务对账结果"提示框。

(7) 点击【确定】按钮。系统提示"月末结账成功完成!",如图 7-48 所示。

二、账表管理

固定资产管理过程中,需要及时掌握资产的统计、汇总和其他各方面的信息。本系统根据用户对系统的日常操作,自动提供这些信息,以报表的形式提供给财务人员和资产管理人员。本系统提供的报表分为五类:账簿、折旧表、汇总表、分析表、减值准备表。另外如果所提供的报表不能满足要求,系统提供自定义报表功能,可以根据需要定义要求的报表。

【业务 7-12】 查询 1 月固定资产价值结构分析表、固定资产变动情况表和部门类别明细账。

操作步骤

(1) 打开固定资产系统,执行【账表】|【我的账表】|【分析表】|【价值结构分析表】命令,打开【价值结构分析表】窗口,点击【确定】按钮,如图 7-49 所示。

(2) 执行【账表】|【我的账表】|【统计表】|【固定资产变动情况表】命令,打开【固定资产变动情况表】窗口,点击【确定】按钮,如图 7-50 所示。

(3) 执行【账表】|【我的账表】|【账簿】|【(部门、类别)明细账】命令,打开【(部门、类别)明细账】窗口,点击【确定】按钮,如图 7-51 所示。

业务 7-12

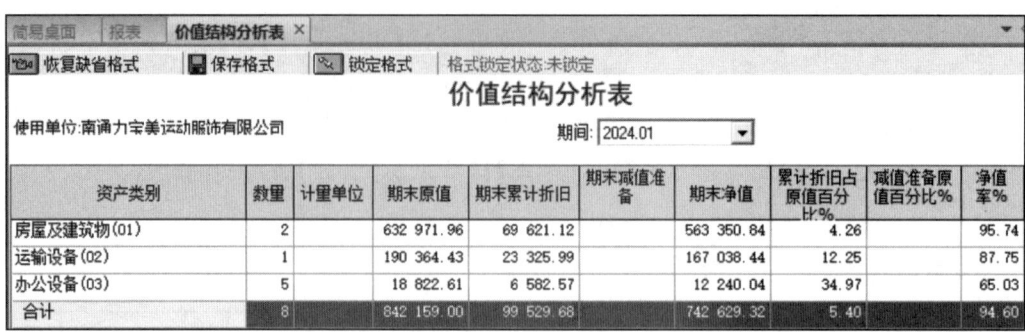

图 7-49 【价值结构分析表】窗口

图 7-50 【固定资产变动情况表】窗口

图 7-51 【(部门、类别)明细账】窗口

 思政园地

贵州：为大规模设备更新
行动注入"税动力"

业财一体信息化应用职业技能等级要求（初级）

工作领域	工作任务	职业技能要求	
3. 业财一体信息化平台典型财务处理	3.3 典型固定资产业务处理	3.3.1	能够根据《企业会计准则》，依据固定资产增加情况，在信息化平台固定资产模块中熟练、准确地增加固定资产，并生成记账凭证
		3.3.2	能够根据《企业财务通则》，依据固定资产使用情况，在信息化平台固定资产模块中对固定资产卡片进行使用部门、折旧方法等变更
		3.3.3	能够根据《企业会计准则》，依据固定资产使用情况及相关资料，在信息化平台固定资产模块中对固定资产卡片进行原值、使用年限、累计折旧等变更，并生成记账凭证
		3.3.4	能够根据《企业会计准则》，在信息化平台固定资产模块中正确计提固定资产折旧，并生成记账凭证

项目八 薪资管理系统

知识目标

1. 理解薪资管理系统的业务逻辑。
2. 掌握薪资管理系统的基本功能。

技能目标

1. 能够进行薪资管理系统的初始化设置。
2. 能够进行薪资管理系统的日常业务处理。
3. 能够进行工资分摊设置与制单。

素养目标

1. 培养学生忠于职守、尽职尽责的敬业精神。
2. 培养学生严肃认真、严谨细致的工作作风。

任务一 薪资管理系统认知

薪资管理系统适用于各类企业、行政事业单位进行工资核算、工资发放、工资费用分摊、工资统计分析和个人所得税核算等。薪资管理系统可以与总账系统集成使用,将工资凭证传递到总账中;可以与成本管理系统集成使用,为成本管理系统提供人员的费用信息。

1. 初始设置

薪资管理系统初始设置主要有以下功能:设置人员附加信息;工资类别适用部门(多工资类别);工资人员档案;设置多次发放;自定义工资项目及计算公式;设置工资项目从人事系统获取数据的取数公式;提供多工资类别核算、工资核算币种、扣零处理、个人所得税扣税处理等账套参数设置。

2. 业务处理

薪资管理系统业务处理主要包括:工资数据变动(进行工资数据的变动、汇总处理,支持多套工资数据的汇总);工资分钱清单(提供部门分钱清单、人员分钱清单、工资发放取款单);工资分摊(月末自动完成工资分摊、计提、转账业务,并将生成的凭证传递到总账系统);

银行代发(灵活的银行代发功能,预置银行代发模板,适用于由银行发放工资的企业。可实现在同一工资账中的人员由不同的银行代发工资,以及多种文件格式的输出);扣缴所得税(提供个人所得税自动计算与申报功能)。

3. 统计分析报表

薪资管理系统统计分析报表主要包括:提供按月查询凭证的功能;提供工资表(工资发放签名表、工资发放条、工资卡、部门工资汇总表、人员类别汇总表、条件汇总表、条件明细表、条件统计表、多类别工资表等);提供工资分析表(工资项目分析表、工资增长分析、员工工资汇总表、按月分类统计表、部门分类统计表、按项目分类统计表、员工工资项目统计表、分部门各月工资构成分析表、部门工资项目构成分析表等)。

任务二　薪资管理系统初始设置

一、工资账套的建立

建账工作是整个薪资管理系统正确运行的基础。建立一个完整的账套,是系统正常运行的根本保证。可通过系统提供的建账向导,逐步完成整套工资的建账工作。当启动薪资管理系统,如所选择账套为首次使用,系统将自动进入建账向导。

【业务 8-1】 2024 年 1 月 1 日,以账套主管"A01 刘慧清"身份登录企业应用平台,建立工资账套,相关参数如下。

参数设置:本账套所需处理的工资类别个数为单个。

扣税设置:从工资中代扣个人所得税。

扣零设置:不扣零。

人员编码:默认人员编码设置。

业务 8-1

操作步骤

(1) 登录企业应用平台,执行【业务工作】|【人力资源】|【薪资管理】命令,弹出【建立工资套-参数设置】窗口,选择本账套所需处理的工资类别个数为"单个";币别为"人民币 RMB",如图 8-1 所示。

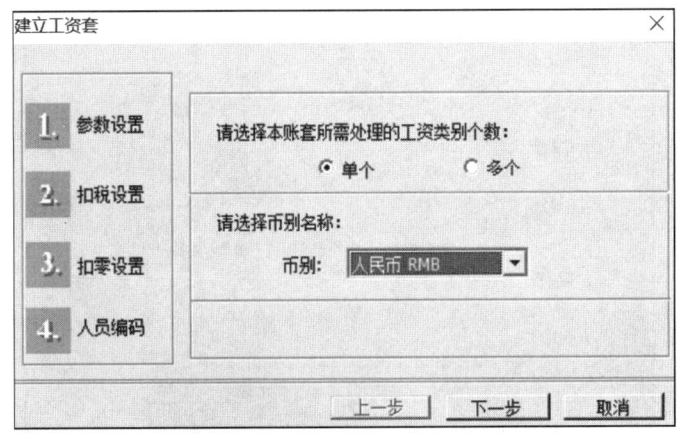

图 8-1 【建立工资套-参数设置】窗口

(2)点击【下一步】按钮,弹出【建立工资套—扣税设置】窗口,勾选"从工资中代扣个人所得税",如图8-2所示。

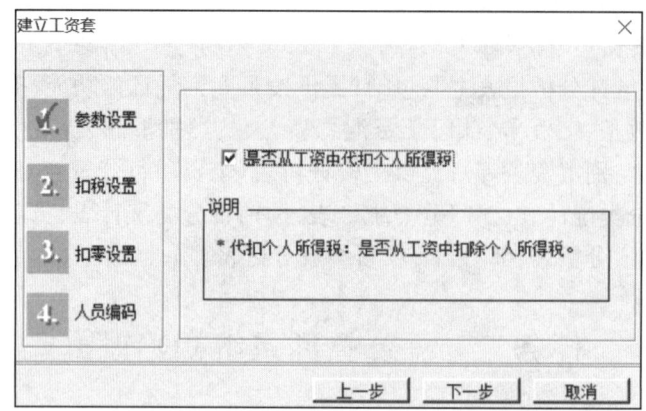

图8-2 【建立工资套-扣税设置】窗口

(3)点击【下一步】按钮,弹出【建立工资套—扣零设置】窗口,取消勾选"扣零",如图8-3所示。

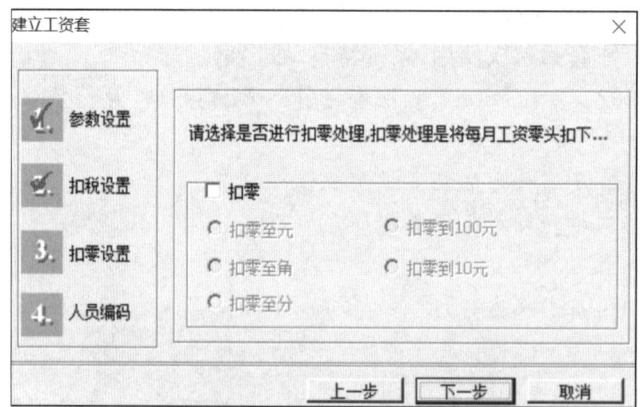

图8-3 【建立工资套-扣零设置】窗口

(4)点击【下一步】按钮,弹出【建立工资套—人员编码】窗口,默认人员编码设置,如图8-4所示。

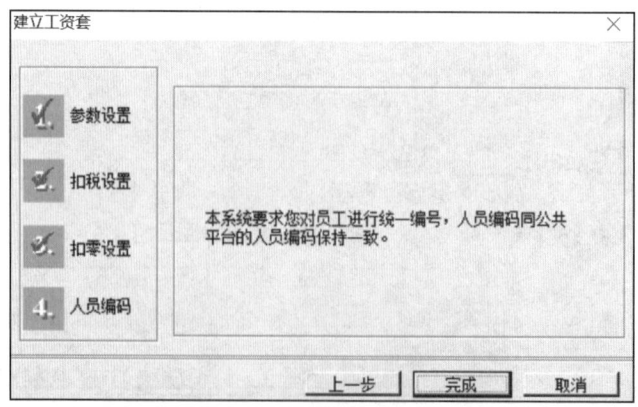

图8-4 【建立工资套-人员编码】窗口

(5) 点击【完成】按钮，完成工资账套的建立。

> **提示：**
> ● 工资账套与企业核算账套是不同的概念，企业核算账套在系统管理中建立，是针对整个用友ERP系统而言的，而工资账套只针对用友ERP系统中的薪资管理子系统。可以说工资账套是企业核算账套的一个组成部分。
> ● 选择代扣个人所得税后，系统将自动生成工资项目【代扣税】，并自动进行代扣税金的计算。

二、设置人员档案

人员档案用于登记工资发放人员的姓名、职工编号、所在部门、人员类别等信息，处理员工的增减变动等。人员编号、人员姓名、人员类别来源于公共平台的人员档案信息，薪资管理系统不能修改，要在公共平台中修改，系统会自动将修改信息同步到薪资管理系统。

【业务8-2】设置人员档案，如表8-1所示。

表8-1   人员档案

人员编码	人员名称	性别	所在部门	人员类别	银行名称	银行账号
101	刘慧清	女	总经办	管理人员	交通银行	6222626896123001
201	陈丽梅	女	财务部	管理人员	交通银行	6222626896123002
202	李晓园	女	财务部	管理人员	交通银行	6222626896123003
203	王明涛	男	财务部	管理人员	交通银行	6222626896123004
301	戚诚	男	采购部	采购人员	交通银行	6222626896123005
302	杨智	女	采购部	采购人员	交通银行	6222626896123006
401	肖丽丽	女	销售部	销售人员	交通银行	6222626896123007
402	徐敏敏	女	销售部	销售人员	交通银行	6222626896123008
501	李军钧	男	仓管部	管理人员	交通银行	6222626896123009

业务8-2

操作步骤

(1) 执行【业务工作】|【人力资源】|【薪资管理】|【设置】|【人员档案】命令，点击【批增】，弹出【人员批量增加】窗口，选中左上角所有部门，点击【查询】按钮，如图8-5所示。

(2) 点击【确定】按钮，返回【人员档案】窗口，选中【101 刘慧清】，在其【选择】栏目打上"Y"标识，点击【修改】按钮，打开【人员档案明细】窗口，根据表8-1补充录入【银行名称】和【银行账号】信息，如图8-6所示。

(3) 点击【确定】按钮，弹出"写入该人员档案信息吗？"提示框，如图8-7所示。

(4) 点击【确定】按钮，以同样的方法继续完善其他人员的信息。

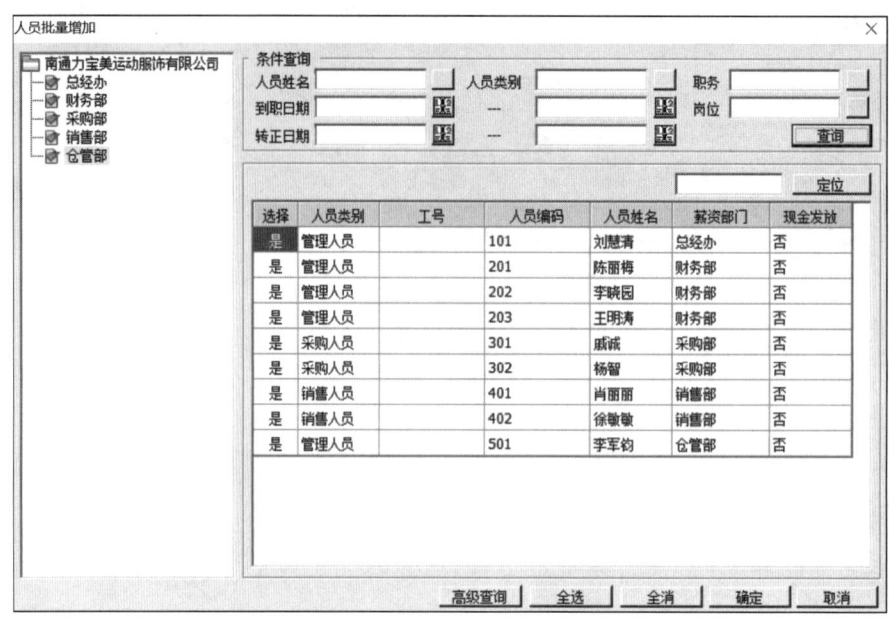

图 8-5 【人员批量增加】窗口

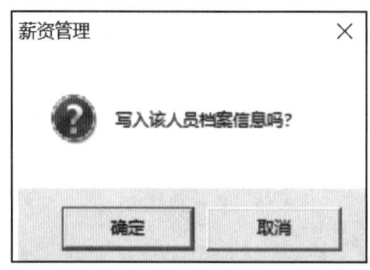

图 8-6 【人员档案明细】窗口

图 8-7 "写入该人员档案信息吗?"提示框

三、设置工资项目

工资项目设置即定义工资项目的名称、类型、宽度,可根据需要自由设置工资项目,如基本工资、岗位工资、扣款合计等。

【业务 8-3】 设置工资项目,如表 8-2 所示。

表 8-2　　　　　　　　　　　　　工资项目

业务 8-3

工资项目名称	类型	长度	小数	增减项
基本工资	数字	8	2	增项
奖金	数字	8	2	增项
交通补贴	数字	8	2	增项
岗位工资	数字	8	2	增项
福利费	数字	8	2	增项
缺勤天数	数字	8	2	其他
缺勤扣款	数字	8	2	减项
养老保险	数字	8	2	减项
医疗保险	数字	8	2	减项
失业保险	数字	8	2	减项
工伤保险	数字	8	2	减项
住房公积金	数字	8	2	减项
四险一金计提基数	数字	8	2	其他
计税工资	数字	8	2	其他
工资分配基数	数字	8	2	其他

👆 操作步骤

(1) 执行【业务工作】|【人力资源】|【薪资管理】|【设置】|【工资项目设置】命令,弹出【工资项目设置】窗口,如图 8-8 所示。

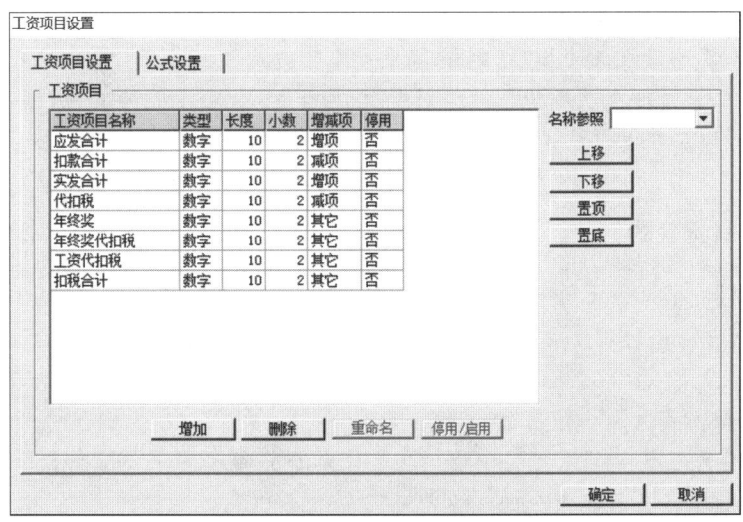

图 8-8　【工资项目设置】窗口

(2)点击【增加】按钮,录入工资项目名称"基本工资",类型"数字",长度"8",小数位"2",增加项"增项"。以同样的方法录入其他工资项目信息,如图 8-9 所示。点击【确定】按钮,退出【工资项目设置】窗口。

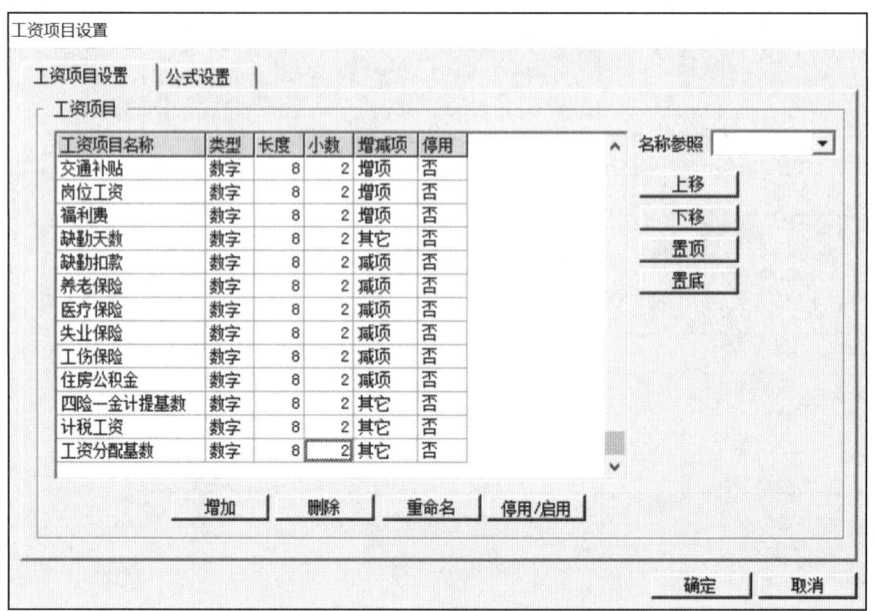

图 8-9 【工资项目设置】录入完成

提示:

● 系统提供了一些固定项目,包括【应发合计】【扣款合计】【实发合计】工资项目。

● 对于【名称参照】下拉列表中没有的项目可以直接输入;或者从【名称参照】中选择一个类似的项目后再进行修改。

● 此处所设置的工资项目是针对所有工资类别所需要使用的全部工资项目。

● 系统提供的固定工资项目不能修改、删除。

● 如果工资项目设置为增项,则该工资项目自动成为应发合计的组成项目;如果设置为减项,则该工资项目自动成为扣款合计的组成项目;如果设置为其他,则该工资项目的数据既不会被计入应发合计,也不会被计入扣款合计。

四、设置薪资公式

【业务 8-4】 根据以下资料设置薪资公式。

(1)交通补贴:采购人员为 400 元,其他人员为 300 元。

(2)计税工资=基本工资+岗位工资+奖金+福利费+交通补贴-缺勤扣款-养老保险-失业保险-医疗保险-住房公积金。

(3)工资分配基数=基本工资+岗位工资+奖金+福利费+交通补贴-缺勤扣款。

(4)缺勤扣款=基本工资÷22×缺勤天数。

(5) 四险一金计提基数＝基本工资＋岗位工资。
(6) 养老保险＝四险一金计提基数×8%。
(7) 医疗保险＝四险一金计提基数×2%。
(8) 失业保险＝四险一金计提基数×0.2%。
(9) 住房公积金＝四险一金计提基数×10%。

👉 操作步骤

1. 交通补贴公式设置

(1) 执行【业务工作】|【人力资源】|【薪资管理】|【设置】|【工资项目设置】命令,点击【公式设置】窗口,点击【增加】按钮,在【工资项目】下拉框中选中"交通补贴",点击【函数公式向导输入】,打开【函数向导——步骤之1】窗口,选中"函数名"中的"iff"函数,如图8-10所示。

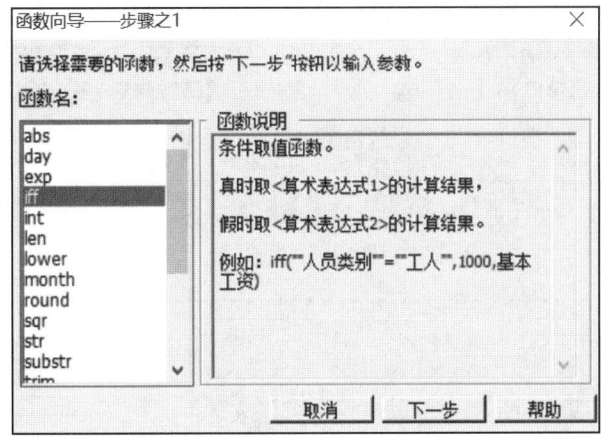

图 8-10 【函数向导——步骤之1】窗口

(2) 点击【下一步】按钮,打开【函数向导——步骤之2】窗口,有可编辑的逻辑表达式、算数表达式1和算数表达式2,如图8-11所示。

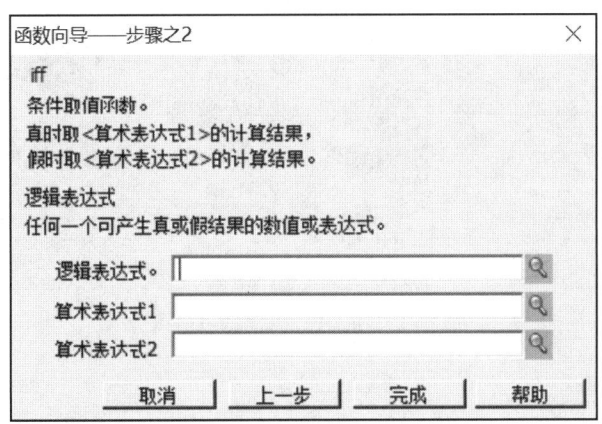

图 8-11 【函数向导——步骤之2】窗口

(3) 点击【逻辑表达式】右侧的【参照】按钮,打开【参照】窗口,在【参照列表】下拉框中选中"人员类别",选中公式所需的"采购人员",如图8-12所示,点击【确定】按钮。也可以在【逻辑表达式】直接录入:人员类别＝"采购人员"。

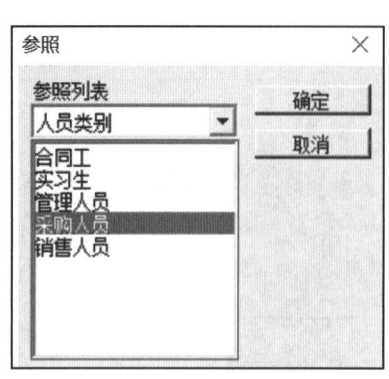

图8-12 【参照】窗口

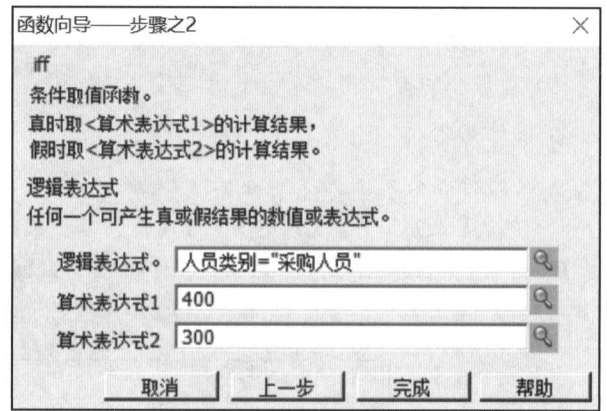

图8-13 【函数向导——步骤之2】录入完成

（4）在【算术表达式1】录入"400",在【算术表达式2】录入"300",如图8-13所示。

（5）点击【完成】按钮,返回【工资项目设置】窗口。点击【公式确认】按钮,交通补贴公式设置完毕,如图8-14所示。

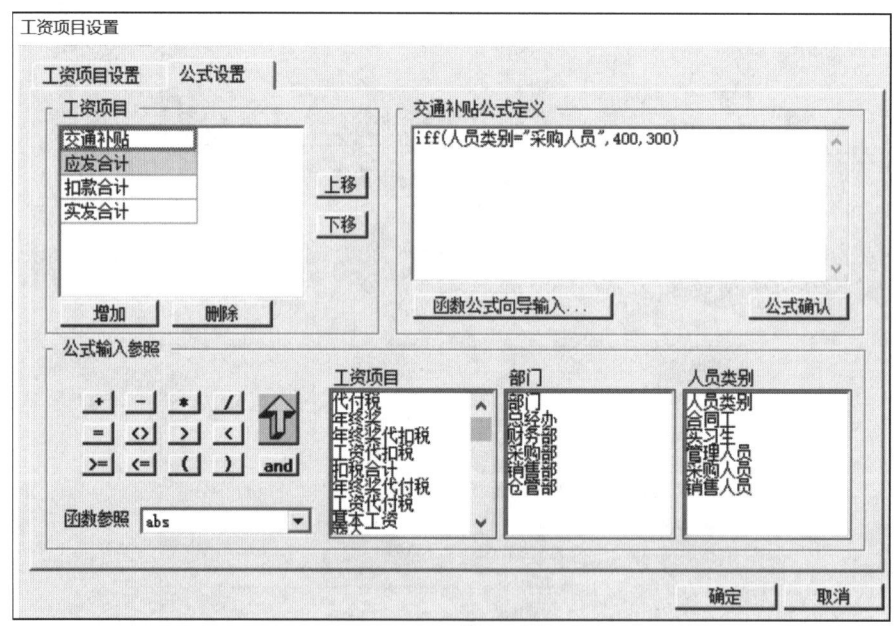

图8-14 【工资项目设置】窗口

2. 计税工资公式设置

（1）点击【增加】按钮,在工资项目下拉框中选中"计税工资"。

（2）在【计税工资公式定义】中直接输入"基本工资＋岗位工资＋奖金＋福利费＋交通补贴－缺勤扣款－养老保险－失业保险－医疗保险－住房公积金",点击【公式确认】按钮,如图 8-15 所示。

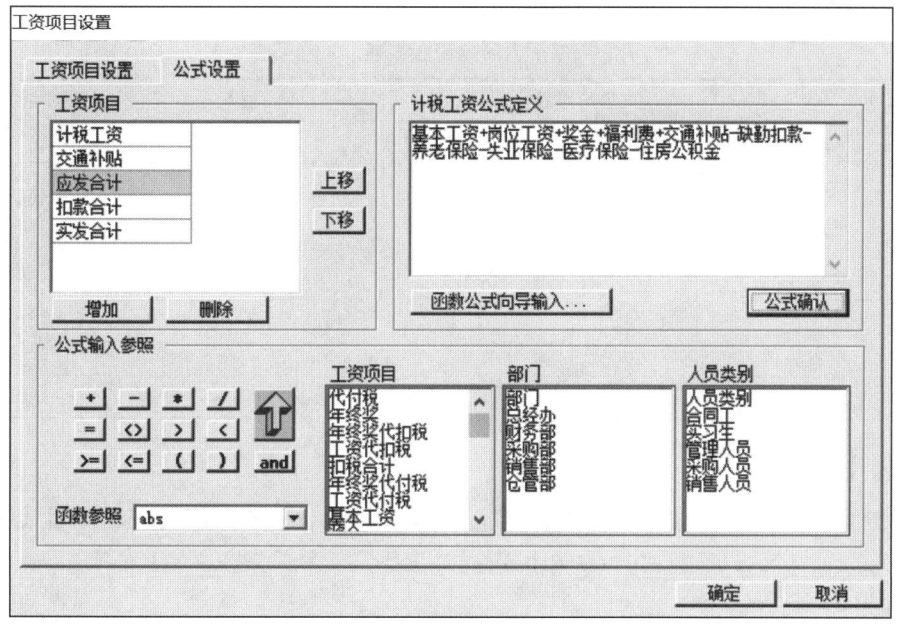

图 8-15 【工资项目设置】窗口

(3) 以同样的方法将其他公式录入完毕。

提示：

⊙ 在定义公式时，可以使用函数公式向导输入、函数参数输入、工资项目参照、部门参数和人员类别参照编辑输入工资项目的计算公式。其中，函数公式向导只支持系统提供的函数。工资中没有的项目不允许在公式中出现。

⊙ 公式中可以引用已设置公式的项目，相同的工资项目可以重复定义公式、多次计算，以最后的运行结果为准。

⊙ 在公式定义完成之后，点击【公式确认】按钮，系统将对公式进行逻辑合法性检查，对不符合逻辑的公式系统将给出错误提示。

⊙ 系统是按照"工资项目"列表中的排列顺序先后进行工资计算的。因此，需注意公式的排列顺序。先得到的数字应排在靠前的位置，后得到的数字排在靠后的位置，应发合计、扣款合计和实发合计这三个系统预置公式应排在最后。

五、设置扣税依据

选择"是否从工资中代扣个人所得税"，选择此项，工资核算时系统会根据输入的税率自动计算个人所得税额。设置工资的扣税工资项目，系统默认为"实发合计"，在实际业务中，因可能存在免税收入项目（如政府特殊津贴、院士津贴等）和税后列支项目，有时需要单独设置一个工资项目来计算应纳税工资。如果修改了扣税设置，需要进入工资变动重新计算个人所得税。

业务 8-5

【业务 8-5】 将"个人所得税"的扣税依据修改为"计税工资"。根据表 8-3 设置个人所得税税率表,将基数修改为"5 000.00",附加费修改为"0.00"。

表 8-3 个人所得税税率表

级数	月应纳税所得额	税率	速算扣除数
1	不超过 3 000 元的部分	3%	0
2	超过 3 000 元至 12 000 元的部分	10%	210
3	超过 12 000 元至 25 000 元的部分	20%	1 410
4	超过 25 000 元至 35 000 元的部分	25%	2 660
5	超过 35 000 元至 55 000 元的部分	30%	4 410
6	超过 55 000 元至 80 000 元的部分	35%	7 160
7	超过 80 000 元的部分	45%	15 160

操作步骤

(1) 执行【业务工作】|【人力资源】|【薪资管理】|【设置】|【选项】|【扣税设置】|【编辑】命令,把个人所得税申报表中"收入额合计"项所对应的工资项目默认是"实发工资"改为"计税工资",如图 8-16 所示。

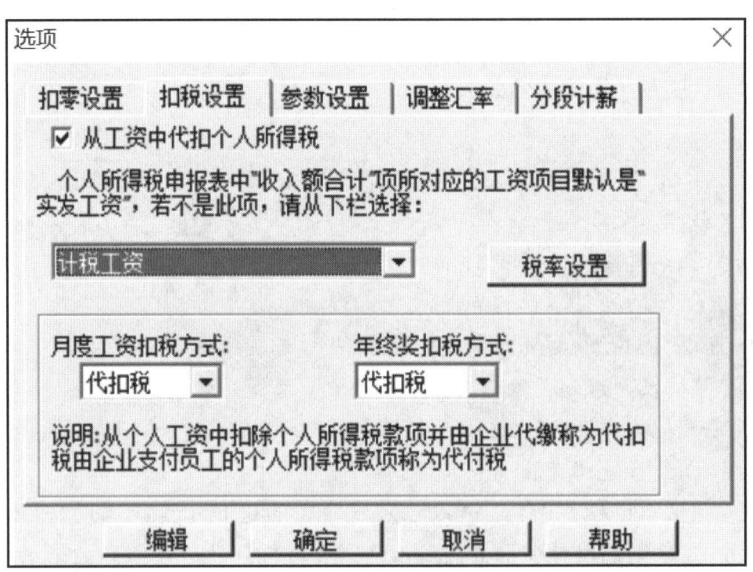

图 8-16 【选项-扣税设置】窗口

(2) 点击【税率设置】按钮,打开【个人所得税申报表——税率表】窗口,将基数修改为"5 000.00",附加费用修改为"0.00",根据表 8-3 修改个人所得税税率表,如图 8-17 所示。

(3) 点击【确定】按钮,退出【个人所得税申报表——税率表】窗口。

(4) 点击【确定】按钮,退出【选项】窗口。

图 8-17 【个人所得税申报表——税率表】窗口

任务三　薪资管理日常业务处理

薪资管理系统的日常业务处理主要包括计算并调整职工工资数据,并且根据这些数据发放工资,同时进行凭证填制等账务处理工作。

工资数据可以分为两种:固定数据和变动数据。固定数据一般比较稳定,数值很少变动,只在其发生变化的时候进行重新调整,平时不需要反复输入。常见的固定数据包括基本工资、岗位工资等。变动数据则需要在每次发放工资时根据实际情况进行调整,如奖金、缺勤天数及个人所得税和社会保险费等。

薪资管理系统在凭证处理上只提供了自动计算费用摊销以及凭证处理的功能,发放日常工资的相关凭证处理还需要在总账系统中完成。

一、工资数据变动

工资数据变动功能用于日常工资数据的调整变动以及工资项目增减等,如平常水电费扣发、事病假扣发、奖金录入等。首次进入本功能前,需先进行工资项目设置,然后再录入数据。

【业务 8-6】 1 月 25 日,计算本月应付工资,如表 8-4 所示。

表 8-4　　　　　　　　　　　1 月人员工资数据表　　　　　　　　金额单位:元

人员编码	人员名称	性别	基本工资	奖金	岗位工资	缺勤天数(天)
101	刘慧清	女	5 000.00	300.00	500.00	
201	陈丽梅	女	4 000.00	300.00	400.00	

业务 8-6

(续表)

人员编码	人员名称	性别	基本工资	奖金	岗位工资	缺勤天数(天)
202	李晓园	女	4 000.00	300.00	400.00	
203	王明涛	男	2 500.00	300.00	400.00	
301	戚诚	男	3 500.00	300.00	400.00	1
302	杨智	女	3 000.00	300.00	400.00	2
401	肖丽丽	女	4 500.00	300.00	400.00	
402	徐敏敏	女	3 500.00	300.00	400.00	2
501	李军钧	男	3 500.00	300.00	400.00	

操作步骤

(1) 以会计"W02 李晓园"身份执行【业务工作】|【人力资源】|【薪资管理】|【业务处理】|【工资变动】命令,打开【工资变动】窗口,根据表 8-4 录入基本工资、岗位工资、缺勤天数等项目。

(2) 点击【全选】按钮,在人员记录的选择栏选中标记"Y"。

(3) 点击【替换】按钮,打开【工资项数据替换】窗口,选择将工资项目"奖金"替换成"300",如图 8-18 所示。

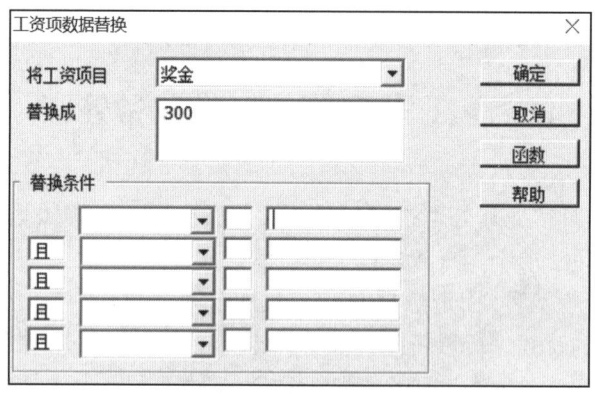

图 8-18 【工资项数据替换】窗口

(4) 单击【确定】按钮返回,系统弹出"数据替换后将不可恢复,是否继续?",点击【是】按钮,系统提示"9 条记录被替换,是否重新计算?",点击【是】按钮返回。

(5) 点击【计算】按钮,再点击【汇总】按钮,全部工资项目内容计算汇总如图 8-19 所示。

图 8-19 【工资变动】窗口

提示：

● 第一次使用工资系统必须将所有人员的基本工资数据录入系统。工资数据可以在录入人员档案时直接录入，需要计算的内容在此功能中进行计算；也可以在工资变动功能中录入，当工资数据发生变动时应在此录入。

● 如果工资数据的变化具有规律性，可以使用【替换】功能进行成批数据替换。

● 在修改了某些数据、重新设置了计算公式、进行了数据替换或在个人所得税中执行了自动扣税等操作后，必须调用【计算】【汇总】功能对个人工资数据重新计算，以保证数据正确。

● 如果对工资数据只进行了【计算】的操作，则退出时系统提示汇总。

二、工资分摊设置

工资分摊是指对当月发生的工资费用进行工资总额的计算、分配及各种经费的计提，并制作自动转账凭证，传递到总账系统。工资分摊设置包括工资分摊类型的设置和生成转账凭证处理。首次使用工资分摊功能应先进行工资分摊设置。所有与工资相关的费用均须建立相应的分摊类型名称及分摊比例，如应付职工薪酬、福利费、职工教育经费和工会经费等。

【业务 8-7】 进行工资分摊设置，由公司承担并缴纳的养老保险、医疗保险、失业保险、工伤保险、住房公积金分别按 20%、10.8%、1%、1%、10% 的比例计算；职工个人承担的养老保险、医疗保险、失业保险、住房公积金分别按 8%、2%、0.2%、10% 的比例计算。按工资总额的 2% 计提工会经费，按工资总额的 8% 计提职工教育经费，职工福利费按实际发生数列支，不按比例计提，如表 8-5 至表 8-10 所示。

业务 8-7

表 8-5　　　　　　　　　　　　计提工资分摊设置

计提类型名称	计提比例	部门名称	人员类别	工资项目	借方科目	贷方科目
计提工资	100.00%	总经办 财务部 仓管部	管理人员	工资分配基数	660201	221101
		采购部	采购人员	工资分配基数	660201	221101
		销售部	销售人员	工资分配基数	660101	221101

表 8-6　　　　　　　　　　计提公司承担社会保险分摊设置

计提类型名称	计提比例	部门名称	人员类别	工资项目	借方科目	贷方科目
计提公司-社会保险	32.80%	总经办 财务部 仓管部	管理人员	"四险一金"计提基数	660203	221103
		采购部	采购人员	"四险一金"计提基数	660203	221103
		销售部	销售人员	"四险一金"计提基数	660103	221103

表 8-7　　　　　　　　　　计提公司承担住房公积金分摊设置

计提类型名称	计提比例	部门名称	人员类别	工资项目	借方科目	贷方科目
计提公司-住房公积金	10.00%	总经办 财务部 仓管部	管理人员	"四险一金"计提基数	660201	221104
		采购部	采购人员	"四险一金"计提基数	660201	221104
		销售部	销售人员	"四险一金"计提基数	660101	221104

表 8-8　　　　　　　　　　计提工会经费分摊设置

计提类型名称	计提比例	部门名称	人员类别	工资项目	借方科目	贷方科目
计提工会经费	2.00%	总经办 财务部 仓管部	管理人员	应发合计	660201	221105
		采购部	采购人员	应发合计	660201	221105
		销售部	销售人员	应发合计	660101	221105

表 8-9　　　　　　　　　　计提职工教育经费分摊设置

计提类型名称	计提比例	部门名称	人员类别	工资项目	借方科目	贷方科目
计提职工教育经费	8.00%	总经办 财务部 仓管部	管理人员	应发合计	660201	221106
		采购部	采购人员	应发合计	660201	221106
		销售部	销售人员	应发合计	660101	221106

表 8-10　　　　　　　　　　代扣个人所得税分摊设置

计提类型名称	计提比例	部门名称	人员类别	工资项目	借方科目	贷方科目
代扣个人所得税	100.00%	总经办 财务部 仓管部	管理人员	扣税合计	221101	222104
		采购部	采购人员	扣税合计	221101	222104
		销售部	销售人员	扣税合计	221101	222104

👆 **操作步骤**

（1）执行【业务工作】|【人力资源】|【薪资管理】|【业务处理】|【工资分摊】命令，打开【工资分摊】窗口，点击【工资分摊设置】按钮，打开【分摊类型设置】窗口，点击【增加】按钮，打开【分摊计提比例设置】窗口，录入计提类型名称"计提工资"，分摊计提比例"100%"，如图 8-20 所示。

（2）点击【下一步】按钮，打开【分摊构成设置】窗口，录入部门名称、人员类别、工资项目、借方科目、贷方科目等，如图 8-21 所示。

（3）点击【完成】按钮，返回【分摊类型设置】窗口。

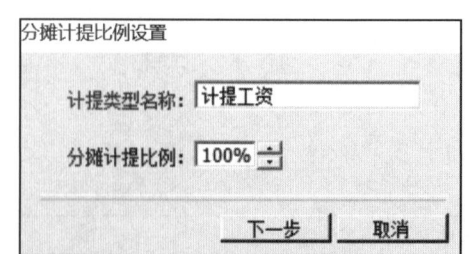

图 8-20　【分摊计提比例设置】窗口

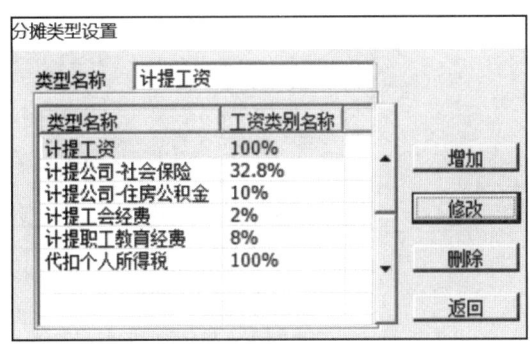

图 8-21 【分摊构成设置】窗口

（4）继续增加公司-社会保险、公司-住房公积金、工会经费、职工教育经费、代扣个人所得税，结果如图 8-22 所示。

图 8-22 【分摊类型设置】窗口

（5）点击【完成】按钮，返回【工资分摊】窗口，如图 8-23 所示。点击【取消】按钮，退出【工资分摊】窗口。

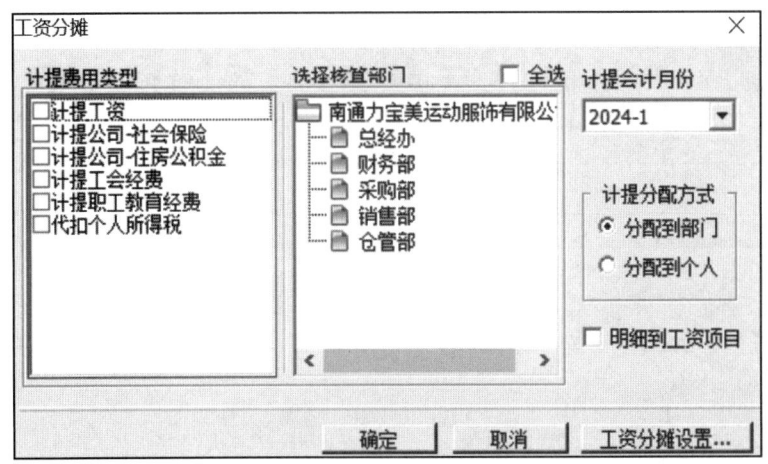

图 8-23 【工资分摊】窗口

三、工资分摊生成凭证

【业务 8-8】 1月31日,根据工资分摊设置生成计提工资、计提公司-社会保险、计提公司-住房公积金、计提工会经费、计提职工教育经费、代扣个人所得税凭证,生成凭证时勾选合并科目相同,辅助项相同的分录。

业务 8-8

👆 操作步骤

(1) 执行【业务工作】|【人力资源】|【薪资管理】|【业务处理】|【工资分摊】命令,打开【工资分摊】窗口,勾选【计提费用类型】全部项目;勾选南通力宝美运动服饰有限公司全部部门;勾选【明细到工资项目】复选框;勾选【按项目核算】复选框,如图 8-24 所示。

图 8-24 【工资分摊】窗口

(2) 点击【确定】按钮,进入【工资分摊明细】窗口,类型选择"计提工资",勾选【合并科目相同、辅助项相同的分录】复选框,如图 8-25 所示。

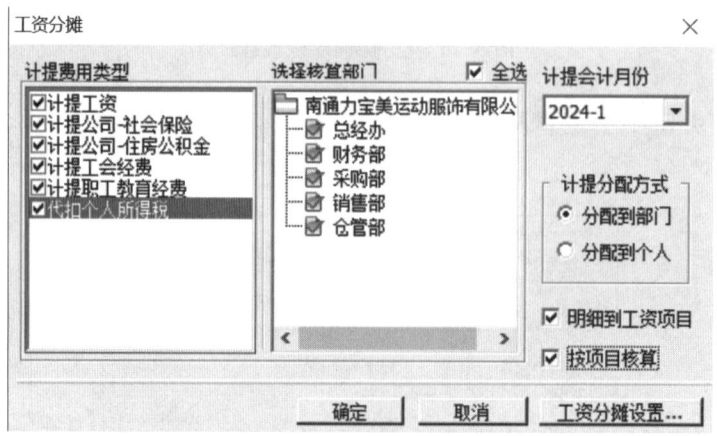

部门名称	人员类别	工资分配基数					
		分配金额	借方科目	借方项目大类	借方项目	贷方科目	贷方项目大类	贷方项目
总经办	管理人员	6 100.00	660201			221101		
财务部	管理人员	13 500.00	660201			221101		
采购部	采购人员	8 268.18	660201			221101		
销售部	销售人员	9 681.82	660101			221101		
仓管部	管理人员	4 500.00	660201			221101		

图 8-25 【工资分摊明细】窗口

(3) 点击【制单】按钮,生成一张凭证,凭证名修改为"记账凭证",点击【保存】按钮。如图 8-26 所示。

项目八 薪资管理系统

图 8-26 计提工资凭证

（4）关闭凭证，类型选择"计提公司-社会保险"，勾选【合并科目相同，辅助项相同的分录】复选框，点击【制单】按钮，凭证名修改为"记账凭证"，点击【保存】按钮。如图 8-27 所示。

图 8-27 计提公司-社会保险凭证

（5）以同样方法，生成计提公司-住房公积金、计提工会经费、计提职工教育经费、代扣个人所得税凭证，如图 8-28 至图 8-30 所示。

记账凭证				
记 字0031 - 0001/0002 制单日期：2024.01.31 审核日期： 附单据数：0				
摘要	科目名称		借方金额	贷方金额
计提公司-住房公积金	销售费用/工资		88000	
计提公司-住房公积金	管理费用/工资		55000	
计提公司-住房公积金	管理费用/工资		117000	
计提公司-住房公积金	管理费用/工资		73000	
计提公司-住房公积金	管理费用/工资		39000	
票号 日期	数量 单价	合 计	372000	372000
备注 项目 个人 业务员		部门 客户		
记账	审核	出纳	制单 李晓园	

图 8-28 计提公司-住房公积金凭证

记账凭证				
记 字0032 - 0001/0002 制单日期：2024.01.31 审核日期： 附单据数：0				
摘要	科目名称		借方金额	贷方金额
计提工会经费	销售费用/工资		20000	
计提工会经费	管理费用/工资		12200	
计提工会经费	管理费用/工资		27000	
计提工会经费	管理费用/工资		17400	
计提工会经费	管理费用/工资		9000	
票号 日期	数量 单价	合 计	85600	85600
备注 项目 个人 业务员		部门 客户		
记账	审核	出纳	制单 李晓园	

图 8-29 计提工会经费凭证

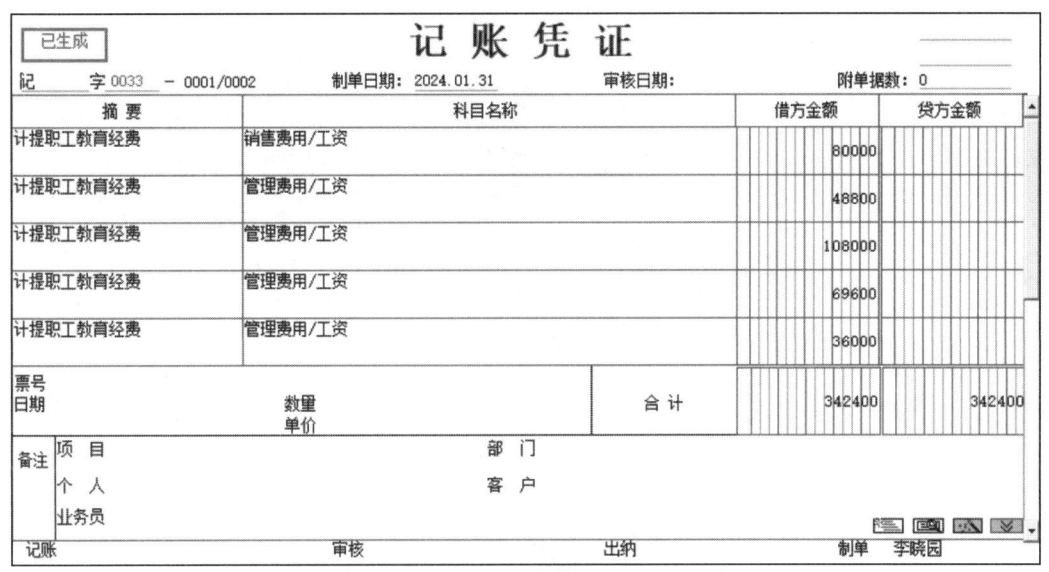

图 8-30 计提职工教育经费凭证

> **提示:**
> ⊙ 工资分摊应按分摊类型依次进行。
> ⊙ 在进行工资分摊时,如果不选择"合并科目相同、辅助项相同的分录",则在生成凭证时将每一条分录都对应一个贷方科目;如果点击【批制】按钮,可以一次将所有参与本次分摊的"分摊类型"所对应的凭证全部生成。

任务四 薪资管理系统期末处理及账表管理

一、期末结账

在当期工资数据处理完毕后,需要借助期末结账功能进入下一个会计期间,已经完成期末结账的数据将不能修改。系统可以对不同的工资类别分别进行期末结账。

在工资项目中,有些项目是变动的,每个月的数据均不相同,在进行月度工资处理时,需将其数据清零。

【业务 8-9】 进行薪资管理系统月末结账,将【缺勤天数】【缺勤扣款】【代扣税】清零。

 操作步骤

(1) 执行【薪资管理】|【业务处理】|【月末处理】命令,打开【月末处理】窗口,如图 8-31 所示。

(2) 点击【确定】按钮,系统弹出"月末处理之后,本月工资将不许变动!继续月末处理?"提示框,单击【是】按钮,系统继续弹出"是否选择清零?"提示框,点击【是】按钮,打开【选

业务 8-9

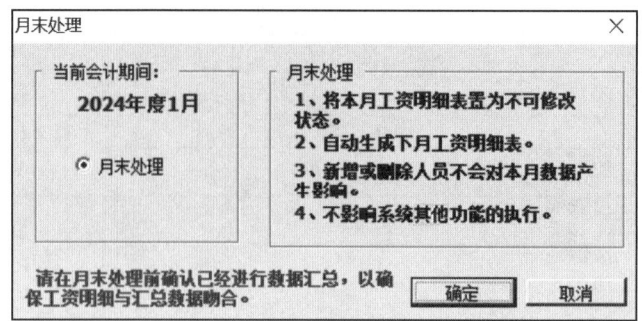

图 8-31 【月末处理】窗口

择清零项目】窗口。选择需要清零的项目【缺勤天数】【缺勤扣款】【代扣税】,如图 8-32 所示。

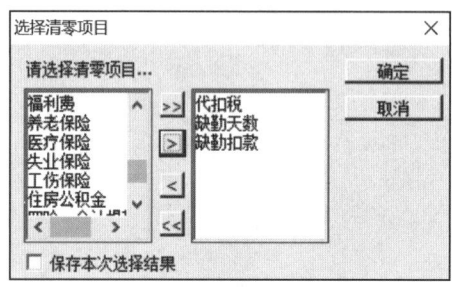

图 8-32 【选择清零项目】窗口

(3) 点击【确定】按钮,系统提示"月末处理完毕!"。

二、工资表查询

工资表主要用于本月工资发放和统计,包括工资发放条、工资汇总表。

【业务 8-10】 查询本月员工工资发放条。

业务 8-10

操作步骤

执行【业务工作】|【人力资源】|【薪资管理】|【统计分析】|【账表】|【工资表】命令,打开【工资表】窗口,选择【工资发放条】,点击【查看】按钮,打开【工资发放条】窗口,选中所有部门,点击【确定】按钮,如图 8-33 所示。

工资发放条
2024 年 01 月

部门 全部　　会计月份 一月　　人数

人员编号	姓名	应发合计	扣款合计	实发合计	基本工资	奖金	交通补贴	岗位工资	缺勤天数	缺勤扣款	养老保险	医疗保险	失业保
101	刘慧青	6,100.00	1,111.00	4,989.00	5,000.00	300.00	300.00	500.00			440.00	110.00	1
201	陈丽梅	5,000.00	888.80	4,111.20	4,000.00	300.00	300.00	400.00			352.00	88.00	
202	李晓园	5,000.00	888.80	4,111.20	4,000.00	300.00	300.00	400.00			352.00	88.00	
203	王明青	3,500.00	585.60	2,914.20	2,500.00	300.00	300.00	400.00			232.00	58.00	
301	臧诚	4,600.00	946.89	3,653.11	3,500.00	300.00	400.00	400.00	1.00	159.09	312.00	78.00	
302	杨智	4,100.00	959.53	3,140.47	3,000.00	300.00	400.00	400.00	2.00	272.73	272.00	68.00	
401	肖丽丽	5,500.00	989.80	4,510.20	4,500.00	300.00	300.00	400.00			392.00	98.00	
402	徐敏敏	4,500.00	1,105.98	3,394.02	3,500.00	300.00	300.00	400.00	2.00	318.18	312.00	78.00	
501	李军钧	4,500.00	787.80	3,712.20	3,500.00	300.00	300.00	400.00			312.00	78.00	
合计		42,800.00	8,264.40	34,535.60	33,500.00	2,700.00	2,900.00	3,700.00	5.00	750.00	2,976.00	744.00	7

图 8-33 【工资发放条】窗口

思政园地

人力资源社会保障部
财政部　国家税务总局
关于延续实施失业保险援企稳岗政策的通知

业财一体信息化应用职业技能等级要求（初级）

工作领域	工作任务	职业技能要求
3. 业财一体信息化平台典型财务处理	3.5 薪资业务处理	3.5.1 能够依据相关部门提供的人员变动信息，在信息化平台上熟练、准确地调整人员档案
		3.5.2 能够依据相关部门提供的考勤情况，在信息化平台上熟练、准确地进行工资计算处理
		3.5.3 能够根据《企业会计准则》，在信息化平台上编制月度工资表
		3.5.4 能够根据《企业会计准则》，在信息化平台上熟练完成工资计提，并能正确生成本月工资计提的凭证

项目九 总账管理系统期末业务处理

知识目标

1. 掌握总账系统自定义转账的设置。
2. 掌握总账系统对账、结账。

技能目标

1. 能够熟练设置总账系统期末自定义转账公式。
2. 能够正确处理总账系统期末对账、结账。

素养目标

1. 培养学生严谨细致的态度。
2. 培养学生提高专业技能的自觉性与紧迫感。

任务一 期末结转

总账管理系统期末处理是在本月所发生的全部经济业务全部入账的基础上,进行转账凭证生成、期间损益结转、计算出本期利润,并进行对账和结账的一系列工作。

一、自定义转账

企业有一些业务是有规律发生的,并且账户之间存在特定关系。为了减少期末业务处理的工作量,避免重复操作,可以将具有固定对应关系的业务凭证定义为转账凭证。自定义转账是指由用户自己定义转账凭证模板,定义内容包括转账序号、凭证类型、摘要、科目、借贷方向和金额公式。

【业务9-1】 1月31日,设置自定义结转未交增值税、计提城建税、教育费附加、地方教育附加和计提企业所得税费用,如表9-1所示。

表 9-1　　　　　　　　　　　　　自定义转账公式

转账序号	摘要	方向	会计科目	金额公式
0001	结转未交增值税	借	22210104	QM(222101,月)
		贷	222102	JG()
0002	计提城建税、教育费附加、地方教育附加	借	6403	JG()
		贷	222105	FS(222102,月,贷)*0.07
		贷	222106	FS(222102,月,贷)*0.03
		贷	222107	FS(222102,月,贷)*0.02
0003	计提企业所得税费用	借	6801	(FS(4103,月,贷)-FS(4103,月,借))*0.25
		贷	222103	JG()

👆 **操作步骤**

(1) 以"W02 李晓园"身份登录企业应用平台,执行【业务工作】|【财务会计】|【总账】|【期末】|【转账定义】|【自定义转账】命令,打开【自定义转账设置】窗口。

(2) 点击【增加】按钮,弹出【转账目录】窗口,【转账序号】录入"0001",【转账说明】录入"结转未交增值税",【凭证类别】录入"记账凭证",如图 9-1 所示,点击【确定】按钮。

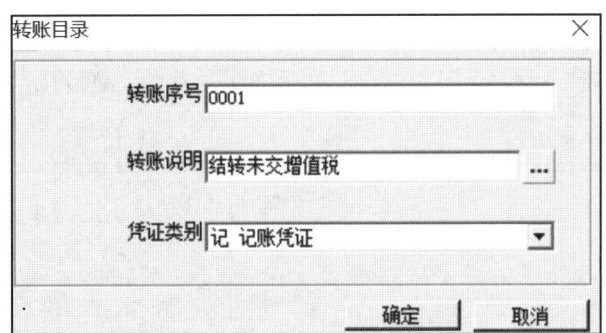

图 9-1　【转账目录】窗口

(3) 点击【增行】按钮,【科目编码】输入"22210104",点击【金额公式】参照栏,弹出【公式向导】窗口,选择"期末余额",如图 9-2 所示。

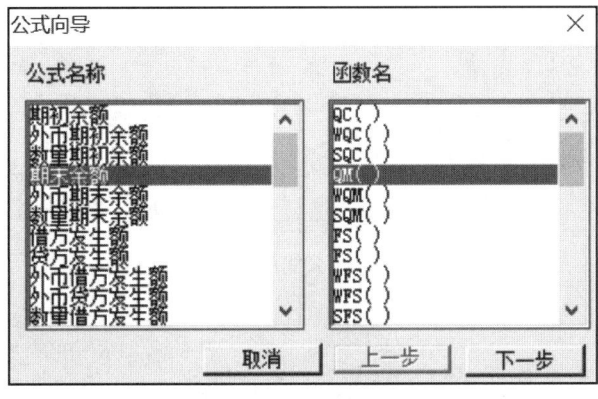

图 9-2　【公式向导】窗口

(4) 点击【下一步】按钮,【科目】修改为"222101",如图9-3所示,点击【完成】按钮。

图9-3 【公式向导】科目选择窗口

(5) 点击【增行】按钮,【科目编码】输入"222102",【方向】选择"贷",点击【金额公式】参照栏,弹出【公式向导】窗口,选择"JG()",如图9-4所示。

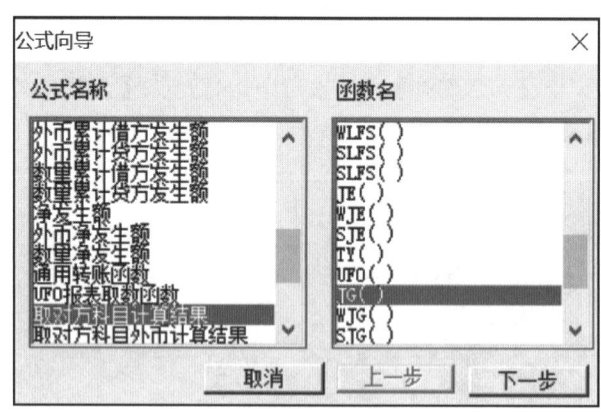

图9-4 【公式向导】窗口

(6) 点击【下一步】按钮,点击【完成】按钮,如图9-5所示。
(7) 按照同样方式设置计提城建税、教育费附加、地方教育附加和计提企业所得税费用,结果如图 9-6 和图 9-7 所示。

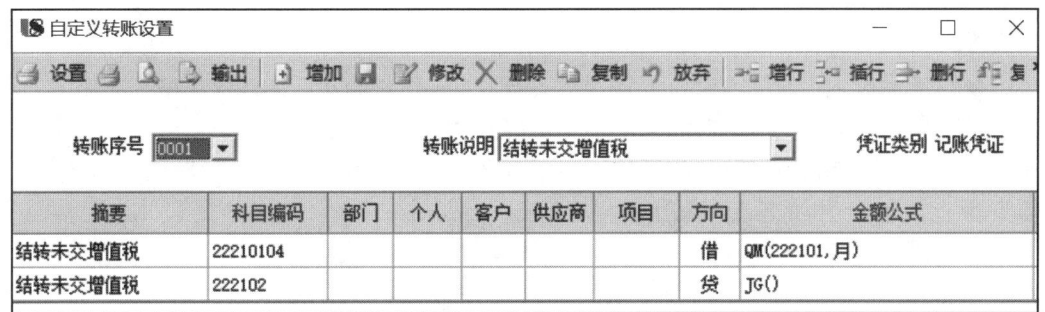

图 9-5 【自定义转账设置】窗口(转账序号 0001)

图 9-6 【自定义转账设置】窗口(转账序号 0002)

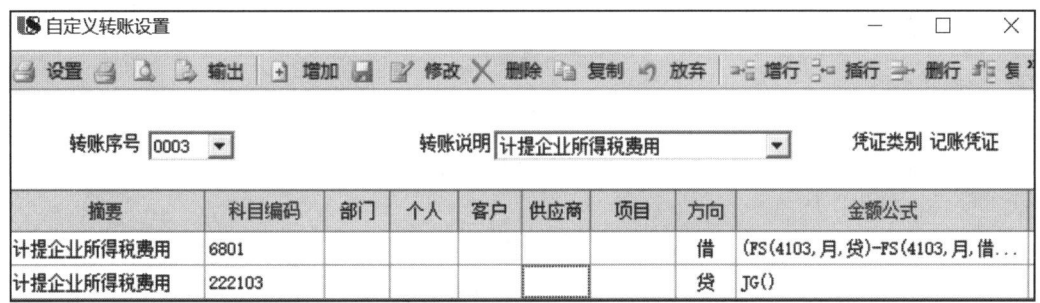

图 9-7 【自定义转账设置】窗口(转账序号 0003)

二、转账生成

【业务 9-2】 生成结转未交增值税、计提城建税、教育费附加、地方教育附加的凭证。

操作步骤

(1) 以出纳"W03 王明涛"身份执行出纳签字。
(2) 以财务主管"W01 陈丽梅"身份执行凭证审核。

(3) 以会计"W02 李晓园"身份执行凭证记账。

> **提示：**
> ⊙ 由于转账凭证中定义的公式均取自账簿，在进行月末自定义转账凭证生成前，必须将所有记账凭证全部记账，否则，生成在转账凭证中的数据可能不准确。
> ⊙ 结转税金及附加是在结账未交增值税基础之上进行的，结转未交增值税的凭证需要审核、记账后才可以生成结账税金及附加的凭证。
> ⊙ 在进行期间损益结转之前，需要将本月所有未记账凭证进行记账，以保证损益类科目的完整性。

(4) 以"W02 李晓园"身份，执行【业务工作】|【财务会计】|【总账】|【期末】|【转账生成】命令，打开【转账生成】窗口。

(5) 在结转未交增值税的【是否结转】栏处双击，使其出现"Y"的标记，如图 9-8 所示。

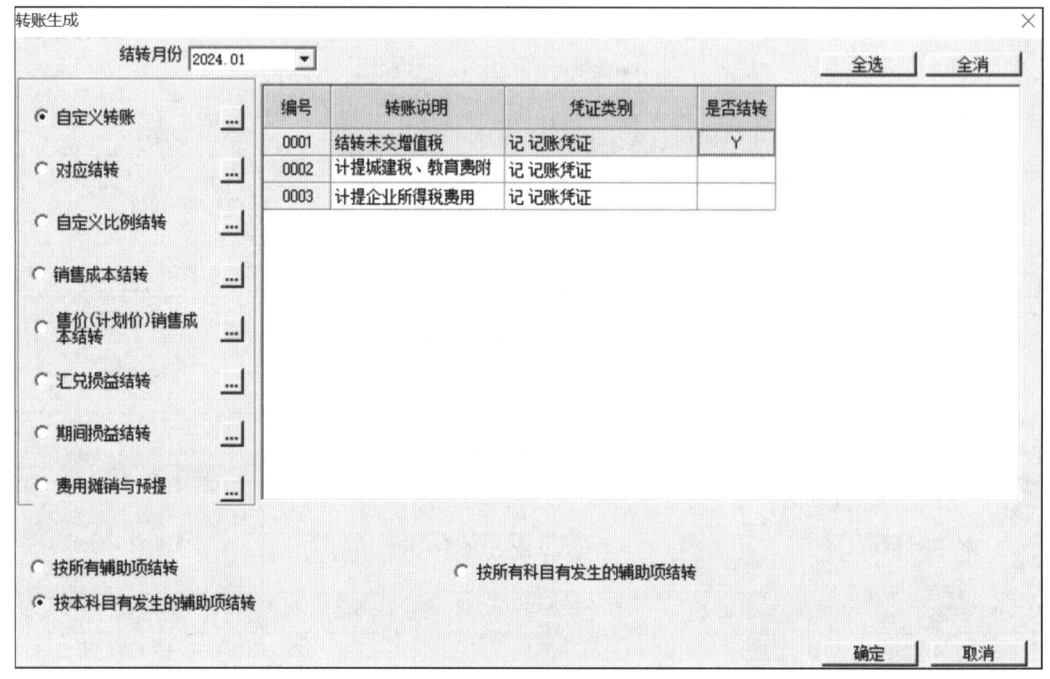

图 9-8 结转未交增值税

(6) 点击【确定】按钮，生成一张记账凭证，点击【保存】按钮，如图 9-9 所示。

(7) 以"W01 陈丽梅"进行凭证审核，以"W02 李晓园"完成凭证记账。

(8) 以"W02 李晓园"，执行【业务工作】|【财务会计】|【总账】|【期末】|【转账生成】命令，打开【转账生成】窗口。选择【计提城建税、教育费附加、地方教育附加】，如图 9-10 所示。

(9) 点击【确定】按钮，生成记账凭证，点击【保存】按钮，如图 9-11 所示。

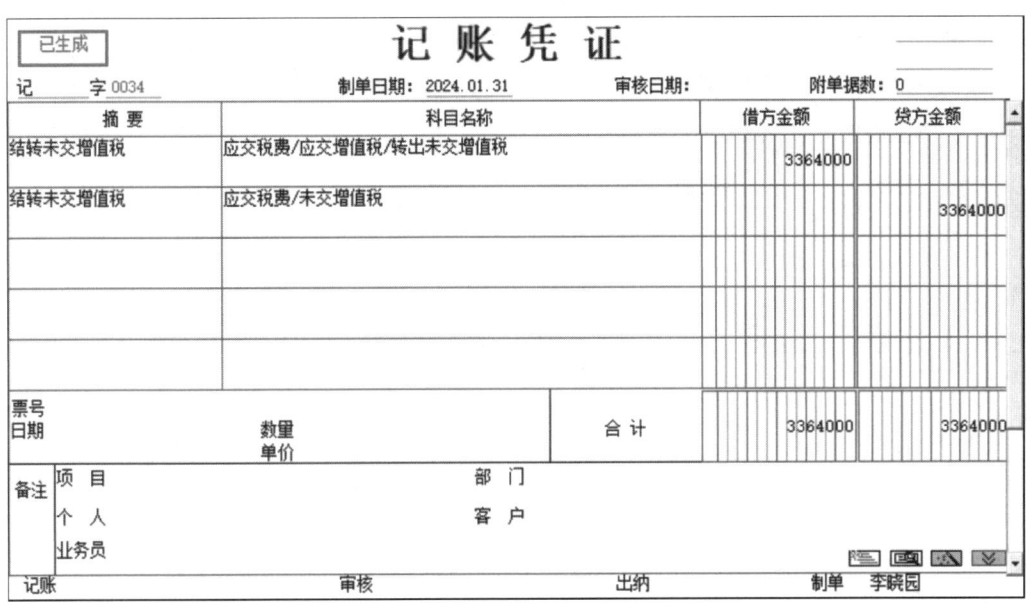

图 9-9 结转未交增值税凭证

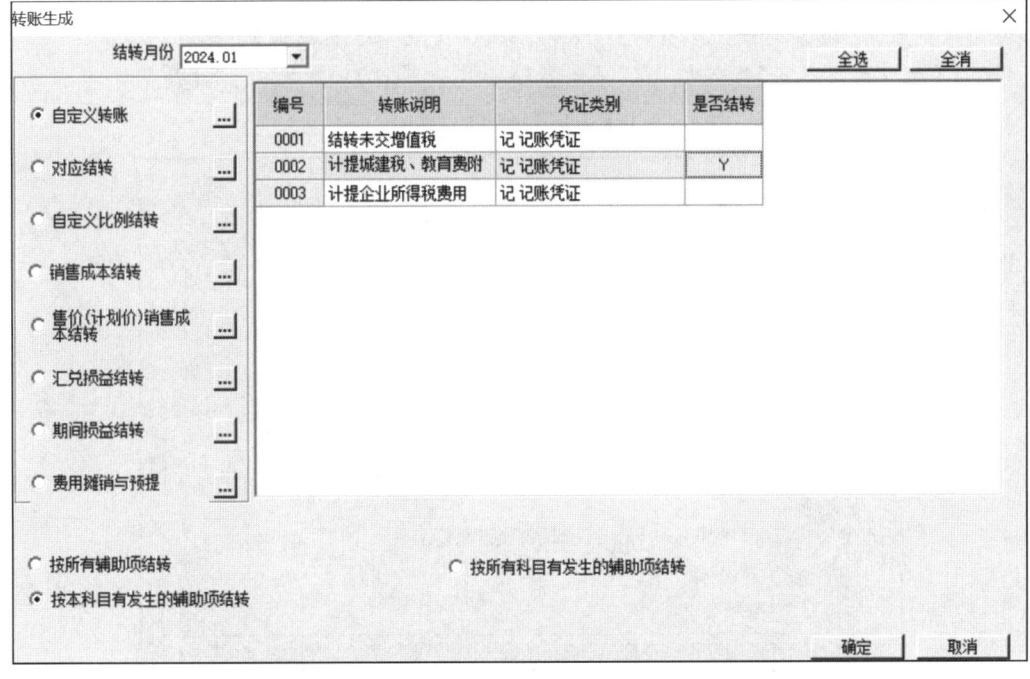

图 9-10 选择【计提城建税、教育费附加、地方教育附加】

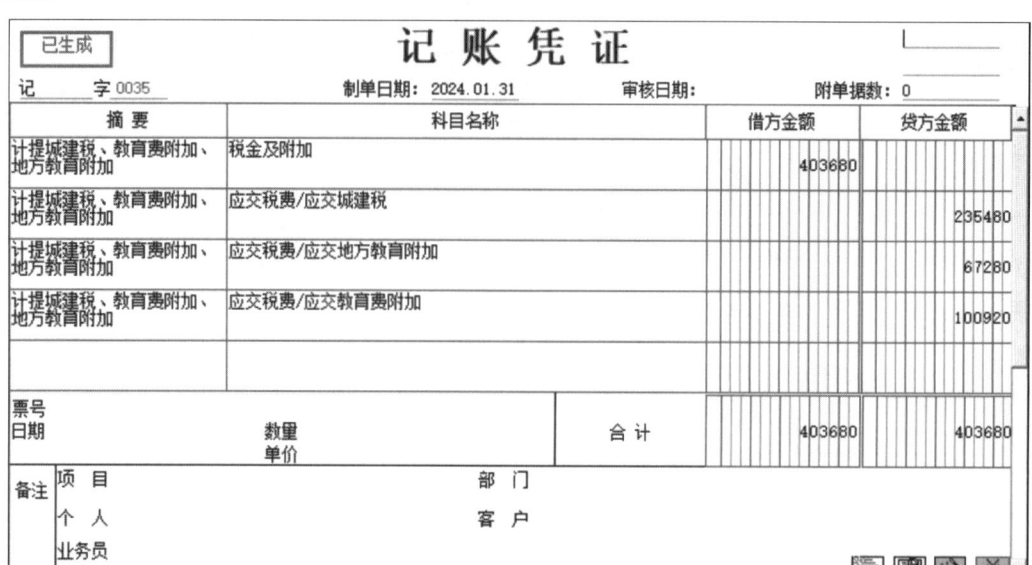

图 9-11 计提城建税、教育费附加、地方教育附加凭证

【业务 9-3】 结转销售成本。

业务 9-3

👉 操作步骤

(1) 以"W02 李晓园"身份登录企业应用平台,执行【业务工作】|【财务会计】|【总账】|【期末】|【转账定义】|【销售成本结转】命令,打开【销售成本结转设置】窗口。

(2)【库存商品科目】输入"1405",【商品销售收入科目】输入"6001",【商品销售成本科目】输入"6401",如图 9-12 所示,点击【确定】按钮。

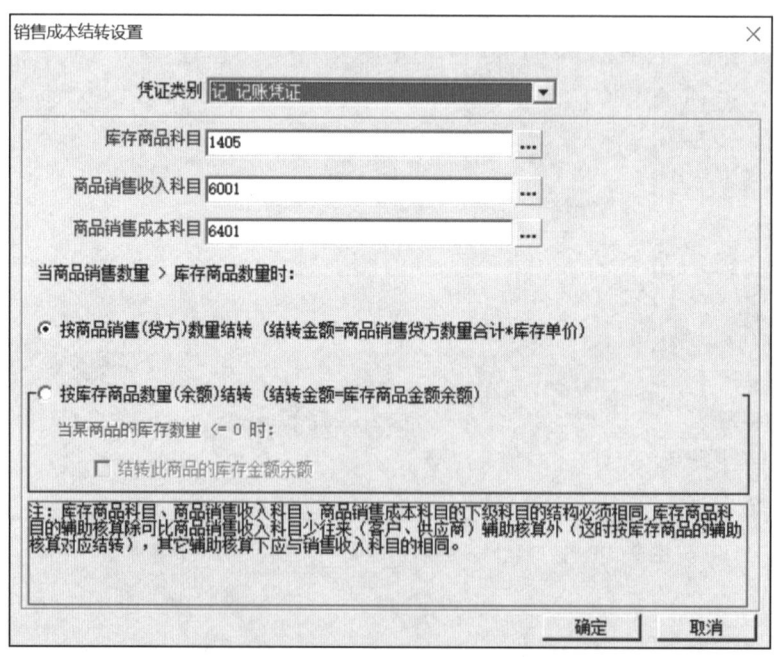

图 9-12 【销售成本结转设置】窗口

（3）以"W02 李晓园"身份执行【业务工作】|【财务会计】|【总账】|【期末】|【转账生成】命令，打开【转账生成】窗口，勾选【销售成本结转】单选框，如图 9-13 所示。

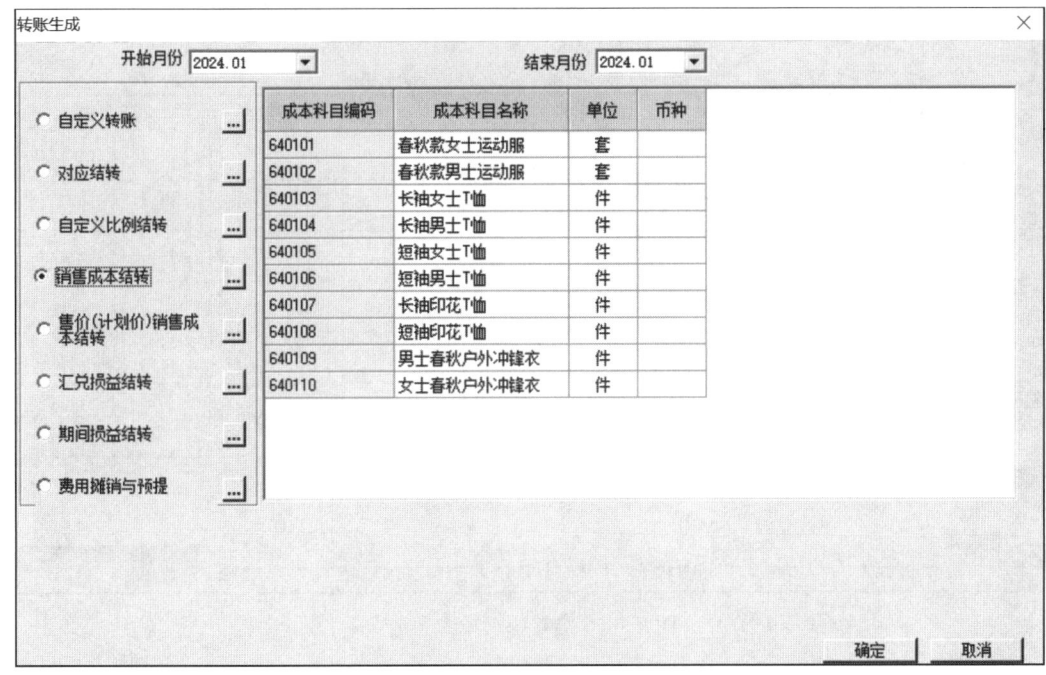

图 9-13 【转账生成】窗口

（4）点击【确定】按钮，弹出【销售成本结转一览表】窗口，如图 9-14 所示。

图 9-14 【销售成本结转一览表】窗口

(5) 点击【确定】按钮，生成【结转销售成本】的会计凭证。点击【保存】按钮，如图 9-15 所示。

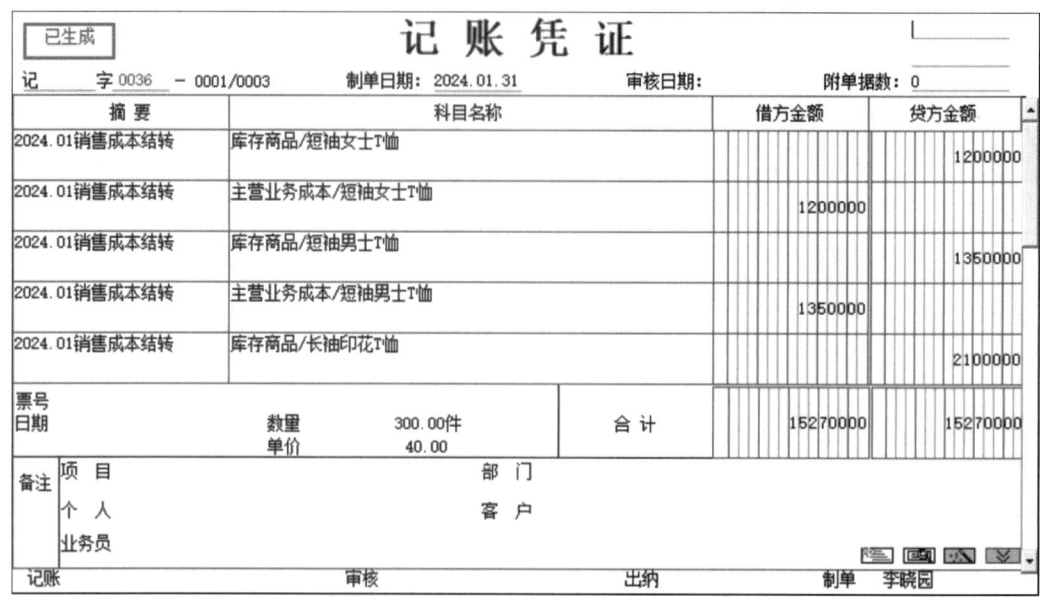

图 9-15 结转销售成本凭证

(6) 以"W01 陈丽梅"身份进行凭证审核，以"W02 李晓园"身份完成凭证记账。

> **提示：**
> ⊙ 销售成本结转的设置必须基于库存商品科目、销售收入科目和销售成本科目，具有相同的明细科目结构。库存商品科目和销售收入科目下的所有明细科目必须有数量核算且辅助核算类型一致，并且不存在往来辅助核算。
> ⊙ 生成转账凭证后退出时返回转账生成界面，若不进行其他类型的转账生成，应点击【取消】按钮退出，如果点击【确定】按钮，系统会重复生成凭证。
> ⊙ 转账凭证每月只生成一次，不要重复生成。如果已生成的转账凭证有误，必须删除后重新生成。
> ⊙ 通过转账生成功能生成的凭证必须保存，否则视同放弃。
> ⊙ 自动转账生成的凭证仍需审核、记账。

【业务 9-4】 结转期间损益凭证，收入支出分别结转。

操作步骤

(1) 以"W02 李晓园"身份登录企业应用平台，执行【业务工作】|【财务会计】|【总账】|【期末】|【转账定义】|【期间损益】命令，打开【期间损益结转设置】窗口。

(2)【本年利润科目】选择"4103"，如图 9-16 所示，点击【确定】按钮。

(3) 执行【业务工作】|【财务会计】|【总账】|【期末】|【转账生成】命令，打开【转账生成】窗口。

业务 9-4

图 9-16 【期间损益结转设置】窗口

（4）选择【期间损益结转】,【类型】选择"收入",点击【全选】按钮,如图 9-17 所示。

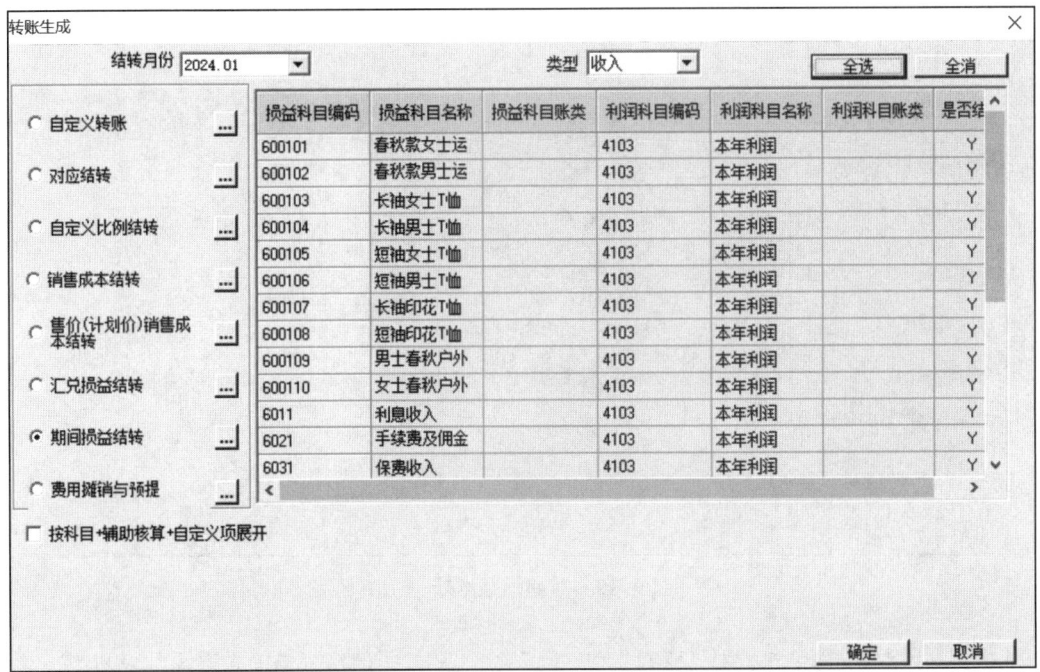

图 9-17 期间损益结转-收入

(5) 点击【确定】按钮,生成一张记账凭证,如图9-18所示。关闭【凭证】窗口。

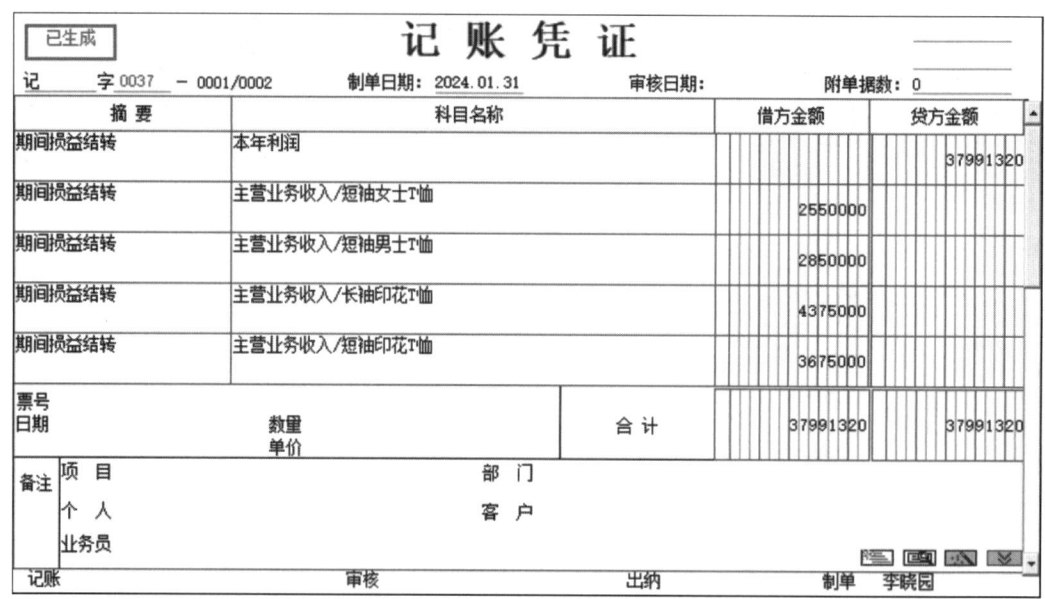

图 9-18　结转损益收入凭证

(6)【类型】选择"支出",点击【全选】按钮,如图9-19所示。

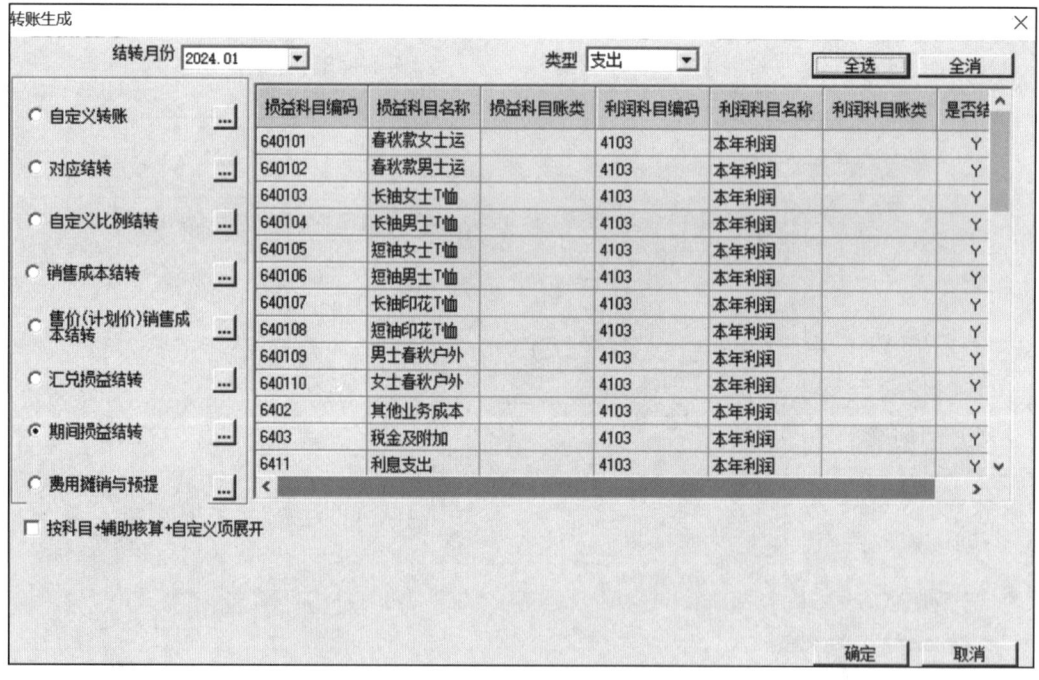

图 9-19　期间损益结转-支出

(7) 点击【确定】按钮,弹出"2024.01月或之前月有未记账凭证,是否继续结转?",点击【是】按钮,生成一张记账凭证,如图9-20所示。

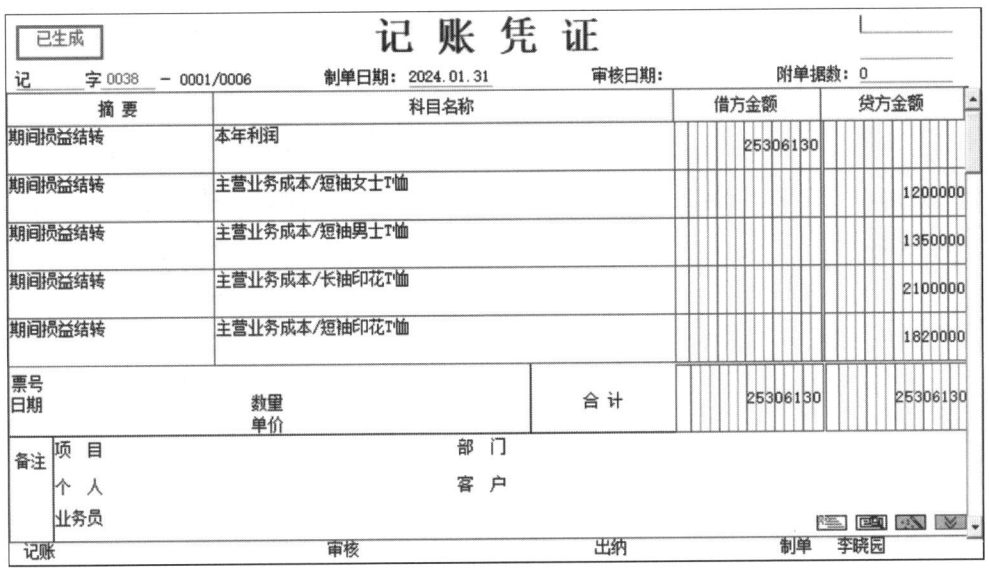

图 9-20 结转损益支出凭证

(8) 以"W01 陈丽梅"身份进行凭证审核,以"W02 李晓园"身份完成凭证记账。

【业务 9-5】 转账生成计提本月企业所得税费用凭证并再次结转损益(支出)。

操作步骤

(1) 以"W02 李晓园"身份登录企业应用平台,执行【业务工作】|【财务会计】|【总账】|【期末】|【转账生成】命令,打开【转账生成】窗口。

(2) 在计提企业所得税费用的【是否结转】栏处双击出现"Y"的标记,如图 9-21 所示。

业务 9-5

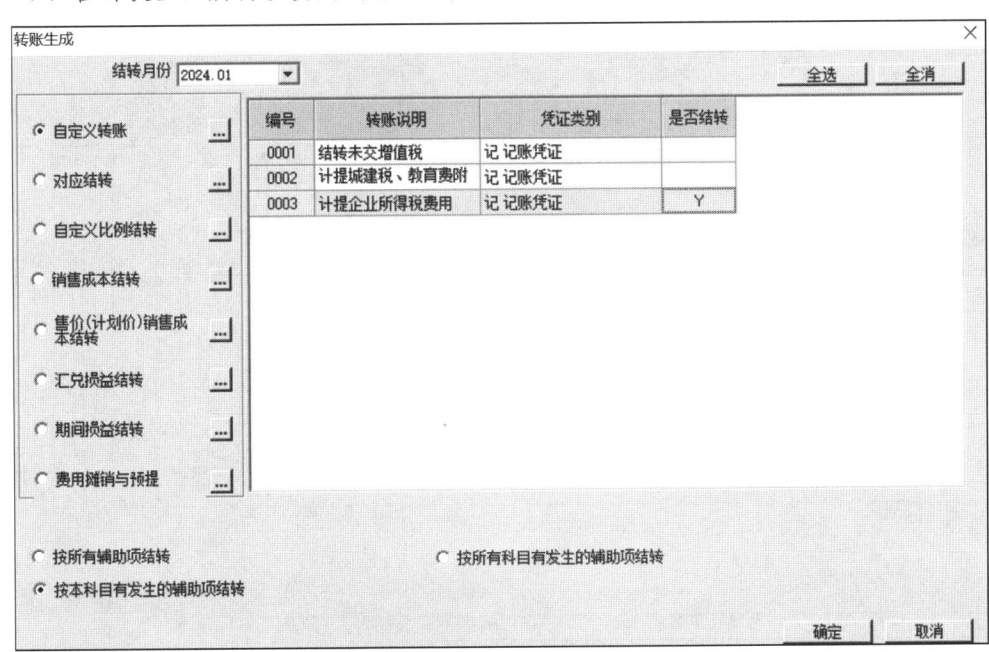

图 9-21 【转账生成】窗口

(3) 点击【确定】按钮,生成一张记账凭证,如图 9-22 所示。

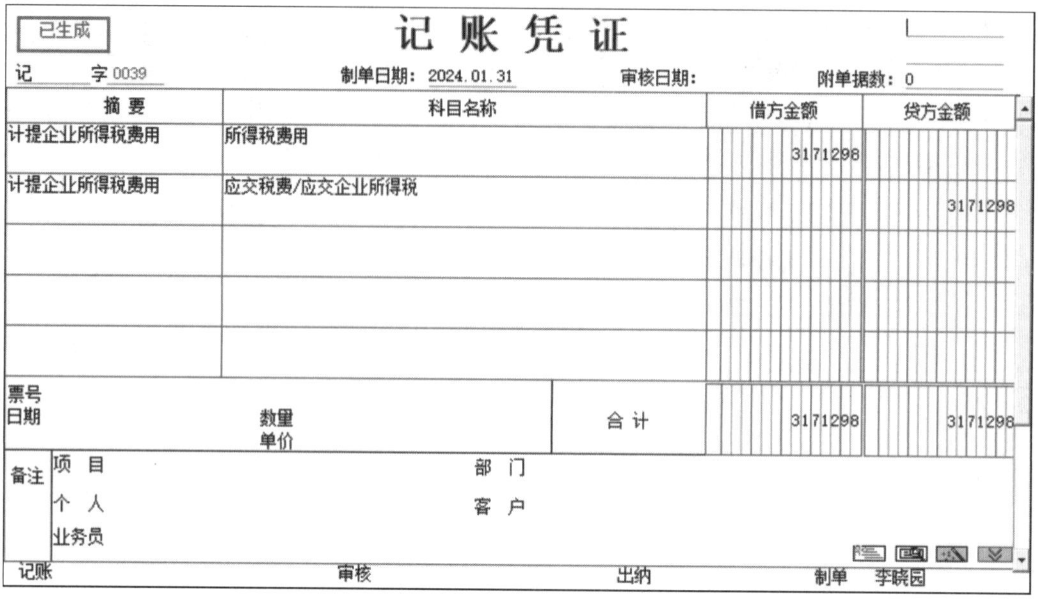

已生成

记账凭证

记 字 0039　制单日期: 2024.01.31　审核日期:　附单据数: 0

摘要	科目名称	借方金额	贷方金额
计提企业所得税费用	所得税费用	3171298	
计提企业所得税费用	应交税费/应交企业所得税		3171298
票号 日期　数量 单价	合计	3171298	3171298

备注　项目　部门　个人　客户　业务员

记账　审核　出纳　制单 李晓园

图 9-22　计提企业所得税凭证

(4) 以"W01 陈丽梅"身份进行凭证审核,以"W02 李晓园"身份完成凭证记账。

(5) 以"W02 李晓园"身份登录企业应用平台,执行【业务工作】|【财务会计】|【总账】|【期末】|【转账生成】命令,打开【转账生成】窗口。

(6) 选择【期间损益结转】,【类型】选择"支出",点击【全选】按钮。

(7) 点击【确定】按钮,生成一张记账凭证,如图 9-23 所示。

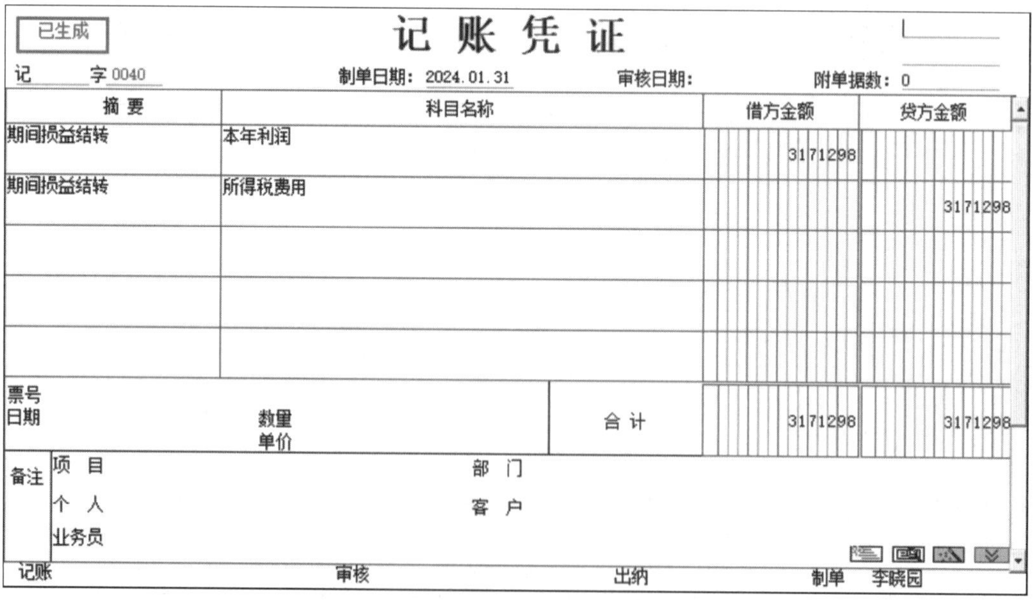

已生成

记账凭证

记 字 0040　制单日期: 2024.01.31　审核日期:　附单据数: 0

摘要	科目名称	借方金额	贷方金额
期间损益结转	本年利润	3171298	
期间损益结转	所得税费用		3171298
票号 日期　数量 单价	合计	3171298	3171298

备注　项目　部门　个人　客户　业务员

记账　审核　出纳　制单 李晓园

图 9-23　期间损益结转所得税费用凭证

(8) 以"W01 陈丽梅"身份进行凭证审核,以"W02 李晓园"身份完成凭证记账。

任务二 总账管理系统期末对账与结账

一、期末对账

期末对账,即对期末账簿数据进行核对,以检查记账是否正确,以及账簿是否平衡。它主要通过核对总账与明细账、总账与辅助账数据来完成账账核对。为了保证账证相符、账账相符,用户应经常使用本功能进行对账,至少一个月一次,一般可在月末结账前进行。

【业务 9-6】 完成总账对账。

操作步骤

(1) 执行【总账】|【期末】|【对账】命令,打开【对账】窗口。

(2) 点击【试算】按钮,系统显示"试算结果平衡",如图 9-24 所示,点击【确定】按钮。

业务 9-6

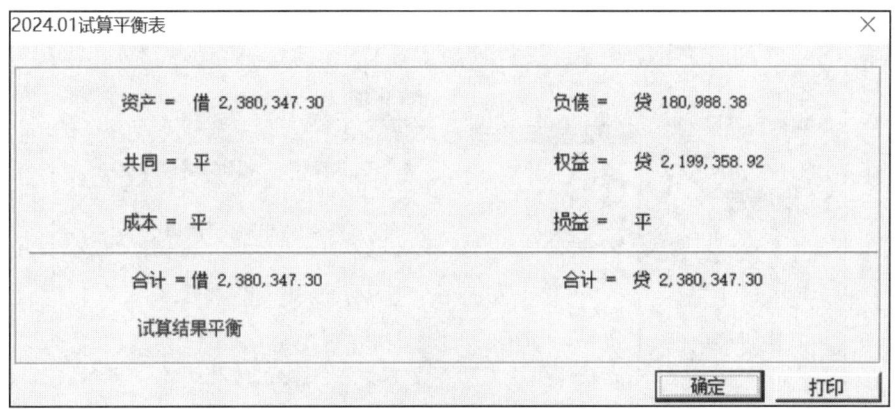

图 9-24 "试算结果平衡"窗口

(3) 点击【检查】按钮,系统提示"总账、辅助账、多辅助账、凭证数据正确!",点击【确定】按钮。

(4) 点击【选择】按钮,"是否对账"出现"Y"标识。

(5) 点击【对账】按钮,系统完成对账,如图 9-25 所示。

二、总账结账

结账是指在一定会计期间的全部经济业务登记入账后,计算、记录并结转账簿的本期发生额和期末余额,并终止本期的账务处理工作。

【业务 9-7】 完成总账结账。

操作步骤

(1) 执行【总账】|【期末】|【结账】命令,打开【结账-开始结账】窗口,如图 9-26 所示。

(2) 点击【下一步】按钮,打开【结账-核对账簿】窗口,如图 9-27 所示。点击【对账】按钮。

业务 9-7

图 9-25 【对账】窗口

图 9-26 【结转-开始结账】窗口

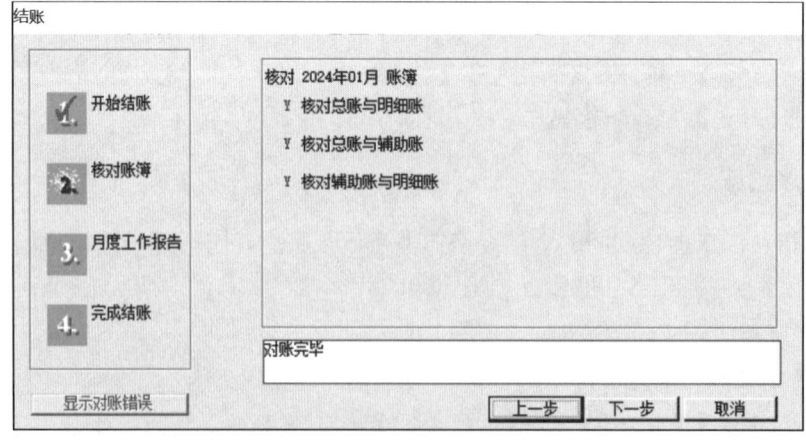

图 9-27 【结账-核对账簿】窗口

（3）点击【下一步】按钮，打开【结账-月度工作报告】窗口，如图9-28所示。

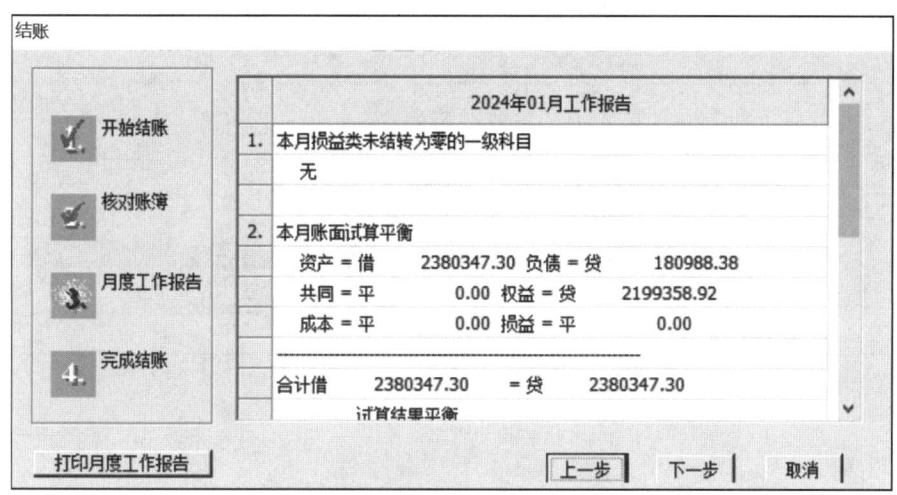

图9-28 【结账-月度工作报告】窗口

（4）点击【下一步】按钮，打开【结账-完成结账】窗口，点击【结账】按钮，完成总账结账。

> **提示：**
> - 若与其他子系统联合使用，其他子系统未全部结账，本系统不能结账。
> - 若结账后发现结账错误，可以取消结账。其操作方式为：进入【结转】窗口，选择要取消结账的月份，按【Ctrl＋Shift＋F6】组合键即可。
> - 取消结账前，要进行数据备份。

任务三 总账账簿管理

会计账簿是会计核算的基本工具之一，在会计信息系统中，尽管以电子数据的方式代替了纸质账簿的数据方式，但是，为了满足会计人员的习惯和实现会计制度的要求，仍然保留了会计账簿。账簿管理主要包括现金、银行存款账查询输出，基本会计核算账簿的查询输出，各种辅助核算账簿的查询输出。

一、基本会计核算账簿管理

基本会计核算账簿管理主要包括总账、余额表、明细账、序时账等的查询、输出及打印。下面仅介绍总账和明细账的查询。

1. 总账的查询

【业务9-8】 查询南通力宝美运动服饰有限公司2024年1月的银行存款总账。

操作步骤

以"W02 李晓园"身份进入企业应用平台，执行【业务工作】|【总账】|【账表】|【科目账】|

业务9-8

【总账】命令,打开【总账查询条件】窗口,【科目】输入"1002 银行存款",点击【确定】按钮,进入【银行存款总账】窗口,如图 9-29 所示。

图 9-29 【银行存款总账】窗口

2. 明细账查询

【业务 9-9】 查询南通力宝美运动服饰有限公司 2024 年 1 月的销售费用明细账。

操作步骤

执行【业务工作】|【总账】|【账表】|【科目账】|【明细账】命令,打开【明细账查询条件】对话框,【科目】输入"6601 销售费用",点击【确定】按钮,进入【销售费用明细账】窗口,如图 9-30 所示。

业务 9-9

图 9-30 【销售费用明细账】窗口

二、辅助核算账簿管理

辅助核算账簿管理包括个人往来、部门核算、项目核算账簿的总账、明细账查询与输出,以及部门收支分析和项目统计表的查询输出。

【业务9-10】 查询南通力宝美运动服饰有限公司2024年1月财务部的部门明细账。

操作步骤

以"W02李晓园"身份进入企业应用平台,执行【业务工作】|【总账】|【账表】|【部门辅助账】|【部门明细账】|【部门多栏式明细账】命令,打开【部门多栏式明细账条件】窗口,【部门】选择"财务部",点击【确定】按钮,进入【部门多栏账】窗口,如图9-31所示。

业务9-10

图9-31 【部门多栏账】窗口

 思政园地

优化流程管理是企业
畅通信息提升效率的关键

 考证导航

业财一体信息化应用职业技能等级要求(初级)

工作领域	工作任务	职业技能要求
6. 业财一体信息化平台月末处理及会计档案管理	6.2 月末财务处理	6.2.1 能够在信息化平台上熟练、准确地定义期末损益结转的模板
		6.2.2 能够在信息化平台上根据定义的模板生成损益结转的凭证
		6.2.3 能够在信息化平台上熟练进行总账与明细账、总账与辅助账数据核对工作,确保账账相符
		6.2.4 能够在信息化平台上熟练完成总账模块月末结账

项目十 报表管理系统

知识目标

1. 掌握会计报表基础知识及 UFO 报表系统基本功能。
2. 掌握 UFO 报表系统与其他系统之间的关系。

技能目标

1. 能熟练地生成资产负债表、利润表。
2. 能熟练地使用自定义报表功能。

素养目标

1. 培养学生独立编制会计报表的能力。
2. 培养学生实事求是的科学态度。

任务一 报表模板管理

UFO 会计报表管理系统基本操作流程分为两个阶段：第一阶段是会计报表的定义阶段，这一阶段主要是对报表的格式、内容、公式和数据来源进行设置，确立报表的整体框架。只需要将该报表文件保存起来，以后只要会计制度不发生改变，直接调用该文件即可。第二阶段是会计报表的日常管理阶段，也是具体编制会计报表的阶段。该阶段需要完成数据的采集工作，并对生成的报表数据进行一系列的处理和分析，最终形成可供打印输出的财务报表。

一、报表管理系统基本概念

1. 报表结构

报表一般由标题、表头、表体、表尾四个基本要素组成。

(1) 标题：用来描述报表的名称。

(2) 表头：用来描述报表的编制单位名称、日期等辅助信息和报表栏目。

(3) 表体:是报表数据的表现区域,是报表的主体。

(4) 表尾:是指表体以下进行辅助说明的部分,如编制人、审核人等内容。

2. 单元及其属性

单元是组成报表的最小单位。UFO 报表管理系统中的单元类型包括数值单元、字符单元和表样单元三种。

3. 关键字

关键字是单元之外的特殊数据单元。UFO 报表系统提供了六种关键字:单位名称、单位编号、年、季、月、日。

【业务 10-1】 利用报表模板生成本月资产负债表。

业务 10-1

操作步骤

(1) 以“W01 陈丽梅”身份登录企业应用平台,执行【财务会计】|【UFO 报表】命令,弹出【日积月累】窗口,点击【关闭】按钮。

(2) 点击菜单栏中的【文件】|【新建】菜单项,系统新建一个报表,默认报表名为“report1”,点击菜单栏【格式】|【报表模板】,打开【报表模板】窗口。您所在的行业选择“2007 年新会计制度科目”,财务报表选择“资产负债表”,如图 10-1 所示。点击【确定】按钮,系统提示“模板格式将覆盖本表格式! 是否继续?”。

(3) 点击【确定】按钮,打开“资产负债表”模板,如图 10-2 所示。

图 10-1 【报表模板】窗口

	A	B	C	D	E	F	G	H
1					资产负债表			
2								会企01表
3	编制单位:		xxxx 年	xx 月	xx 日			单位:元
4-5	资　产	行次	期末余额	年初余额	负债和所有者权益（或股东权益）	行次	期末余额	年初余额
6	流动资产:				流动负债:			
7	货币资金	1	公式单元	公式单元	短期借款	32	公式单元	公式单元
8	交易性金融资产	2	公式单元	公式单元	交易性金融负债	33	公式单元	公式单元
9	应收票据	3	公式单元	公式单元	应付票据	34	公式单元	公式单元
10	应收账款	4	公式单元	公式单元	应付账款	35	公式单元	公式单元
11	预付款项	5	公式单元	公式单元	预收款项	36	公式单元	公式单元
12	应收利息	6	公式单元	公式单元	应付职工薪酬	37	公式单元	公式单元
13	应收股利	7	公式单元	公式单元	应交税费	38	公式单元	公式单元
14	其他应收款	8	公式单元	公式单元	应付利息	39	公式单元	公式单元
15	存货	9	公式单元	公式单元	应付股利	40	公式单元	公式单元
16	一年内到期的非流动资产	10			其他应付款	41	公式单元	公式单元
17	其他流动资产	11			一年内到期的非流动负债	42		
18	流动资产合计	12	公式单元	公式单元	其他流动负债	43		
19	非流动资产:				流动负债合计	44	公式单元	公式单元
20	可供出售金融资产	13	公式单元	公式单元	非流动负债:			
21	持有至到期投资	14	公式单元	公式单元	长期借款	45	公式单元	公式单元
22	长期应收款	15	公式单元	公式单元	应付债券	46	公式单元	公式单元
23	长期股权投资	16	公式单元	公式单元	长期应付款	47	公式单元	公式单元
24	投资性房地产	17	公式单元	公式单元	专项应付款	48	公式单元	公式单元
25	固定资产	18	公式单元	公式单元	预计负债	49	公式单元	公式单元
26	在建工程	19	公式单元	公式单元	递延所得税负债	50	公式单元	公式单元
27	工程物资	20	公式单元	公式单元	其他非流动负债	51		
28	固定资产清理	21	公式单元	公式单元	非流动负债合计	52	公式单元	公式单元
29	生产性生物资产	22	公式单元	公式单元	负债合计	53	公式单元	公式单元
30	油气资产	23	公式单元	公式单元	所有者权益（或股东权益）:			

图 10-2 “资产负债表”模板

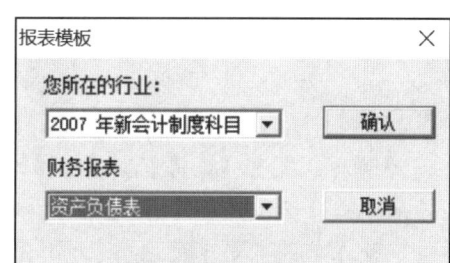

(4) 选中 A3 单元格,执行【数据】|【关键字】|【设置】命令,选中【单位名称】,点击【确定】按钮。

> **提示:**
> - 定义关键字主要包括设置关键字和调整关键字在表页上的位置。
> - 一个关键字在一个表中只能定义一次,即同一个表中不能有重复的关键字。
> - 关键字在格式状态下设置,如果设置错误可以取消。
> - 关键字的值在数据状态下录入。
> - 同一个单元或组合单元的关键字定义完以后,可能会重叠在一起,如果造成重叠,可以在设置关键字时输入关键字的相对偏移量。偏移量为负数时表示向左移,为正数时表示向右移。

(5) 点击【编辑】|【格式/数据状态(Z)】,将报表从【格式】状态切换到【数据】状态。弹出提示"是否确定全部重算?",点击【否】按钮。

> **提示:**
> - 财务报表模块将含有效数据的报表分为两大部分来处理,即报表格式设计工作与报表数据处理工作。报表格式设计工作与报表数据处理工作是在不同的状态下进行的。
> - 在格式状态下设计报表的格式,如表尺寸、行高列宽、单元属性、报表公式等。在格式状态下所看到的是报表的格式,而报表的数据全部隐藏。在格式状态下所做的操作对本报表所有的表页都发生作用,但不能进行数据录入、计算等操作。在格式状态下,关键字以红色字体显示,且在关键字名称前后有红色小叉,这些红色小叉在切换到数据状态下则没有显示,它们代表了该关键字内容的长度限制及关键字内容的显示位置。
> - 在数据状态下管理报表的数据,如输入数据、增加或删除表页、审核、汇总、合并报表等。在数据状态下所看到的是报表的全部内容,包括格式和数据,但不能修改报表的格式。在数据状态下,执行【数据】|【整表重算】命令,系统自动利用设计的报表公式从相关系统或表页中取数,获得报表数据。

(6) 执行【数据】|【关键字】|【录入】命令,【单位名称】录入"南通力宝美运动服饰有限公司",【年】录入"2024",【月】录入"1",【日】录入"31",如图 10-3 所示。

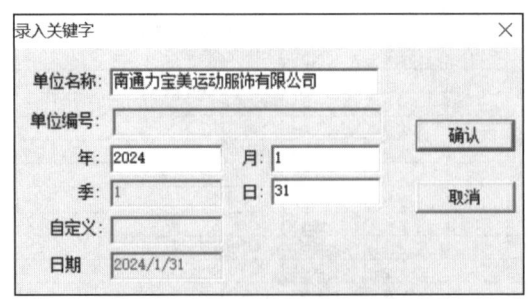

图 10-3 【录入关键字】窗口

(7) 点击【确定】按钮,弹出"是否重算第一页?",点击【是】按钮,结果如图 10-4 所示。

图 10-4 【资产负债表】窗口

(8) 执行【文件】|【另存为】命令,保存到桌面,【文件名】为"zcfzb.rep"。

【业务 10-2】 利用报表模板生成本月利润表。

(1) 以"W01 陈丽梅"身份登录企业应用平台,执行【财务会计】|【UFO 报表】命令,弹出【日积月累】窗口,点击【关闭】按钮。

业务 10-2

(2) 点击菜单栏中的【文件】|【新建】菜单项,系统新建一个报表,点击菜单栏【格式】|【报表模板】,打开【报表模板】窗口。您所在的行业选择"2007 年新会计制度科目",财务报表选择"利润表"。点击【确定】按钮,系统提示"模板格式将覆盖本表格式!是否继续?",点击【确定】按钮。

(3) 选中 A3 单元格,执行【数据】|【关键字】|【设置】命令,选中【单位名称】,点击【确定】按钮。

(4) 点击【编辑】|【格式/数据状态(Z)】,执行【数据】|【关键字】|【录入】命令,【单位名

称】录入"南通力宝美运动服饰有限公司",【年】录入"2024",【月】录入"1",点击【确定】按钮,弹出"是否重算第一页?",点击【是】按钮,结果如图10-5所示。

	A	B	C	D
1	利润表			
2				会企02表
3	编制单位:南通力宝美运动服饰有限公司	2024 年	1 月	单位:元
4	项　　目	行数	本期金额	上期金额
5	一、营业收入	1	382 500.00	
6	减:营业成本	2	152 700.00	
7	营业税金及附加	3	4 036.80	
8	销售费用	4	41 421.94	
9	管理费用	5	53 326.14	
10	财务费用	6	1 080.00	
11	资产减值损失	7		
12	加:公允价值变动收益(损失以"-"号填列)	8		
13	投资收益(损失以"-"号填列)	9		
14	其中:对联营企业和合营企业的投资收益	10		
15	二、营业利润(亏损以"-"号填列)	11	129 935.12	
16	加:营业外收入	12		
17	减:营业外支出	13		
18	其中:非流动资产处置损失	14		
19	三、利润总额(亏损总额以"-"号填列)	15	129 935.12	
20	减:所得税费用	16	31 712.98	
21	四、净利润(净亏损以"-"号填列)	17	98 222.14	
22	五、每股收益:	18		
23	(一)基本每股收益	19		
24	(二)稀释每股收益	20		

图10-5 【利润表】窗口

(5) 执行【文件】|【另存为】命令,保存到桌面,【文件名】为"lrb. rep"。

> **提示:**
>
> ⊙ 资产负债表中的相关项目数据提取的是资产、负债、所有者权益各项目不同时点的数据。它主要提取两个时点的数据,即期初数和期末数,各自对应的函数名为【QC】和【QM】。而利润表各项目的账户为损益类账户,在提前项目金额时,应提取发生额,对应的函数为【FS】。

任务二　报表设计管理

企业可以根据自己的需要,利用UFO会计报表管理系统自定义财务报表。其主要功能是通过创建报表、设置报表格式和编辑财务报表公式等操作,使UFO会计报表管理系统在今后各个会计期间能够自动取数、计算并生成相应的财务报表。

业务10-3

【**业务10-3**】　根据表10-1格式编制销售费用预算表,预算期在基期的基础上增长

20%,并设置公式取数。

表 10-1　　　　　　　　　　　　销售费用预算表

编制单位：　　　　　　　　　　　　　　年　　月

项目	基期	预期
工资		
福利费		
社会保险费		
广告费		
业务招待费		
折旧费		
差旅费		
其他		
合计		

操作步骤

1. 销售费用预算表表单设计

(1) 执行【财务会计】|【UFO 报表】命令，弹出【日积月累】窗口，点击【关闭】按钮。

(2) 执行【文件】|【新建】|【格式】|【表尺寸】命令，【行数】输入"12"，【列数】输入"3"，如图 10-6 所示，点击【确定】按钮。

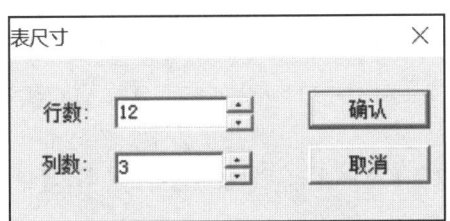

图 10-6　【表尺寸】窗口

提示：

- 创建报表之后，就可以进行表样设计。表样设计实际上就是设置一张报表的大小和外观。其具体内容包括设置表尺寸、行高列宽、画表格线、定义组合单元、设置单元属性、录入对应项目名称、设置关键字等。除设置关键字外，表样设计的功能键基本集中在【格式】菜单下，也可以右击鼠标后从列表中选用相关功能。
- 表尺寸就是报表的行数和列数。
- 设置表的行数时，要注意加上表头和表尾所占的行数。

(3) 选中整张表，执行【格式】|【行高】命令，【行高】输入"10"，如图 10-7 所示，点击【确定】按钮。

(4) 选中整张表，执行【格式】|【列宽】命令，【列宽】输入"50"，如图 10-8 所示，点击【确定】按钮。

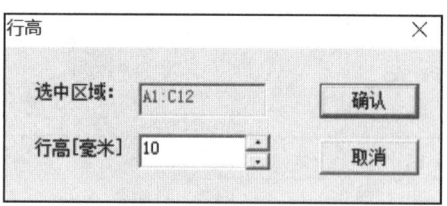
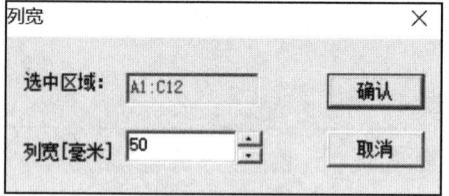

图 10-7 【行高】窗口　　　　　　　图 10-8 【列宽】窗口

(5) 选中第一行 A1:C1 单元,执行【格式】|【组合单元】命令,打开【组合单元】窗口,如图 10-9 所示,点击【整体组合】按钮。

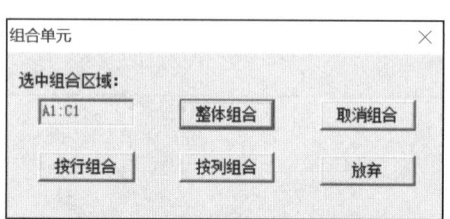
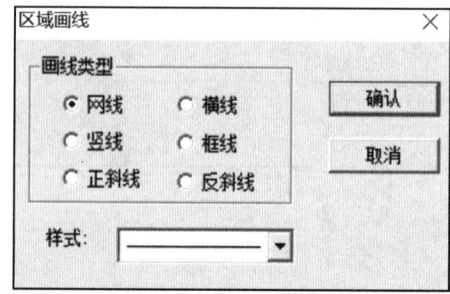

图 10-9 【组合单元】窗口　　　　　　图 10-10 【区域划线】窗口

(6) 选中 A3:C12,执行【格式】|【区域画线】命令,打开【区域画线】窗口,【画线类型】选择"网线",【样式】选择"第一种",如图 10-10 所示,点击【确定】按钮。

(7) 选中第一行,执行【格式】|【单元属性】命令,点击【对齐】选项卡,【水平方向】选择"居中",【垂直方向】选择"居中",如图 10-11 所示。选中 A3:A12,执行【格式】|【单元属性】命令,点击【对齐】选项卡,【水平方向】选择"居中",【垂直方向】选择"居中"。选中 B3:C3 执行【格式】|【单元属性】命令,点击【对齐】选项卡,【水平方向】选择"居中",【垂直方向】选择"居中"。

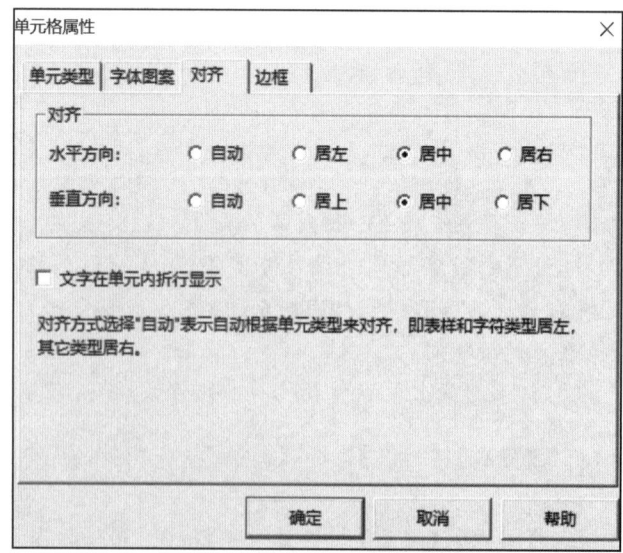

图 10-11 【对齐】选项卡

(8) 选中第一行 A1:C1,执行【格式】|【单元属性】命令,点击【字体图案】选项卡,【字号】选择"20",【字体】选择"宋体",如图 10-12 所示。选中 A3:A12,执行【格式】|【单元属性】命令,点击【字体图案】选项卡,【字号】选择"16",【字体】选择"宋体"。选中 B3:C3,执行【格式】|【单元属性】命令,点击【字体图案】选项卡,【字号】选"16",【字体】选择"宋体"。

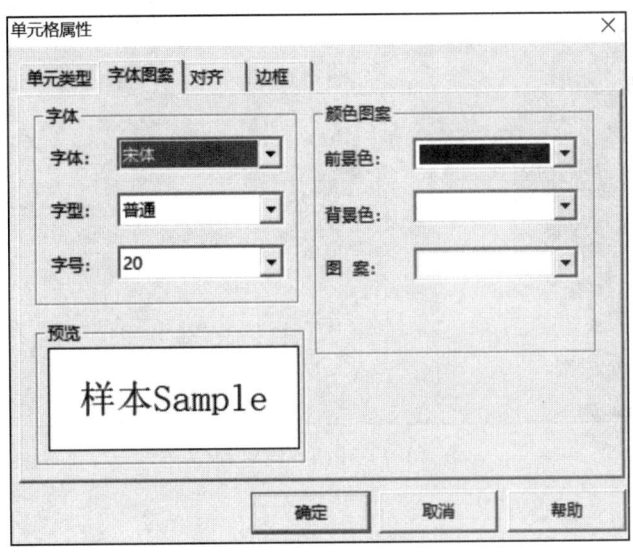

图 10-12　【字体图案】选项卡

(9) 双击单元格,将光标定位在单元格中,直接在单元格中录入内容,也可以选定单元格后,将光标定位在窗口上方中的编辑栏中进行录入。全部录入完成如图 10-13 所示。

图 10-13　【销售费用预算表】窗口

(10) 在【销售费用预算表】格式状态下,选中 B4 单元格,执行【数据】|【编辑公式】|【单

元公式】命令,打开【定义公式】窗口。点击【函数向导】,打开【函数向导】窗口,【函数分类】选择"用友账务函数",【函数名】选中"发生(FS)",如图10-14所示。

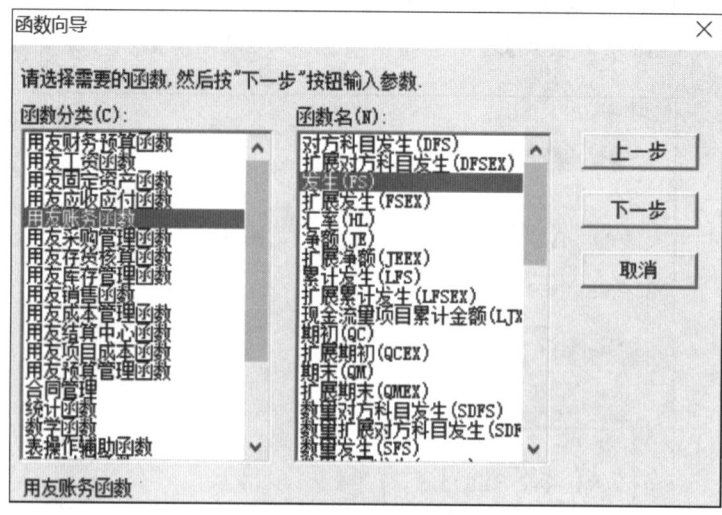

图 10-14 【函数向导】窗口

> 提示:
>
> ⊙ 账务取数公式的数据来源是账套,通过账务取数公式可以有效地实现总账系统和报表系统的对接。业务函数是账务取数公式的主要构成部分,其基本表达式如下:函数名(科目编码,会计期间,方向,账套号,会计年度,编码1,编码2)。
>
> ⊙ 表内取数公式的数据来源是本页,表内取数公式主要由数据单元和统计函数组成,统计函数的基本表达式是"函数名(区域)"。

(11) 点击【下一步】按钮,打开【用友账务函数】编辑窗口,点击【参照】按钮,打开【账务函数】窗口,将【会计科目】改为"660101",如图10-15所示。

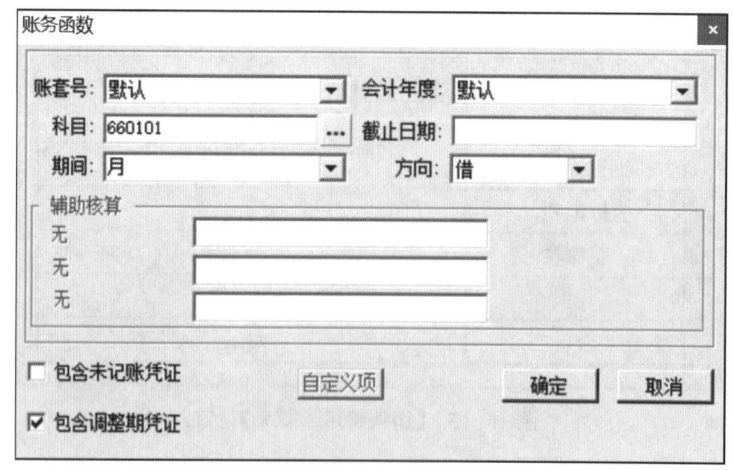

图 10-15 【账务函数】窗口

(12) 点击【确定】按钮,返回【用友账务函数】窗口,如图 10-16 所示。

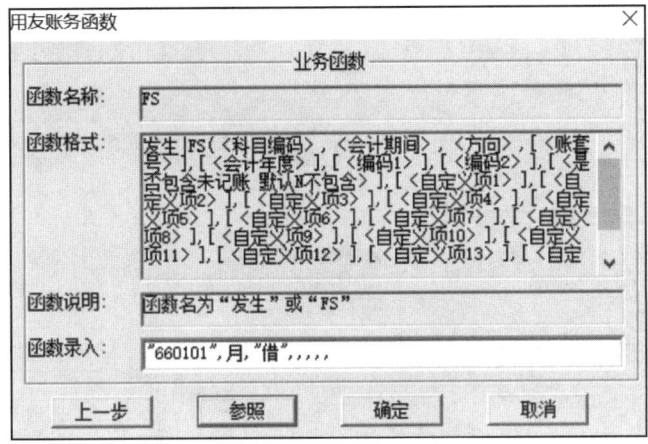

图 10-16 【用友账务函数】窗口

(13) 点击【确定】按钮,返回【定义公式】窗口,如图 10-17 所示。

图 10-17 【定义公式】窗口

(14) 点击【确认】按钮,B4 单元格公式定义完成。系统自动在 B4 单元格显示"公式单元"字样,当点击 B4 单元格时,在工具栏显示该单元格计算公式,如图 10-18 所示。

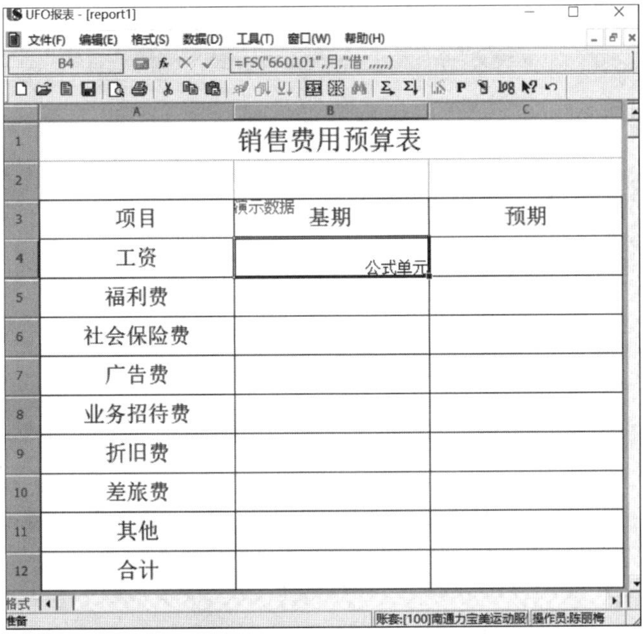

图 10-18 B4 单元格公式单元

(15) 以同样的方法设置 B5:B11 单元格。

(16) 在【销售费用预算表】格式状态下,选中 B12 单元格,执行【数据】|【编辑公式】|【单元公式】命令,打开【定义公式】窗口。点击【函数向导】,打开【函数向导】窗口,【函数分类】选择"统计函数",【函数名】选中"PTOTAL",如图 10-19 所示。

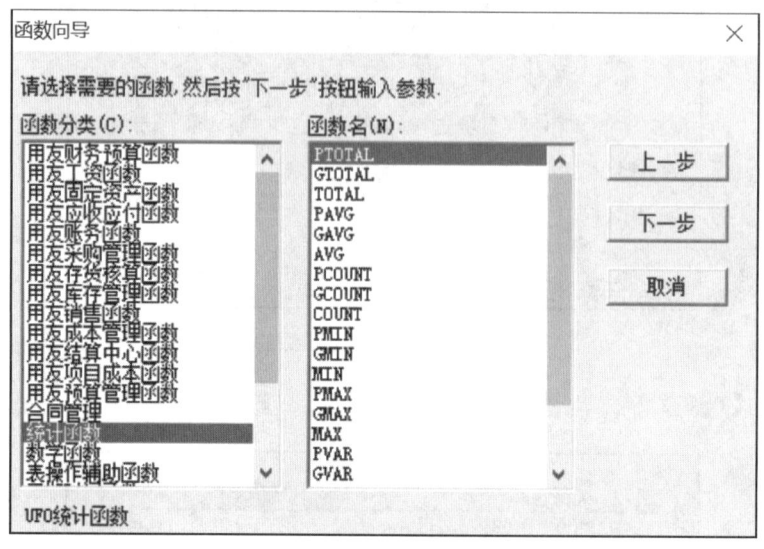

图 10-19 【函数向导】窗口

(17) 点击【下一步】按钮,打开【固定区统计函数】窗口,【固定区区域】输入"B4:B11",如图 10-20 所示,点击【确定】|【确认】按钮,以同样的方法设置 C12 单元格。

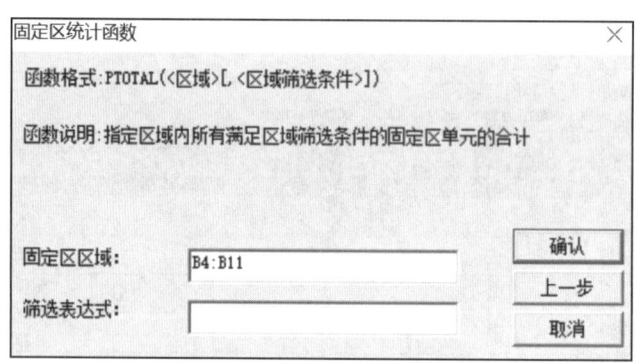

图 10-20 【固定区统计函数】窗口

(18) 在【销售费用预算表】格式状态下,选中 C4 单元格,执行【数据】|【编辑公式】|【单元公式】命令,打开【定义公式】对话框,录入"B4*1.2",如图 10-21 所示,点击【确认】按钮,以同样的方法设置 C4:C11 单元格。

(19) 选中 A2,执行【数据】|【关键字】|【设置】命令,打开【设置关键字】窗口,选择【单位名称】,点击【确认】按钮。选中 B2,执行【数据】|【关键字】|【设置】命令,打开【设置关键字】窗口,选择"年",点击【确认】按钮。选中 C2,执行【数据】|【关键字】|【设置】命令,打开【设置关键字】窗口,选择"月",点击【确认】按钮。

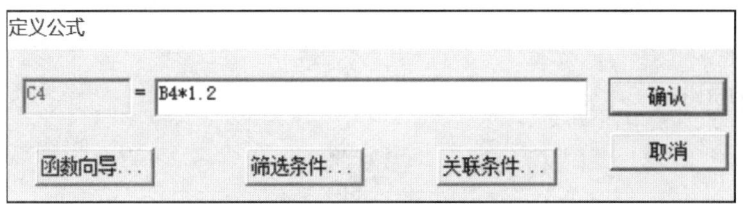

图 10-21 【定义公式】窗口

(20) 点击【编辑】|【格式/数据状态(Z)】,执行【数据】|【关键字】|【录入】命令,打开【录入关键字】窗口,【单位名称】录入"南通力宝美运动服饰有限公司",【年】录入"2024",【月】录入"1",如图 10-22 所示。

图 10-22 【录入关键字】窗口

(21) 点击【确定】按钮,弹出提示"是否重算第 1 页?",点击【是】按钮,如图 10-23 所示。

	A	B	C
1	销售费用预算表		
2	单位名称:南通力宝美运动服饰有限公司 2024 年		1 月
3	项目	基期	预期
4	工资	11 561.82	13 874.18
5	福利费		
6	社会保险费	2 886.40	3 463.68
7	广告费	20 000.00	24 000.00
8	业务招待费		
9	折旧费	904.72	1 085.66
10	差旅费	6 069.00	7 282.80
11	其他		
12	合计	41 421.94	49 706.32

图 10-23 【销售费用预算表】窗口

（22）执行【文件】|【另存为】命令,保存到桌面,【文件名】为"xsysb.rep"。

重庆:发挥税收职能作用
服务新质生产力加快发展

业财一体信息化应用职业技能等级要求(初级)

工作领域	工作任务	职业技能要求
6. 业财一体信息化平台月末处理及会计档案管理	6.3 财务法定报表编制	6.3.1 能够根据《企业会计准则》,在信息化平台上依据报表模板,准确地生成资产负债表
		6.3.2 能够根据《企业会计准则》,在信息化平台上依据报表模板,准确地生成利润表
		6.3.3 能够根据《企业会计准则》,在信息化平台上依据报表模板,准确地生成现金流量表

附录 综合模拟实训

实训一 建立账套

一、企业背景资料

1. 企业概况

南通唐纺商贸有限公司为增值税一般纳税人，专门从事耳机、音响等电子产品的批发业务。公司基本信息如下：

公司开户银行：中国工商银行南通秦灶支行。

账号：6222023803013297829。

公司纳税登记号：91320601072727547W。

公司地址：江苏省南通市工农路182号。

电话：0513-62129009。

邮箱：ljqc@126.com。

2. 科目设置及辅助核算要求

日记账：库存现金、银行存款。

客户往来：应收票据、应收账款、预收账款。

供应商往来：应付票据、应付账款/一般应付账款、应付账款/暂估应付账款（其中，一般应付账款设置为受控于应付系统，暂估应付账款设置为不受控于应付系统）、预付账款。

3. 会计凭证的基本规定

录入或生成"记账凭证"均由指定的会计人员操作，含有"库存现金"和"银行存款"科目的记账凭证均需出纳签字。对已记账凭证的修改，只采用红字冲销法。为保证财务与业务数据的一致性，能在业务系统生成的记账凭证不得在总账系统直接录入。根据原始单据生成记账凭证时，除特殊规定外不采用合并制单。

4. 结算方式

公司采用的结算方式包括现金、支票、银行汇票、商业汇票、电汇等。收、付款业务由财务部门根据有关凭证进行处理。在系统中没有对应结算方式的，其结算方式为"其他"。

5. 薪酬业务的处理

由公司承担并缴纳的养老保险、医疗保险、失业保险、工伤保险、住房公积金分别按20%、10.8%、1%、1%、10%的比例计算；职工个人承担的养老保险、医疗保险、失业保险、住房公积金分别按8%、2%、0.2%、10%的比例计算。按工资总额的2%计提工会经费，按工资总额的 8%计提职工教育经费,职工福利费按实际发生数列支,不按比例计提。按照国家有关规定,公司代扣代缴个人所得税,其费用扣除标准为 5 000 元;工资分摊制单合并科目相同、辅助项相同的分录。

6. 固定资产业务的处理

公司固定资产包括房屋及建筑物、办公设备和运输工具,均为在用状态;采用平均年限法(一)按月计提折旧;同期多次增加固定资产时,采用合并制单。

7. 存货业务的处理

公司存货主要是耳机、音响,按存货分类进行存放。各类存货按照实际成本核算,采用永续盘存制;发出存货成本采用"先进先出法"按仓库进行核算。

8. 税费的处理

公司为增值税一般纳税人,增值税税率为 13%,按月缴纳,按当期应交增值税 7%计算城市维护建设税、3%计算教育费附加和 2%计算地方教育附加;企业所得税采用资产负债表债务法,企业所得税的计税依据为应纳税所得额,税率为 25%,按月预计,按季预缴,全年汇算清缴。交纳税费按银行开具的原始凭证编制记账凭证。

9. 财产清查的处理

公司每年年末对存货及固定资产进行清查,根据盘点结果编制"盘点表",并与账面数据进行比较,由相关管理员审核后进行处理。

10. 坏账损失的处理

除应收账款外,其他的应收款项不计提坏账准备。每年年末,按应收账款余额百分比法计提坏账准备,提取比例为 0.5%。

11. 损益类账户的结转

每月末将各损益类账户余额转入本年利润账户,结转时按收入和支出分别生成记账凭证。

二、建立账套

【实训目的】

(1) 熟悉用友 U8 的系统管理模块,掌握用户管理的内容和操作方法。

(2) 熟练掌握账套管理的相关内容和操作方法。

(3) 理解系统管理在整个软件系统中的作用及重要性,理解权限分配的意义。

【实训准备】

(1) 修改系统时间为 2024 年 1 月 1 日。

(2) 在 D 盘建立以"实训账套"命名的文件夹。

【实训内容与实训资料】

(1) 增加操作员,如附表 1-1 所示。

附表 1-1   增加操作员

编号	姓名	口令	所属部门
A01	林天中	略	总经办
W01	赵飞	略	财务部

(续表)

编号	姓名	口令	所属部门
W02	胡树青	略	财务部
W03	李杰	略	财务部

（2）建立如附表 1-2 所示的核算单位账套。

附表 1-2　　　　　　　　南通唐纺商贸有限公司账套基本信息

项目	信息
账套号	888
账套名称	南通唐纺商贸有限公司
启用会计期	2024 年 1 月 1 日
账套存储路径	系统默认路径
单位名称	南通唐纺商贸有限公司
单位简称	南通唐纺
单位地址	江苏省南通市工农路 182 号
法人代表	林天中
邮政编码	226011
联系电话及传真	0513-62129009
税号	91320601072727547W
本位代码	RMB
企业类型	商业
行业性质	2007 新会计制度科目
账套主管	林天中
按行业性质预设会计科目	按行业性质预设会计科目
基础信息	该企业无外币核算，进行经济业务处理时，需要对存货进行分类、不需要对客户、供应商进行分类
分类编码方案	科目编码级次：4-2-2-2；收发类别编码 1-2，其他科目编码默认
数据精度	该企业对存货数量、单价的小数位数定为 2
需要立即启用的模块	总账、应收管理系统、应付管理系统、薪资管理系统、固定资产管理系统，启用时间为 2024 年 1 月 1 日

（3）根据附表 1-3 进行权限分配。

附表 1-3　　　　　　　　南通唐纺商贸有限公司账套权限规定

操作员编号	操作员姓名	隶属部门	职务	操作分工
A01	林天中	总经办	总经理	账套主管
W01	赵飞	财务部	财务经理	记账凭证的审核、查询、对账、总账结账、编制 UFO 报表

(续表)

操作员编号	操作员姓名	隶属部门	职务	操作分工
W02	胡树青	财务部	会计	总账(填制、查询凭证、账表、期末处理、记账)、应收款和应付款管理(不含收付款单填制、选择收款和选择付款权限)、固定资产的所有权限、薪资管理的所有权限
W03	李杰	财务部	出纳	收付款单填制、选择收款和选择付款权限、票据管理、出纳、出纳签字、银行对账

(4) 备份账套数据。在D盘"实训账套"文件夹下建立"1-1"文件夹，将账套备份至此文件夹。

实训二　基础信息设置

【实训目的】
(1) 掌握用友U8中有关基础信息设置的相关内容。
(2) 理解信息基础设置在整个系统中的作用。
(3) 理解信息基础设置的数据对日常业务处理的影响。

【实训准备与要求】
(1) 修改系统日期为2024年1月1日。
(2) 引入账套备份数据。
(3) 以账套主管的身份注册登录企业应用平台，进行基础设置。

【实训内容与实训资料】
(1) 设置如附表2-1所示部门档案。

附表2-1　　　　　南通唐纺商贸有限公司部门档案

部门编码	部门名称	部门编码	部门名称
1	总经办	4	销售部
2	财务部	5	仓管部
3	采购部		

(2) 设置如附表2-2所示的人员类别。

附表2-2　　　　　南通唐纺商贸有限公司人员类别

档案编码	档案名称	档案编码	档案名称
10101	企业管理人员	10103	采购人员
10102	销售人员		

(3) 设置如附表2-3所示的人员档案。

附表2-3　　　　　南通唐纺商贸有限公司人员档案

人员编码	姓名	行政部门编码	雇佣状态	人员类别	性别	业务或费用编码
101	林天中	1	在职	企业管理人员	男	1

(续表)

人员编码	姓名	行政部门编码	雇佣状态	人员类别	性别	业务或费用编码
201	赵飞	2	在职	企业管理人员	女	2
202	胡树青	2	在职	企业管理人员	女	2
203	李杰	2	在职	企业管理人员	女	2
301	张乐	3	在职	采购人员	男	3
302	孙立	3	在职	采购人员	女	3
401	张秀	4	在职	销售人员	男	4
402	李扬	4	在职	销售人员	女	4
501	赵楠	5	在职	企业管理人员	女	5

（4）设置如附表2-4所示的客户档案。

附表2-4　　　　　　　　南通唐纺商贸有限公司客户档案

客户编码	客户名称	客户简称	税号	地址电话	开户银行	账号
001	江苏苏宁易购电子商务有限公司	苏宁易购	91320100346663099L	南京市玄武区苏宁大道9号，电话：025-35228888	建设银行南京市玄武支行	1302020182600029635
002	北京国美电器有限公司	国美电器	91110106874766987U	北京市长江路77号，电话：010-5914638	工商银行北京市长江路支行	2202620185300025987
003	五星电器集团安徽有限公司	五星电器	91340107865220697R	合肥市南京路33号，电话：0551-36998846	农业银行合肥市南京路支行	6871620185600025961

（5）设置如附表2-5所示的供应商档案。

附表2-5　　　　　　　　南通唐纺商贸有限公司供应商档案

供应商编码	供应商名称	供应商简称	税号	地址电话	开户银行	账号
001	北京爱德发科技有限公司	爱德发	91110108910269874G	北京市海淀区北下关街道69号，电话：010-89632215	兴业银行海淀区北下关支行	3220000698741025669
002	深圳漫步者科技有限公司	漫步者	91440315777359874T	深圳市建新街199号，电话：0755-2238682	工商银行深圳市新街支行	6222600597934526369
003	深圳市智信星信息技术有限公司	智信星	91440315777323695N	深圳市常平大京九东路236号，电话：0769-86958888	招商银行深圳市常平支行	6214932001497630316
004	小米科技有限责任公司	小米	91110103610266987Q	北京市海淀区海淀南路62号，电话：010-65690188	建设银行海淀区海淀南路支行	1340600236934526598

（6）设置如附表2-6所示的结算方式。

附表 2-6　　　　　　　　南通唐纺商贸有限公司结算方式一览表

结算方式	结算方式名称	票据管理	结算方式	结算方式名称	票据管理
1	现金结算	否	301	银行承兑汇票	否
2	支票结算	否	302	商业承兑汇票	否
201	现金支票	否	4	电汇	否
202	转账支票	否	9	其他	否
3	汇票结算	否			

（7）设置本单位开户银行档案。编码：01；账号：6222023803013297829；开户银行：中国工商银行南通秦灶支行。开户银行信息如附表 2-7 所示。

附表 2-7　　　　　　　　　　开户银行信息

项目	内容	项目	内容
企业开户银行编码	01	账户名称	南通唐纺商贸有限公司
开户银行	中国工商银行南通秦灶支行	币种	RMB
账号	6222023803013297829	所属银行	中国工商银行

（8）设置付款条件，如附表 2-8 所示。

附表 2-8　　　　　　　　　　付款条件

付款条件编码	信用天数	优惠天数 1	优惠率 1	优惠天数 2	优惠率 2
01	30	10	2	20	1

（9）设置如附表 2-9 所示上的计量单位组及计量单位、附表 2-10 存货分类及附表 2-11 的存货档案。

附表 2-9　　　　　　南通唐纺商贸有限公司计量单位组及计量单位一览表

计量单位组编码	计量单位组名称	计量单位组类别	计量单位编码	计量单位
01	自然单位组	无换算	01	件
	自然单位组	无换算	02	台

附表 2-10　　　　　　南通唐纺商贸有限公司存货分类信息

分类编码	分类名称	分类编码	分类名称
01	耳机	02	音响
03	其他		

附表 2-11　　　　　　南通唐纺商贸有限公司存货档案一览表

存货编码	所属类别	存货名称	计量单位	存货属性
001	01	漫步者 LolliPods	件	外购、内销
002	01	漫步者 TWS1	件	外购、内销
003	01	小米 Air2SE	件	外购、内销
004	01	Redmi AirDots 2	件	外购、内销

(续表)

存货编码	所属类别	存货名称	计量单位	存货属性
005	02	小米小爱音响Play	台	外购、内销
006	02	漫步者R101V	台	外购、内销
007	03	运输费	次	外购、内销、应税劳务

(10) 设置凭证类别。南通唐纺商贸有限公司采用通用记账凭证。

(11) 增加如附表2-12所示的南通唐纺商贸有限公司的会计科目。

附表2-12　南通唐纺商贸有限公司需要增加的会计科目一览表

科目编码	科目名称	方向	币种	辅助账类型
220201	一般应付款	贷	人民币	
220202	暂估应付款	贷	人民币	
221101	工资	贷	人民币	
221102	职工福利费	贷	人民币	
221103	非货币性福利	贷	人民币	
221104	社会保险费	贷	人民币	
221105	住房公积金	贷	人民币	
221106	工会经费	贷	人民币	
221107	职工教育经费	贷	人民币	
221108	设定提存计划	贷	人民币	
221109	其他	贷	人民币	
222101	应交增值税	贷	人民币	
22210101	进项税额	借	人民币	
22210102	已交税金	贷	人民币	
22210105	销项税额	贷	人民币	
22210107	进项税额转出	贷	人民币	
22210109	转出未交增值税	贷	人民币	
222102	未交增值税	贷	人民币	
222104	应交消费税	贷	人民币	
222106	应交企业所得税	贷	人民币	
222108	应交城建税	贷	人民币	
222109	应交教育费附加	贷	人民币	
222110	应交地方教育附加	贷	人民币	
222112	应交个人所得税	贷	人民币	
410101	法定盈余公积	贷	人民币	
410102	法定公益金	贷	人民币	
410103	任意盈余公积	贷	人民币	
410401	其他转入	贷	人民币	

(续表)

科目编码	科目名称	方向	币种	辅助账类型
410402	提取法定盈余公积	贷	人民币	
410403	提取法定公益金	贷	人民币	
410409	提取任意盈余公积	贷	人民币	
410410	应付股利	贷	人民币	
410415	未分配利润	贷	人民币	
660101	工资	支出	人民币	
660102	广告费	支出	人民币	
660103	水电费	支出	人民币	
660104	委托代销手续费	支出	人民币	
660105	折旧费	支出	人民币	
660106	差旅费	支出	人民币	
660107	办公费	支出	人民币	
660109	其他	支出	人民币	
660201	工资	支出	人民币	部门核算
660202	办公费	支出	人民币	部门核算
660203	水电费	支出	人民币	部门核算
660204	折旧费	支出	人民币	部门核算
660205	差旅费	支出	人民币	部门核算
660209	其他	支出	人民币	部门核算
6702	信用减值损失	支出	人民币	

(12) 修改会计科目，如附表 2-13 所示。

附表 2-13　　南通唐纺商贸有限公司需要修改的会计科目一览表

科目编码	科目名称	修改内容	
		辅助账类型	受控系统
1001	库存现金	日记账	
1002	银行存款	日记账、银行账	
1121	应收票据	客户往来	应收系统
1122	应收账款	客户往来	应收系统
1123	预付账款	供应商往来	应付系统
1221	其他应收款	个人往来	
2201	应付票据	供应商往来	应付系统
2202	应付账款	供应商往来	应付系统
220201	一般应付款	供应商往来	应付系统
220202	暂估应付款	供应商往来	应付系统
2203	预收账款	客户往来	应收系统

(13) 指定会计科目【1001 库存现金】为现金总账科目,【1002 银行存款】为银行总账科目。

(14) 备份账套数据。在 D 盘"实训账套"文件夹下建立"2-1"文件夹,将账套备份至此文件夹。

实训三 业务子系统初始设置

【实训目的】
(1) 掌握用友 U8 中完成子系统初始设置的相关内容。
(2) 理解子系统初始设置的意义。
(3) 掌握子系统初始设置的操作方法。

【实训准备与要求】
(1) 修改系统时间为 2024 年 1 月 1 日。
(2) 引入账套备份数据。

【实训内容与实训资料】
1. 应付款管理

以 A01 的身份注册登录企业应用平台,进行应付款管理系统的初始设置操作。

(1) 应付管理系统参数设置。单据审核日期依据为"单据日期",自动计算现金折扣,受控科目制单依据为"明细到单据"。

(2) 应付管理系统初始设置,如附表 3-1 所示。

附表 3-1   应付管理系统初始设置

基本科目设置	应付科目:220201;预付科目:1123;税金科目:22210101;采购科目:1402;现金折扣科目:6603		
控制科目设置	供应商编码	应付科目	预付科目
	001	220201	1123
	002	220201	1123
	003	220201	1123
	004	220201	1123
结算方式科目设置	现金结算方式:1001;现金支票、转账支票、电汇其他结算方式科目为:1002		

(3) 应付款管理系统期初余额录入,如附表 3-2 和附表 3-3 所示。

附表 3-2   应付账款(220201)

日期	供应商	摘要	方向	金额
2023-12-25	深圳漫步者科技有限公司	购买漫步者 LolliPods 100 件,不含税价 140 元/件,票据号 12387943	贷	15 820
2023-12-26	北京小米科技有限公司	购买小米 Air2 SE 500 件,不含税价 123 元/件,票据号 58926537	贷	69 495

附表 3-3　　　　　　　　　　预付账款(1123)

日期	供应商名称	摘要	方向	余额
2023-12-25	北京爱德发科技有限公司	购买漫步者 R101V 100 件,不含税价 88 元/件	借	9 944

2. 应收款管理

(1) 应收款管理系统参数设置。

单据审核日依据为"单据日期",坏账处理方式为"应收余额百分比法",勾选"自动计算现金折扣";受控科目制单方式为"明细到单据"。

(2) 应收款管理系统初始设置,如附表 3-4 所示。

附表 3-4　　　　　　　　应收款管理系统科目设置一览表

基本科目设置	应收科目:112201;预收科目:2203;税金科目:22210105;销售收入科目:6001;销售退回科目:6001;现金折扣科目:6603
结算方式科目设置	现金结算方式:1001;现金支票、转账支票、电汇结算、其他:1002

(3) 坏账准备设置。提取比率为 0.5%,坏账准备期初余额为 1 240.00 元,坏账准备科目为"1231 坏账准备",坏账准备对方科目为"信用减值损失 6702"。

(4) 账龄区间设置。

账期内账龄区间设置总天数为 10 天、30 天、60 天、90 天。

(5) 应收款管理系统期初余额录入,如附表 3-5 至附表 3-7 所示。

附表 3-5　　　　　　　　　　应收票据(1121)

日期	客户	摘要	方向	期初余额(元)
2023-12-20	北京国美电器有限公司	销售小米小爱音响,500 台,不含税单价 88 元/台,票据号 46987532,到期日:2024-1-20,承兑银行:建设银行	借	49 720

附表 3-6　　　　　　　　　　应收账款(112201)

日期	客户	摘要	方向	金额(元)
2023-12-10	江苏苏宁易购电子商务有限公司	销售漫步者 TWS1 耳机,1 000 件,不含单价 149 元/件,票据号 36951239	借	168 370
2023-12-12	五星电器集团安徽有限公司	销售小米 Air2 SE,500 件,不含单价 141 元/件,票据号 36951248	借	79 665

附表 3-7　　　　　　　　　　预收账款(2203)

日期	客户	摘要	方向	期初余额(元)
2023-12-31	北京国美电器有限公司	收到国美电器预付货款,票号 51894732,电汇方式结算	贷	5 000

(6) 备份账套数据。在 D 盘"实训账套"文件夹下建立"3-1"文件夹,将账套备份至此文件夹。

实训四 总账系统初始设置

【实训目的】

(1) 掌握用友 U8 中子系统初始设置的相关内容。

(2) 理解子系统初始设置的意义。

(3) 掌握子系统初始设置的操作方法。

【实训准备与要求】

(1) 修改系统时间为 2024 年 1 月 1 日。

(2) 引入账套备份数据。

【实训内容与实训资料】

(1) 以 A01 的身份设置如附表 4-1 所示的南通唐纺商贸有限公司的总账控制参数。

附表 4-1　　　　　　　　　　南通唐纺商贸有限公司总账控制参数

选项卡	参数设置
凭证	取消"制单序时控制" 取消"现金流量科目必录现金流量项目" 自动填补凭证断号 其他采用系统默认值
账簿	账簿打印位数宽度;凭证、正式账每页打印行数按软件默认的标准设定,其他采用系统默认值
账簿	明细账打印按月排页
预算控制	采用系统默认值
权限	出纳凭证必须经由出纳签字 取消"允许修改、作废他人填制的凭证" 其他采用系统默认值
会计日历	采用系统默认值
其他	部门、个人、项目排序方式均按编码排序

(2) 录入如附表 4-2 至附表 4-8 所示的南通唐纺商贸有限公司 2024 年 1 月份有关总账及辅助账期初余额。

附表 4-2　　南通唐纺商贸有限公司 2024 年 1 月份有关总账期初余额表

科目名称	方向	币别/计量	期初余额(元)
库存现金(1001)	借	人民币	10 000
银行存款(1002)	借	人民币	1 000 000
其他货币资金(1012)	借	人民币	80 000
应收票据(1121)	借	人民币	49 720
应收账款(1122)	借	人民币	248 035
预付账款(1123)	借	人民币	9 944

(续表)

科目名称	方向	币别/计量	期初余额(元)
坏账准备(1231)	贷	人民币	1 240
库存商品(1405)	借	人民币	216 200
固定资产(1601)	借	人民币	1 117 000
累计折旧(1602)	贷	人民币	233 425
短期借款(2001)	贷	人民币	500 000
应付账款(220201)	贷	人民币	85 315
预收账款(220202)	贷	人民币	5 000
应付职工薪酬(2211)	贷	人民币	60 000
未交增值税(222102)	贷	人民币	13 000
应交城建税(222108)	贷	人民币	910
应交教育费附加(222109)	贷	人民币	339
应交地方教育附加(222110)	贷	人民币	226
应交个人所得税(222112)	贷	人民币	215
实收资本(4001)	贷	人民币	1 600 000
未分配利润(1410415)	贷	人民币	231 229

附表 4-3　　　　　　　　　　应付账款(220201)

日期	供应商	摘要	方向	金额(元)
2023-12-25	深圳漫步者科技有限公司	购买漫步者 LolliPods 100 件,不含税单价为 140 元,票据号 12387943	贷	15 820
2023-12-26	北京小米科技有限公司	购买小米 Air2 SE 500 件,不含税单价为 123 元,票据号 58926537	贷	69 495

附表 4-4　　　　　　　　　　预付账款(1123)

日期	供应商名称	摘要	方向	余额(元)
2023-12-25	北京爱德发科技有限公司	购买漫步者 R101V 100 件,不含税单价为 88 元	借	9 944

附表 4-5　　　　　　　　　　应收票据(1121)

日期	客户	摘要	方向	期初余额(元)
2023-12-20	北京国美电器有限公司	销售小米小爱音响,500 台,不含税单价为 88 元,票据号 46987532,到期日:2024-1-20,承兑银行:建设银行	借	49 720

表 4-6　　　　　　　　　　应收账款(112201)

日期	客户	摘要	方向	金额(元)
2023-12-10	江苏苏宁易购电子商务有限公司	销售漫步者 TWS1 耳机,1 000 件,不含税单价为 149 元,票据号 36951239	借	168 370
2023-12-12	五星电器集团安徽有限公司	销售小米 Air2 SE,500 件,不含税单价为 141 元,票据号 36951248	借	79 665

附录　综合模拟实训

附表 4-7　　　　　　　　　　　预收账款(2203)

日期	客户	摘要	方向	期初余额(元)
2023-12-31	北京国美电器有限公司	收到国美电器预付货款,票号 51894732,电汇方式结算	贷	5 000

附表 4-8　　　　　　　　　　　库存商品(1405)明细

存货编码	存货名称	计量单位	数量	单价(元)	金额(元)
001	漫步者 LolliPods	件	490	140	68 600
002	漫步者 TWS1	件	400	123	49 200
003	小米 Air2 SE	件	400	123	49 200
004	Redmi AirDots 2	件	150	76	11 400
005	小米小爱音响	台	150	76	11 400
006	漫步者 R101V	台	300	88	26 400

(3) 备份账套数据。在 D 盘"实训账套"文件夹下建立"4-1"文件夹,将账套备份至此文件夹。

实训五　总账系统日常业务处理

【实训目的】
(1) 掌握用友 U8 中总账系统日常业务处理的相关内容。
(2) 熟悉总账系统日常业务处理的各种操作。
(3) 掌握凭证管理、出纳管理和账簿管理的具体内容和操作方法。

【实训准备】
(1) 修改系统时间为 2024 年 1 月 31 日。
(2) 引入账套备份数据。

【实训要求】
(1) 以"W02"的身份进行填制凭证、凭证查询操作。
(2) 以"W03"的身份进行出纳签字。
(3) 以"W01"的身份进行审核,以"W02"的身份记账。
(4) 以"W02"的身份进行账簿查询操作。

【实训内容和实训资料】
1. 总账日常业务处理
(1) 1 月 1 日,开出转账支票支付广告费 2 600 元(票号 0401)。
(2) 1 月 3 日,采购部张乐预借差旅费 1 000 元。
(3) 1 月 4 日,网银缴纳上月未交增值税 13 000 元。
(4) 1 月 5 日,网银缴纳上月城市维护建设税 910 元、教育费附加 339 元、地方教育附加 226 元。
(5) 1 月 6 日,网银缴纳上月个人所得税 215 元。

(6) 1月7日,以现金支付总经办业务招待费1 500元。
(7) 1月13日,委托证券公司购入东阿阿胶股票5 000股,每股成交价为46元,交易相关税费900元,并将其划分为交易性金融资产。
(8) 1月18日,采购部张乐报销差旅费530元,余款退回。
(9) 1月25日,开出转账支票向北京市红十字基金会捐款20 000元(票号0402)。
(10) 1月30日,本月购入的东阿阿胶的股票收盘价为51元/股。
(11) 1月30日,发放职工工资60 000元。

2. 凭证处理
(1) 对凭证进行出纳签字。
(2) 对凭证进行审核签字。
(3) 对凭证的记账处理。

3. 备份账套数据
在D盘"实训账套"文件夹下建立"5-1"文件夹,将账套备份至此文件夹。

4. 出纳管理
(1) 查询1月份的现金日记账并将月末余额与总账相核对。
(2) 查询1月份的银行存款日记账。
(3) 查询1月6日的资金日报表。

实训六 应付款管理系统业务处理

【实训目的】
掌握应付款管理系统日常业务处理及月末处理、数据查询的操作。

【实训准备】
修改系统时间为2024年1月1日。

【实训要求】
(1) 引入账套数据。
(2) 完成应付款管理系统日常业务处理、月末处理。

【实训内容实训资料】

1. 应付款管理系统日常业务处理
(1) 1月4日,向漫步者科技购入漫步者TWS1耳机100件,单价为123元,收到对方开出的增值税专用发票(票号76866642),运费由对方支付,货物验收入库,货款未付。
(2) 1月5日,向小米科技采购小米Air2 SE 100件,单价为125元,收到对方开出的增值税专用发票(票号88930119),商品已验收入库,电汇支付款项(票号19220583)。
(3) 1月6日,向智信星采购小米Air2 SE 100件,单价为115元,现金折扣条件为2/10,1/20,N/30,现金折扣不考虑增值税。收到对方开出的增值税专用发票(票号35687933),货物验收入库,货款未付。
(4) 1月8日,支付漫步者科技上月25日采购商品货款15 820元,电汇票号(19230001)。

(5) 1月19日,电汇5 000元预付爱德发科技采购商品货款(票号19236666)。

(6) 1月22日,收到爱德发科技发来的货物漫步者R101V 100台,单价为88元,收到对方开出的专用发票(票号76868888)。

(7) 1月26日,支付1月6日向智信星采购商品货款12 880元,电汇票号(19237777)。

(8) 1月27日,发现1月6日向智信星采购商品有3台存在瑕疵,与对方协商退货,收到红字发票一张,票号35689546。

(9) 1月31日,向小米科技公司采购小米小爱音响Play100件,单价为76元,货物已验收入库,发票尚未收到,完成暂估处理。

2. 应付款管理系统期末业务处理

(1) 查询业务总账。

(2) 查询科目明细账。

3. 备份账套数据

在D盘"实训账套"文件夹下建立"6-1"文件夹,将账套备份至此文件夹。

实训七　应收款管理系统业务处理

【实训目的】
掌握销售与应收款管理系统日常业务处理及月末处理,数据查询的操作。

【实训准备】
修改系统时间为2024年1月1日。

【实训要求】
引入账套数据,完成日常业务处理、月末处理。

【实训内容与实训资料】

1. 应收款管理日常业务处理

(1) 1月1日,收到五星电器上月12日购买商品款项79 665元。

(2) 1月3日,向国美电器销售小米小爱音响100台,单价为88元,开出增值税专用发票(票号44481328),货款尚未收到。

(3) 1月4日,向苏宁易购销售小米Air2SE耳机200件,单价为150元,开出增值税专用发票(票号44481333),当日收到电汇货款(票号62191165)。

(4) 1月7日,向五星电器销售漫步者LolliPods 100件,单价为237元,漫步者R101V 100台,单价105元/台,付款条件2/10,1/20,N/30。现金折扣不考虑增值税。开出增值税专用发票(票号44481666)。

(5) 1月8日,销售给国美电器的小米小爱音响2台有质量问题,双方协商退货,已开具红字发票(票号44821001)。

(6) 1月11日,预收五星电器货款5 000元。

(7) 1月12日,向五星电器销售漫步者LolliPods耳机100件,单价为166元,开出增值税专用发票(票号44482222)。

(8) 1月13日,收到五星电器1月12日购买商品货款。

(9) 1月16日,收到五星电器1月7日购买商品货款。(现金折扣,不合并制单)

(10) 1月31日,计提坏账准备。

2. 应收款管理系统期末业务处理

(1) 查询1月份填制的所有销售专用发票。

(2) 查询1月份所有的收款单。

(3) 欠款分析。

3. 备份账套数据

在D盘"实训账套"文件夹下建立"7-1"文件夹,将账套备份至此文件夹。

实训八 固定资产管理系统业务处理

【实训目的】

掌握固定资产管理系统日常业务处理、月末处理等操作。

【实训准备】

修改系统时间为2024年1月1日。

【实训要求】

引入账套数据,进入固定资产管理系统进行日常业务处理、期末业务处理。

【实训内容与实训资料】

1. 固定资产管理系统初始设置

(1) 根据以下资料,建立南通唐纺商贸有限公司的固定资产账套,如附表8-1所示。

附表8-1　　　　　　　南通唐纺商贸有限公司的固定资产账套

控制参数	参数设置
折旧信息	本账套计提折旧 折旧方法:平均年限法一 折旧汇总分配周期:1个月 当(月初已计提月份 = 可使用月份－1)时,将剩余折旧全部提足
编码方式	资产类别编码方式:2112 固定资产编码方式: 按"类别编码 + 序号"自动编码 卡片序号长度为3
财务接口	与账务系统进行对账 对账科目: 固定资产对账科目:固定资产(1601) 累计折旧对账科目:累计折旧(1602)
与账务系统接口	固定资产缺省入账科目:1601 累计折旧缺省入账科目:1602 减值准备缺省入账科目:1603 增值税进项税额缺省入账科目:22210101 固定资产清理缺省入账科目:1606 选中"业务发生后立即制单"

(2) 设置如附表 8-2 所示南通唐纺商贸有限公司部门对应折旧科目。

附表 8-2 南通唐纺商贸有限公司部门对应折旧科目一览表

部门名称	折旧科目	部门名称	折旧科目
总经办	660204	销售部	660105
财务部	660204	仓管部	660204
采购部	660204		

(3) 增加如附表 8-3 所示的南通唐纺商贸有限公司的资产类别。

附表 8-3 南通唐纺商贸有限公司资产类别一览表

类别编码	类别名称	计提属性	折旧方法	净残值率	卡片样式
01	办公楼	正常属性	平均年限法（一）	5%	通用样式
02	厂房	正常属性	平均年限法（一）	5%	通用样式
03	运输设备	正常属性	平均年限法（一）	5%	含税卡片样式
04	办公设备	正常属性	平均年限法（一）	1%	含税卡片样式

（4）设置如附表 8-4 所示的南通唐纺商贸有限公司固定资产增减方式对应的入账科目。

附表 8-4 南通唐纺商贸有限公司固定资产增减方式对应入账科目一览表

增加方式	对应入账科目	减少方式	对应入账科目
在建工程转入	在建工程	报废	固定资产清理
投资者投入	实收资本	投资转出	长期股权投资
盘盈	以前年度损益调整	盘亏	待处理财产损溢
捐赠	营业外收入	捐赠转出	营业外支出
直接购入	银行存款	出售	固定资产清理

（5）增加如附表 8-5 所示的南通唐纺商贸有限公司固定资产资料原始卡片。

附表 8-5 南通唐纺商贸有限公司固定资产资料原始卡片一览表

固定资产编号	固定资产名称	类别编号	部门名称	增加方式	使用状况	使用年限（月）	开始使用日期	原值（元）	净残值率
001	办公楼	01	总经办(30%) 财务部(20%) 采购部(20%) 销售部(30%)	购入	在用	360	2017-4-30	630 000	5%
002	仓库	01	仓管部	购入	在用	360	2017-4-18	360 000	5%
003	卡车	03	仓管部	购入	在用	60	2023-2-20	90 000	5%
004	电脑	04	总经办	购入	在用	36	2023-2-10	5 000	1%
005	电脑	04	财务部	购入	在用	36	2023-2-10	5 000	1%
006	电脑	04	采购部	购入	在用	36	2023-2-10	5 000	1%

(续表)

固定资产编号	固定资产名称	类别编号	部门名称	增加方式	使用状况	使用年限（月）	开始使用日期	原值（元）	净残值率
007	电脑	04	销售部	购入	在用	36	2023-2-10	5 000	1%
008	服务器	04	财务部	购入	在用	36	2023-2-10	12 000	1%
009	打印机	04	财务部	购入	在用	36	2023-2-10	5 000	1%

2. 固定资产系统日常业务处理

（1）1月5日，购入一台打印机1 200元，可抵扣进项税额156元，收到对方开具的增值税专用发票（票号18838777）。已交付财务部使用，预计可使用3年，并已网银支付货款。

（2）1月16日，出售电脑1台（资产编号006），价格为含税565元。

（3）1月18日，因业务需要，将销售部使用的电脑调入财务部。

（4）1月20日，为卡车更换价值1 500元的配件，已电汇付款。计入固定资产成本。

（5）1月30日，对各项资产进行检查，发现服务器的可回收金额低于其账面价值700元，计提固定资产减值准备。

（6）1月30日，计提本月固定资产折旧，计提折旧后查看折旧清单。

3. 固定资产系统期末业务处理

（1）1月31日，固定资产系统与总账对账。

（2）1月31日，固定资产系统结账。

（3）查询固定资产原值一览表。

（4）查询办公设备类固定资产明细账。

4. 备份账套数据

在D盘"实训账套"文件夹下建立"8-1"文件夹，将账套备份至此文件夹。

实训九　薪资管理系统业务处理

【实训目的】

（1）掌握薪资管理系统初始设置。

（2）掌握薪资管理系统日常业务处理，工资分摊及月末处理，工资系统数据查询的操作。

【实训准备】

修改系统时间为2024年1月1日。

【实训要求】

（1）引入账套数据，进行建立工资账套、基础信息设置、录入工资数据、代扣个人所得税的操作。

（2）完成薪资管理系统工资分摊处理及账表查询。

【实训内容与实训资料】

一、薪资管理系统初始设置

1. 建立工资账套

工资类别个数:单个;核算币种:人民币 RMB;不核算计件工资;要求代扣个人所得税;不进行扣零处理。

2. 基础信息设置

(1) 采用批增方式增加人员档案,人员档案表如附表 9-1 所示。

附表 9-1　　　　　　　　　　人员档案表(银行:交通银行)

人员编号	人员姓名	所属部门	人员类别	银行账号
101	林天中	1	企业管理人员	6100001236900112001
201	赵飞	2	企业管理人员	6100001236900112002
202	胡树青	2	企业管理人员	6100001236900112003
203	李杰	2	企业管理人员	6100001236900112004
301	张乐	3	采购人员	6100001236900112005
302	孙立	3	采购人员	6100001236900112006
401	张秀	4	销售人员	6100001236900112007
402	李扬	4	销售人员	6100001236900112008
501	赵楠	5	企业管理人员	6100001236900112009

(2) 增加南通唐纺商贸有限公司的工资项目,如附表 9-2 所示。

附表 9-2　　　　　南通唐纺商贸有限公司工资项目一览表

工资项目名称	类型	长度	小数	增减项
应发合计	数字	10	2	增项
扣款合计	数字	10	2	减项
实发合计	数字	10	2	增项
代扣税	数字	10	2	减项
基本工资	数字	8	2	增项
奖金	数字	8	2	增项
交补	数字	8	2	增项
缺勤天数	数字	8	2	其他
缺勤扣款	数字	8	2	减项
设定提存计划	数字	8	2	减项
计税工资	数字	8	2	其他

(3) 设置工资计算公式,如附表 9-3 所示。

附表 9-3　　　　　南通唐纺商贸有限公司工资计算公式一览表

工资项目	定义公式
缺勤扣款	(基本工资/22)*缺勤天数

(续表)

工资项目	定义公式
设定提存计划	(基本工资＋奖金)＊0.08
交补	IFF(人员类别＝"销售人员"or 人员类别＝"企业管理人员",600,200)
计税工资	基本工资＋奖金＋交补－设定提存计划

二、薪资管理日常业务处理

（1）录入南通唐纺商贸有限公司 1 月人员工资情况，如附表 9-4 所示。

附表 9-4　　　　　南通唐纺商贸有限公司 1 月人员工资情况一览表

人员编号	人员姓名	所属部门	基本工资(元)	奖金(元)	缺勤天数(天)
101	林天中	1	5 000	800	
201	赵飞	2	3 000	600	
202	胡树青	2	3 000	800	
203	李杰	2	2 800	500	
301	张乐	3	2 500	500	2
302	孙立	3	2 400	440	
401	张秀	4	2 400	400	
402	李扬	4	3 200	2 500	
501	赵楠	5	2 700	2 400	3

（2）完成代扣个人所得税设置，收入额对应工资项目为"计税工资"。

三、薪资管理系统期末业务处理

（1）定义计提工资、设定提存计划、工会经费、职工教育经费分摊凭证。公司承担的设定提存计划、工会经费、职工教育经费以应发合计为计提基数，计提比例分别为 21%、2% 和 8%。计提工资、设定提存计划、工会经费、职工教育经费的转账分录如附表 9-5 至附表 9-8 所示。

附表 9-5　　　　　　　计提工资转账分录一览表

分摊构成设置(计提比例 100%)				
部门名称	人员类别	项目	借方科目	贷方科目
总经办、财务部、采购部、仓管部	企业管理人员	应发合计	660201	221101
销售部	销售人员	应发合计	660101	221101

附表 9-6　　　　　计提设定提存计划转账分录一览表

分摊构成设置(计提比例 21%)				
部门名称	人员类别	项目	借方科目	贷方科目
总经办、财务部、采购部、仓管部	企业管理人员	应发合计	660201	221108
销售部	销售人员	应发合计	660101	221108

附表9-7 计提工会经费转账分录一览表

分摊构成设置(计提比例2%)				
部门名称	人员类别	项目	借方科目	贷方科目
总经办、财务部、采购部、仓管部	企业管理人员	应发合计	660201	221106
销售部	销售人员	应发合计	660101	221106

附表9-8 计提职工教育经费转账分录一览表

分摊构成设置(计提比例8%)				
部门名称	人员类别	项目	借方科目	贷方科目
总经办、财务部、采购部、仓管部	企业管理人员	应发合计	660201	221107
销售部	销售人员	应发合计	660101	221107

(2) 生成工资分摊的凭证。
(3) 进行月末处理。

四、备份账套数据

在D盘"实训账套"文件夹下建立"9-1"文件夹,将账套备份至此文件夹。

实训十　总账系统期末业务处理

【实训目的】
(1) 自定义转账凭证。
(2) 生成转账凭证。
(3) 总账与各子系统对账,账表查询。

【实训准备】
修改系统时间为2024年1月31日。

【实训要求】
完成期末结转业务。

【实训内容与实训资料】

1. 期末结转业务处理

(1) 1月31日,自定义结转未交增值税、计提城建税、教育费附加、地方教育附加及企业所得税的转账凭证。如附表10-1至附表10-5所示。

附表10-1 结转未交增值税(转账序号:0001)

摘要	方向	会计科目编码	金额公式
结转未交增值税	借	22210109	取222101的期末余额
	贷	222102	JG()

附表 10-2　　　　计提城建税（转账序号：0002）

摘要	方向	会计科目编码	金额公式
计提城建税	借	6403	222102 的期末余额 * 0.07
	贷	222108	JG()

附表 10-3　　　　计提教育费附加（转账序号：0003）

摘要	方向	会计科目编码	金额公式
计提教育费附加	借	6403	222102 的期末余额 * 0.03
	贷	222109	JG()

附表 10-4　　　　计提地方教育附加（转账序号：0004）

摘要	方向	会计科目编码	金额公式
计提地方教育附加	借	6403	222102 的期末余额 * 0.02
	贷	222110	JG()

附表 10-5　　　　计提企业所得税费用（转账序号：0005）

摘要	方向	会计科目编码	金额公式
计提企业所得税费用	借	6801	(4103 贷方发生额-4103 借方发生额) * 0.25
	贷	222106	JG()

（2）1 月 31 日，根据自定义转账凭证，生成本月结转未交增值税、计提城建税、教育费附加及地方教育附加的会计凭证。

（3）1 月 31 日，利用期间损益转账凭证生成结转期间损益的凭证（收入和支出分别结转）。

（4）1 月 31 日，计提并结转本月所得税费用。

2．账簿管理

（1）查询所建立的账套 1 月份库存现金总账。

（2）查询所建立的账套 1 月份所有科目的发生额及余额。

（3）定义并查询所建立的账套 1 月份应交增值税多栏式明细账，要求分析方式及输出内容均为金额式。

3．备份账套数据

在 D 盘"实训账套"文件夹下建立"10-1"文件夹，将账套备份至此文件夹。

实训十一　报表管理系统

【实训目的】

（1）练习自定义报表格式定义、单位公式的设置。

（2）理解并熟悉报表管理子系统的数据状态与格式状态的区别。

（3）掌握报表管理系统数据处理与输出的具体内容及操作方法。

(4) 理解并熟悉报表管理子系统的不同表页的概念。

【实训准备】

修改系统时间为 2024 年 1 月 31 日。

【实训要求】

引入账套数据，利用报表模板生成利润表、资产负债表、设计并生成管理费用明细表数据。

【实训内容与实训资料】

(1) 利用报表模板生成利润表。

(2) 利用报表模板生成资产负债表。

(3) 设计并生成南通唐纺商贸有限公司 2024 年 1 月 31 日管理费用明细表数据。

附表 11-1　　　　　　　　　　　管理费用明细表

编制单位：南通唐纺商贸有限公司　　　2024 年 01 月 31 日　　　　　　　　　　　　单位：元

项目	总经办	财务部	采购部	销售部	仓管部
工资					
办公费					
水电费					
折旧费					
差旅费					
其他					
合计					

项目十二　系统结账及对账

【实训目的】

(1) 掌握子系统结账。

(2) 掌握子系统与总账对账。

【实训准备】

修改系统时间为 2024 年 1 月 31 日。

【实训要求】

引入账套数据，完成子系统结账及对账。

【实训内容与实训资料】

(1) 1 月 31 日，应收款管理系统月末结账。

(2) 1 月 31 日，应付款管理系统月末结账。

(3) 1 月 31 日，完成应收款管理系统与总账对账。

(4) 1 月 31 日，完成应付款管理系统与总账对账。

(5) 1 月 31 日，完成固定资产管理系统与总账对账。

(6) 1 月 31 日，完成总账对账。

(7) 1 月 31 日，完成总账结账。

参考文献

[1] 徐文杰,黄敏.会计信息系统应用:财务链:用友 ERP-U8V10.1 版[M].北京:机械工业出版社,2022.

[2] 王珠强.会计电算化:用友 ERP-U8V10.1 版[M].2 版.北京:人民邮电出版社,2018.

[3] 陈明然.会计信息化教程(用友 ERP-U8V10.1)[M].2 版.北京:高等教育出版社,2018.

[4] 牛永芹,杨琴,喻竹.ERP 财务管理系统实训教程:用友 U8V10.1 版[M].4 版.北京:高等教育出版社,2023.

[5] 李爱红,许捷.会计信息系统应用:用友 U8V10.1 版[M].3 版.北京:高等教育出版社,2022.

[6] 王新玲.用友 U8(V10.1)会计信息化应用教程:微课版[M].北京:人民邮电出版社,2022.

[7] 杨琴,钟鼎丞,弋兴飞.ERP 财务业务一体化实训教程:金蝶 KIS 版[M].北京:人民邮电出版社,2022.